生存・生活権を破壊した
福島第一原発「過酷」事故

〈全村避難〉を生きる

飯舘村民
菅野哲

序　新たな自立の道をめざして

いま私は七一歳です。六〇歳を過ぎての人生を全うするための計画を持っていましたが、東京電力福島第一原発事故のせいで、その計画がすべてダメになりました。事故後、福島市内の借り上げ住宅に避難しました。それからの八年間、自分に何ができるか考えながら、出来る仕事をしてきました。

避難生活の悲しみ

二〇一一年三月一五日、原発事故による大量の放射性物質が飯舘村に降り注ぎました。しかし、国・県・村は避難指示を出さず、挙句の果てに枝野官房長官（当時）が「直ちに健康には影響はありません」とテレビで繰り返し、年間一〇〇ミリシーベルトまで浴びても安全だという専門家（山下俊一氏）などもいました。結果、避難の遅れた人たちがいて高線量の被曝をしたのです。

避難指示が出ない中で、村民は独自に避難しました。けれど、飯舘村は農業国です。和牛・乳牛などがいました。家畜は家族同然ですから、牛を飼い続けた専業農家や高齢者が村に残りました。政府の避難指示がようやく四月二二日に出ましたが、全村避難は七月いっぱいかかりました。仮設住宅ができたのは七月に入ってからでした。飯舘村は避難が遅れたために、よい住宅やアパートを見つけられませんでした。残っていたのはボロ屋みたいな住居で、狭く、若い家族が年寄りといっしょに暮らせるアパートもありませんでした。やむなく二間のアパートに親子二代で住んでいる方々もいますが、ほとんどの家族はバラバラになりました。仮設住宅に避難した多くは高齢者です。それでも皆は我慢して、今、八年目を過ぎています。

避難して一番悲しいのは、やることが何もなくなったことです。原発事故前であれば、自宅の周りで野菜をつくり、犬や猫、牛などを飼い、満天の星空を眺め、山菜・きのこ・木の実など自然の恵みをいただき、本来の豊かな暮らしをしていた人たちが、鶏小屋のようなところに閉じ込められて暮らさなければならない。鬱状態になる人もたくさんいました。避難後、体調を崩して亡くなった人は例年の倍以上になりました。自ら命を断った人もいます。「原発さえなかったら」という思いが皆の胸にあるのです。

やることがない状態を何とかしなくてはと考えて、いくつかの仮設住宅の近くに農地を借りました。農業技術を絶やさず、人生の楽しみを得るためにも、ずっとやっていた畑仕事をした方がいいよ、ということで。でも今、仮設生活が長くなり、高齢になってきて、畑ができなくなっている人も増えています。

食文化を伝承するために

こうした中で、村民は避難先で自立の道を築き始めました。借り上げ住宅に住んでいて、専業で農業を再開した人もいますし、飯舘村の時よりも大規模にした人もいます。酪農家では、五戸が共同で五〇〇頭の畜舎を建築して再開しました。商業の方も避難先で新たに営業を始めた方もいます。

ところが、それに対して行政はすごく反感を持っています。なぜか？　村に戻らなくなるという心配をしているのでしょう。私が仮設住宅の近くに畑を借り始めた頃、村長は余計なことをしていると言っていたそうです。しかし、人生は一度しかないので、毎日毎日を、一年を大事にして、皆に生きてもらわなければならないと、私は思っています。

飯舘村には食文化が根付いていました。それを絶やさず、次の世代にも引き継がなくてはなりません。そこ

避難生活の中で、村の食を伝える。上：長野県小海町での凍み餅づくりの活動。前列左から杉下初男、今野英征。後列左から細杉今朝代、菅野文子、今野ヤス子、菅野栄子、菅野哲。八ケ岳連峰を背にして、2012 年 12 月 2 日撮影。下：福島市荒井地区でのキムチづくり。佐須の加工グループ三羽烏、左から高橋トシ子、菅野栄子、菅野芳子。2012 年 1 月撮影

放射能のために、いまでも造れない村の伝統食文化「凍み大根」

で私は「いいたて匠塾」を立ち上げ、福島市にある施設を借りて、キムチ・漬け物づくりなどを始めました。高齢者の方々から若い方までいて、元気を出してもらおうと、お世話をさせてもらってきました。

凍み餅もつくりたいと思いました。けれど、放射性物質は風に乗って飛ぶので、福島市でも天気のよくて風が吹いている時は空間線量が上がるのです。だから、干し柿や凍み餅がつくれません。そんな時に東京のＮＰＯから長野県八ヶ岳麓、小海町の住民グループ「八峰村」を紹介してもらいました。すぐに私は一人でとんで行きました。代表の渡辺均さんと会って話を聞くと、凍み餅づくりの条件に小海町はピッタリでした。そして二〇一二年一月、こちらで初めての凍み餅づくりを八峰村といっしょにしたのです。それから八年、小海町の方々も凍み餅づくりが自力でできるようになりました。いずれは飯舘村でも凍み餅や干し柿をつくれる時がくるでしょう。私どもができる間であれば、私たちが次の世代に技術を伝えていきます。できない時は、ぜひ小海町から飯舘村に伝えてください。

いいたて匠塾では、味噌づくりもしています。佐須地区の加工グループが味噌作りをして、直売場で販売をしていましたが、飯舘村ではそれもつくれなくなりました。そこで、保存していたものを種味噌にして、埼玉県神川町の醸造所で増やしていったのです。一昨日、できあがった味噌を会員に分けて、小海にも持ってきて配分しました。この味噌は、私が栽培した大豆を使用しました。贅沢な味噌で、青大豆・玄米麹・天塩を使い、原料だけで一キロ千円くらいします。値段が高くても、健康にいいものをつくって供給し合うことが大切だと考えています。

避難から八年が過ぎて、村のコミュニティの元の形は崩れ、多くの飯舘村民が福島市・伊達市など周辺の地域に新居を建て、新たなコミュニティを築きつつあります。

避難解除後も、村には戻れない

飯舘村に二〇あった集落（行政地区）は一つを除いて、他の地区は二〇一七年三月に避難指示が解除されました。しかし、長泥地区だけは帰還困難区域に指定されていて、解除の目処は立っていません。除染してない場所の放射線量は今でも毎時八マイクロシーベルトぐらいは普通です。山林に入れば、二〇から四〇です。集落は誰も戻れないので消滅です。すべてが失われてしまうということを、どう理解していただけるでしょうか。

一方、一九の集落は除染をして、村は避難解除後に村民を帰そうとしています。しかし、ほとんどのところが一マイクロシーベルト以下になりません。住宅周りは除染で線量が下がりましたが、山林に入れば高い場所は二〇です。除染をすれば帰れるかのように報道されているので、周りの人たちは「あんたら、村に帰れるんでしょ。いつ帰るんだい」と言います。もちろん、帰りたいと願っていますが、八割以上の方は、帰って暮らすことはできないと心の中で思っています。

ですから、村民は自立の道を歩み始めたのです。私は、福島市内でも放射能の低い荒井地区に土地を借りて共同農地をつくり、仮設住宅で暮らす村人とともに野菜を育ててきましたが、一昨年、同じ荒井地区に土地を見つけて、ようやく自家を新築しました。それまでは福島市の市街部でマンション暮らしをしていましたが、村の暮らしに慣れた老いた母と妻には、閉じられた狭苦しい日常でした。ようやく、かつての村並みの暮らしができるようになったのです。同じような方々が増えています。やり直しです。それにはお金もかかります。賠償金について、周りの人たちは「お金をもらっているのだろう」としか見てくれませんが、自分の故郷を失った悔しさを糧として、新しい人生設計をしていかなければならないのが現実なのです。

仮設住宅には避難解除から二年後の二〇二〇年三月末まで認めるという方針を福島県は出しています。しかし、仮設にいる高齢者の方々は悩んでいます。仮設住宅でできたコミュニティがあるのです。仮設住宅がなくなれば、それもなくなります。若い人たちは自宅を新築していますが、そこで同居すれば、周りに知っている人がいなくなります。飯舘村の自宅に戻るしかないのか、子供たちと同居をするのか。その狭間で高齢者たちは悩みに悩んでいるのです。

「復興、復興」と政府は繰り返して、県も村も同様にして、村民を村へ戻そう戻そうとしています。しかし、若者たちは放射線量の高い村には戻りません。そういう状況で、いくらインフラ整備をしても、復興にはならないはずです。

村民の自立が復興への道

村は、村立の幼稚園と小中学校を二〇一六年一〇月に、翌一七年四月から村内で再開する方針を示し、反対意見を押し切って、昨二〇一八年五月に再開させました。この再開で悩んできたのは親たちです。自分たちが避難先から村に戻れないのに、子どもを再開する学校に入れろと言うわけですから。

避難後、幼稚園と中学校は福島市に、小学校三校は集約して川俣町に、いずれも仮設校舎を建て、そこに通園・通学してきました。村内での学校再開について、村教育委員会が行った保護者にたいする事前の意向調査では、「村内に通う」が六二人、「村外へ通う」が二六二人でした。いざ再開してみると、小中学校合計で一〇四人が通うとなったけれども、村内から通う子どもは八人、残りは全て避難先からの通学。どうして親が戻れないのに、子どもから先に村に戻ることを認めるのか。再開を強行するよりも、安心して暮らせる場所で維持していくべきでないか、と親たちの中での議論は続いています。村長の子どもでさえ、村長の孫にあたる子を再開する学校には通わせていないのです。再開を受け入れず、子を転校させる親たちが増えています。結局、帰村を進めても、高齢者だけの世帯が多くなります。つまり、一〇年後二〇年後には村が消滅するということです。

いつの時代になるか分かりませんが、村に人がそれぞれ戻り始めて機能していくことが、本当の村の再建につながります。そういう道をきちんと築くためにも今は、村民の新しい場での自立を助けるのが村の役割だと思います。

飯舘村には「までぇ」という言葉があります。「までぇ」とは、物を大事にしていく、自分の人生を大事にしていく、その生きていく様なのです。村民はずっとそういう生活をしてきました。だから、これからもめげないで忍耐強く、全国の支援者に感謝しながら元気にやっていきます。

＊

この本は、わたし自身をふくめた飯舘村民の生活再建への意志と思想（論理）を内外に、くっきりと示したいという意図によってまとめたものです。法的な申立訴訟の趣意は「飯舘村民救済申立団」の文書によってあきらかですが、ここでは現行法制を根拠とする中立の論理を超えて、私たちの生活再建への要請にすべてをかけて応答するために、村と村民の歴史とあわせ、わたし自身の人生、とくに人生上に経験した数度の危機の経験をとりだすことに心をつくしました。からだで体験したものを「思想」としてとりだすことが、私たちの生きる糧となることを信じているからです。

この国の支配層の人たちには、ここに書き記すことは、今はまだ受け入れられないかもしれません。けれども、この国の未来の子どもたち、とりわけ、わが村民の子孫たちが、やがてはここにしるす「思想」を反省的に受容し、さらに深めてくださることを信じて、本書をつくりました。

本書を執筆するのに八年を費やしましたが、予期だにしなかった長年月にわたる全村避難とADR集団申立の困難な体験をより深く掘り下げるために、多くの文献を渉猟するとともに、文献だけでは到底尽くしえない知恵・知識と思想についてたくさんの教示をいただき、また、私のさまざまな活動への支援を賜りました下記の方々に多大な感謝を申し上げたいとおもいます。

○飯舘村民の被害救済と復興のために、専門的な知識を生かし、全力で取り組んでこられた糸長浩司先生（農村計画学）をはじめとする「飯舘村放射能エコロジー研究会」の皆さま。
○飯舘村と村民の放射能汚染・被曝をつぶさに解明されてきた今中哲二先生。
○本書の執筆に必要な思索について助力いただいた言叢社の島亨氏、ならびに大矢野修氏（自治政策学）。
○本書の福島での取材を個人的に支援戴いた公益社団法人東京自治研究センターの木下究・ふみ子御夫妻。
○本書のために写真を提供くださった椏久里の市澤秀耕・美由紀御夫妻。
○私の活動を支えてくださった多くの方々。

二〇一九年八月

菅野　哲

目次

第二編の一　家郷の破壊・「飯舘」山中郷——飯舘村民救済申立団の趣意　74

第二編の二　飯舘村民救済申立団「申立の趣旨」　177

第一編

第一編の一　飯舘は何を問いかけるのか

原発避難二年目の秋に

＊本稿は、座談会「飯舘は何を問いかけるのか」［東京にて、二〇一二年二月五日。『現代思想』二〇一二年三月号（糸長浩司＋今中哲二＋小澤祥司＋菅野哲＋菅井益郎）での発言］、および「原発災害農村・飯舘村民座談会」［福島市内にて。二〇一二年一月一四日。『農村計画学会誌』Vol. 20, No. 4, 二〇一二年三月］での発言を踏まえて執筆したものです）

3・11大震災直後と福島第一原発事故

私は飯舘村で農業をしてきました。二〇一一年三月一一日の東日本大震災があったときは、家の外で仕事をしていたのですが、ともかくかつてない山鳴りと地鳴りで、これは凄い地震が来るなと思いました。実は一度目の地震はそれほどではなかったのですが、その直後に来た地震はすさまじいものでした。それが三分、四分と続いた。その間、これはただごとではないということが頭の中にこだましていました。私は家から一〇km離れた畑にいましたから、一目散に家に向かったのですが、道中でも岩が道路に崩れているところがあって、散々な状況でした。家は大丈夫だろうかと思って帰ったところ、幸いにも大きな被害はありませんでした。しかしそれでも、余震が怖くて家には居れないのです。加えて電気・水道・テレビ・電話というインフラが全滅していましたから、暗くなるにしたがってこれはどうなるのかという心配が高まっていきました。その中で、もっとも不安だったのは原発のことです。

三〇㎞以上離れていても、頭の中は原発のことで一杯だったと思います。自分のことだけではなく、原発が爆発すれば日本中が駄目になってしまうだろうと思っていましたから。それで、車庫から乗用車を出し、そのテレビでニュースを見ていたのですが、夕方頃から津波の状況が伝わり、ついで原発の映像が目に入ってきたわけです。これはもう、どうなるんだろうと思いました。原発は停止したから安全だという報道しかされないのですが、どこまで大丈夫なのかということしか考えられなかった。

　そうやって一晩を車で過ごし、一二日の朝になって、車の交通量が増え始めました。まだ余震は続いていましたが、津波で家を流された人たちが、親戚を頼って避難してきたわけです。さらに福島の温泉地に向かって一時避難をしてくる人たちもいました。その人たちの様子を見ていたのですが、夕方に一号機が爆発しました。この映像を見て、本当に蒼くなったわけです。その心境はとても言い表わせるものではありませんが、全てが駄目になるんじゃないかと思ったのです。しかしともかく、水だけは確保しなければならない、水道水は使えませんから、畑に行って三〇〇《リットル》タンクに井戸水を汲んできました。一升瓶五本分を家の中に確保して、その晩も車で過ごしました。何とか被害がこちらに及ばないようにという願いだけでした。夜中を過ぎて余震が少なくなってきて、ようやく家に入りました。

　翌一三日の朝六時に起きてあたりを見渡すと、一面が車と人であふれている。すごい数の車が家の前の公民館やセブンイレブンに止まっていた。どうしたのかと聞いてまわったら、「原発事故で双葉町や南相馬市から避難をしてきた」と言う。とりあえず二〇キロ圏外に逃げろと言われて、飯舘までくれば四〇㎞ありますからね。ところがインフラがストップしていますから、セブンイレブンすら営業していない。お湯がないからカップラーメンも食べられないし、子どもにミルクもやれないと。すぐにブロックで釜をつくって、どこの農家も持っている大きな釜で汲み置きしていたタンクの水を沸かし、それを配り始めた。状況を聞くと、逃げてきた人たちには爆発の音が聞こえたというのですが、そのときは西風が吹いていたから、たぶん飯舘は大丈夫だということをみんな考えていたのです。村でも対応に困って緊急に避難所を開設する。各小学校の体育館なりを避難所に指定して、そちらにどんどん案内するようになりました。

そうやって一日を過ごし、一四日になっても、避難してくる人は増えるばかりでした。避難勧告区域が三〇kmに拡大されましたからね。さらにこの日、三号機で爆発が起こりました。それを見て、これはもう全てが爆発するのではないか、あるいはすでに壊れてしまったのではないかと考えざるを得なくなりました。だから私自身が避難をしなければならないと思ったし、避難をしてきた人たちにも、「とにかく危ないから逃げた方がいい」と言って、どんどん逃がしました。一三日には私の姉夫婦も南相馬市から避難してきていましたが、彼らに避難をしろと伝えたのです。しかし交通手段もない。バスも電車も止まっていましたし、ガソリンもない。仕方がないから家の中に入ってもらって、外には出ないように伝えました。私自身はお湯を配りながら、とにかく逃げろと言ってまわりました。

翌一五日の朝には雨が降りました。その雨と共に、暖かい風が吹き始めた。その時点で風向きが西風から東風に変わった。皆さんの話では爆発音が聞こえたと。東からの風が音を運んできた。ジャーナリストが訪ねてきて言うには、昨夜から線量が上がりつつあるということでした。放射線量が気になる。しかし、役場に電話をしたところ、「公表できない」と言う（もうすこし正確にいうと、日大工学部を出ている職員に聞いたら「凄い」って。だけれども、「公表できない」とされていた。一四日の昼頃に「いちばん館」前に福島県災害対策本部が放射線モニター〔可搬型モニタリングポスト〕を設置、役場職員が一時間ごとに読み取っていた）。雨は夕方から雪になりました。この夜は線量が非常に上がったはずです。ネットで見ていたら、浪江町の一一四号線上を検査して歩く人たちがいるという。その人たちが津島地区でなぜ逃げないんだと住民に話していたという。これはただごとでないと、一五日夜に役場にまた電話して「避難をさせなくてもいいのか」と訊いたのだけど、その「指示はまだ出ていない」ということだったのです。

一六日の朝には雪が一〇cmほど積もっていました。これはもう駄目だと。水道は復旧していましたが、水はまず飲めないだろうと思いました。その日、役場に出かけて役場の職員に対して、「放射能が降り注いだのだから、水道は止めるべきだ。村民には沢水を飲まないように徹底すべきだ。すぐ村長に連絡してくれ」、「この放射線量の中でなぜ避難させないで住民を置くのか、若い職員や青年消防団員を外に出して交通整理させて、とんでもない話だ、なんとかしないと駄目だろうと。早く避難の指示をしろ」と再度要請したのですが、「いまだに指示がない」と言われた。「村長に会いたい」と言っても、忙しくて会わない。では村長に直接言ってくれと。災害対策本部に行っても駄目。水道のことでは、元の助役は水道担当課長をしたことがあるし、特に懇意にしてたんで行ったら、「おれも電話したんだけど聞いてもらえなかった」、「なんぼ私の前の部下だって、辞めたものの指示は聞かないよな。上司がいるわけだから」。「私には命令する権限がないし。止めたほうがいい！ って言ったんだけど」、という。

夕方暗くなってから、テレビで飯舘村の線量が四四・七マイクロシーベルトだということがテロップで一度だけ報道されました。一五日の夕方（午後六時二〇分の計測）、県が設置した放射線モニターのデータが一日遅れで、その時一度だけテレビにでた。この雪が溶けはじめてきましたから、もう水は全く飲めない（一六日の夜、福島市内でも二三・八八マイクロシーベルトという高線量が計測されている）。

私は地元の組長でもあり、組の中でとにかく避難する人は避難したほうがいいと伝えてまわり、また、その日も避難をしてくる人が大勢いましたから、とにかく飯舘村にはいないで外に逃げた方がいいと、伝えました。一六日の夜には、私自身も姉夫婦に避難をする準備を整えさせました。というのは、一七日から福島―仙台―

山形間でバスの運行が始まるというニュースがあったのです。だから仙台経由で山形まで行くようにと。

一七日の早朝に姉夫婦を福島まで送り、戻ってくる途中に村役場に寄り、再び避難させるように言いました。議会に行ったら議長、副議長がいたんで、「なぁぜ避難させないんだって」。「指示がない」。「指示がないって、この状況の中で」。四四・七 mSv の報道がなされているのに、その指示がないって。「どうしてこんな被曝させてんの?」って。「避難指示するように、国に働きかけるべきだべ」って。「だけども、指示がない」って。もうこの人たちと話してもだめだ。住民をホッポリ出して。これはもう、いくら言っても駄目だ。この状況じゃだめだ。「隣近所に避難するように言ったほうがいいよ」って、四四戸の組長でしたから。家に戻ってから隣近所にも再度避難をするべきだという話をしてから、荷物をまとめたのです。おふくろと妻と私と三人、とにかく一時避難させてくれって、秋田のおばのほうに電話して、翌一八日に東北自動車道で仙台へ向かい、そこから秋田へと避難をしました。

そうやって秋田に避難をしたのですが、私の隣組の中でも避難をしていない人がまだいました。それは放っておけないので、二一日になって妻と二人で福島に戻ったのです。飯坂温泉の線量が低いから、まず伊勢屋さんを借りて、そこへ向かう途中にみんなに電話をして、とにかく飯坂まで避難をしてほしいと伝えた。旅館組合を通して確保した宿で、一〇何人くらいの人が避難をしました。私自身も四泊五日ほどそこにいました。

宿に一時避難をしてきた人は、その間に他の場所に移っていきました。私は飯坂に家を借りることにして、そこから毎日、飯舘村と往復をして様子を見ながら暮らすことにしたのです。村とはずっと話をしたのですが、情報は全く出ないし、村の方向もどちらを向いているのかわからない。情報を集めるためにパソコンを持っていたから色々と調べたら、糸長先生と村との間の交信を見つけたのです。その頃、糸長先生のチームの浦上健司研究員が村に入って情報を入手して、村の状況を糸長先生に伝えていた。ところが、村の災害対策本部が何をやろうとしているのかがさっぱり見えてこない。そうしているときに、村の職員の一人が糸長先生に災害対策本部の議事録、議論の経過を送った。その中には、一九日に村長の名でマスコミに発表した文章も含まれていた。

これを見て村の災害対策本部がどんなことをやっているのか、どのような協議をして、対応策を考えているのかが見えてきた。避難をするための準備じゃない。村を残すっていうことしかない。とにかく避難をさせるっていう情報が全然ない。国からはその指示もないから。もう、避難をさせるという村の方向にはないな、ということがはっきりわかった。しかしこれでは駄目だ。とにかく村民に情報を知らせて、村が何を考えているのか訴えなければならないということを伝えたのですが、役場の対応は努力をしているということばかりでした。それで私も、もう村のことは役場に任せて、村民は村民として避難をして対応を待とうという気持ちになったわけです。

県がようやく重たい腰を上げ、その指示により、村は三月一九日と二〇日に子どもたちも含め、近隣市町村から避難していた人も含めて五〇〇人（村民は三五〇人ほど）くらいを鹿沼市（栃木県）に自主避難させた。

三月二〇日になって、水道水から一リットルあたり九六五ベクレルの放射性物質が確認され、翌二一日にようやく簡易水道の運用を停止し、村民に沢水を飲まないように注意が出され、ペットボトルが配布された。しかし後になって、個人で設置していた沢水利用の飲料水はヨウ素もセシウムもそのままに飲用に供されていたことを知った。当初は、放射性ヨウ素の量がもの凄い高かった。それから急に、四月に入ってぐーっと下がってきたのは、放射性ヨウ素の半減期が八日だからです。水道水にも放射性ヨウ素が相当に入っていた。雨、雪のときに顔がピリピリした、赤くなったっていう人がいっぱいいたわけで、これはガンマ線による火傷。第五福竜丸の乗組員が被った灰と同じで、じかに皮膚についた放射性物質のガンマ線被曝で起こったのです。

三月二四日に、たぶん県の放射線健康リスク管理アドバイザーになった長崎大学の山下俊一教授が長泥で話をしたはずなんですが、公表されていない。二五日になって、同じく県のアドバイザーに就任した長崎大学の高村昇教授の講演会（県の要請による）をやるから集まれという。約四〇〇人の村民が集まった。しかし講演の内容は驚くべきものでした。外で子どもを遊ばせてもよいし、洗濯物を干してもよい。簡易水道の運用を停止し、沢水も汚染されているのに、「水も飲めるから安全だ」と。そんなものを誰が信じるのか」と思わざるを得ない話だったのですが、それに対して県の次長は、「安心しました」と。私は彼に、「これが本当のことならばホームページに掲載してくれ」と言ったのですが、その人手がないといって断わられた。

高村昇教授は、「外から家に入っときは埃をたたく程度で中に入れるって」。とんでもない。ベラルーシでは全部履き替えて脱いで、シャワー浴びさせて、家ん中で過ごさせたのに、「なあぜ」って。誰も信頼しないですよ。

そこから行政不信がはじまった。「なあに言ってんの?」。若者だってツイッターで原発の現場とやりとりしているわけです。あそこで働く人たちは年間五ミリシーベルトに達すると、働けない。だから五ミリにならないように調整しながら働いているわけですから。放射線量の許容量を、若いもんはある程度、情報やりながら知ってる。「一時間に四四・七マイクロシーベルトだと、幾らになんの?」「一日で一〇七二・八マイクロシーベルトと、一〇日経ったら一〇七二八マイクロシーベルト。つまり、一〇ミリシーベルト。たちまち五ミリを超えてしまう（一日のうち、八時間は屋外、一六時間は遮蔽された屋内で生活するという計算で、屋内は屋外の四割としても、一〇日で六四三六・八マイクロシーベルト、つまり、約六・五ミリシーベルト弱になる）。計算すれば誰でもわかる。みんな高校出てんだもん。そこで被曝するなんて、とんでもない話。そういう知識のある若者はとっくに避難している。ところが、高村昇教授の講演を聞いた行政担当者は、「いやあ、よかったよかった」と、村長をはじめ、よろこんでるわけです。

で、そのときに、議会は何をやったか。内閣府に要望に行ったんです。「経済麻痺すっから、飯舘村を避難指示指定しないでください」って。議長と副議長と、総務常任委員長の三人が内閣府に行って、口頭で政府に要望した。もちろん、村長の意向なんですが、その時、村長は講演を聞いていて、内閣府には行かなかった。議長と副議長と、総務常任委員長が、口頭でそれを伝えたことは、議事録にきちんと書かれていたのを後で確認した。そういうことをやっている。

そのような厳しい状況の中、三月二八日、NHKの記者から今中哲二先生（京都大学原子炉実験所）たちが村に入ることを知りました。ようやく村も本腰を入れて調査し、対応をするのだなと安心をして、期待感が高まったのです。二八日の夕方に来られましたから、私も今中先生に会いたいと思って役場に行ったけれども会えなくて。三〇日にも役場に行っても情報は出ない。三一日には村に調査報告があったという連絡がありましたから、四月一日に何かわかったのかを知りたくて役場に行きました。しかし村長が公表をしなくてもいいと判断をした、それなりの機関で公表されるであろうから、村がやるべきではないということで話が終わってしまった。これだけの貴重な情報を公開しないばかりか、私個人にも見せてくれないのです。

原子力安全・保安院が「飯舘村は避難の必要がない」と発言した三一日に、今中先生らは調査結果をもとに村長に避難を提言したが、村長は「公的機関が計測した発表ではないので、受け入れられない」と拒否したことが、のちにわかりました。そして、四日になってようやく（今中哲二先生と糸長浩司先生たちの）ウエブでの公表を見たのです。これで「全村避難をしなければならない」ということが、はっきりとわかりました。

四月七日、国から「八日に市長、村長集まれ」って招集された。指示するためです。川俣と飯舘と、南相馬、川内が呼び出された。あとから指定されたのが、田村市の都路地区。それで前日の七日に村長は急遽、上京して、午後に会議を持った。その時に何を言ったのかはわからない。村長は「全損避難にしないでくれって」たぶん言ったのかな?。ここは推測にすぎないので、明言はできない。

四月一〇日、こんどは教育委員会が、一二〇〇人を集めて近畿大学の杉浦麗子教授（分子医療、ゲノム創薬学）を講師に、再び「安全神話」の講演を開催したわけですが、安全だという話を聞いたその翌四月一一日に飯舘村が計画的避難区域に指定されるというニュースがあったわけです。村からではなく、結局は東京からのニュースとして伝わってきた。おかしな話です。この発表があって、村ではこの政府指示を村民に周知させる懇談会を開かなければならなくなった。そこで、村長はなんと言ったかというと、「飯舘村が全村避難になるとは思わなかった」と。「村を残したい」っていうか、「村民を村に残したかった」んだと思う。

そこが葛尾村の松本村長との考え方の違い。三月一四日、三号機建屋で大爆発が起こったときに、オフサイトセンターが撤退した。葛尾の松本村長はこの情報をつかんで、「オフサイトセンターが退避したんでは二〇kmしかないから、葛尾もだめだ」って思って、急遽、村長の責任判断で避難指示を出し、一四日の夜には、全村民を引き連れて福島市荒井の運動公園に脱出してきた。あの人はテレビの取材で、政府の避難指示が出る前にたしかに避難したけど、「私は村民を被曝させなかったことだけが安堵感がある」って言ってました。それだけが適切な指示だった、トップとしては。葛尾村の村民は、いまも三春町の仮設住宅にたくさん住んでいる。村長は、「仮の町」を三春につくると言って、そこに復興住宅を作っている。

そして飯舘は、四月二二日に「計画的避難区域」に指定されて一か月の間に「全村避難」となったわけです。これは菅野典雄村長にとっては残念なことだったのかもしれませんが、私はこれでようやく全員が避難できる、分断がされなくてよかったという安堵感を得ました。それでも避難指示が遅かったことに変わりはありませんが。

若い人たちの多くは、それ以前に自主避難をしていました。しかし彼らが避難先とした借り上げ住宅の多くは、福島市の渡利地区のような線量が高い地域なのです。それはつまり、福島市の人も避難したということで、それで空いた住宅に飯舘の人が入ったのです。避難の指示が遅かったために、そういった残念なことが多々ありました。一番苦労したのは畜産農家かもしれません。牛の処分が終わるまでは避難できませんから。猪苗代まで家族を避難させ、自分はそこから毎日通って世話をしていた人もいました。そういった人たちが最終的に飯舘村を離れたのは、七月になってからのことです。それまでの間に、全ての農家が農業を廃業したわけです。

しかし、そもそも仮設住宅ができたのが七月ですから、避難が遅くなることも当然なのです。その四か月に渡って被曝を強いられた人が多くいるのです。テレビでは五月の段階で全村民の避難が完了したと伝えられましたが、それは行くところの配分が決まっただけのことだったのです。

村の避難対策への不信

村が放射能被災の状況を隠しつづけたために、避けられたはずの放射線被曝をおもいきり受けてしまった。汚染された水道水を飲んでいたし、外部被曝と内部被曝をどれだけ蒙ったかわからない。その上にどこに避難するかについて、村はほとんど何もしてくれなかった。福島第一原発に近い双葉郡町村の住民も被爆はしていますが、飯舘村民のように長期間の被曝はしていません。指示にしたがって津島地区に逃げた浪江町の人たちはそこでかなりの被曝をしていますが、それでも飯舘村民のような長期の被曝はしていない（その証拠は県民健康調査と今中哲二先生のグループによる調査ではっきりしています。一九一頁下図参照）。葛尾村は松本允秀村長の決断で、一四日の夜には福島市荒井の運動公園に避難していますから、重大な被曝をまぬがれたのです。首長の決断がこれほど求められる時に、村長は実態を知らせずに避難を回避しようとしたのです。これまで村民は村を信頼してきたのに、その信頼を破った。「それは罪です」とはっきりいう人もいます。村民はいま非常に怒っていますよ。現状では、仮設住宅に住んでいる村民は三割しかいません。後の七割は借り上げ住宅に住んでいますから、福島県全域にばらばらに離れて住んでいるのですが、最初の頃はその人たちへの情報伝達が全くありませんでした。もちろん、手がまわらないということもあったのでしょうが、村がどうなっているのかが全くわからないのです。私はホームページだけでも直せと何度も言ってきたのですが、それがされたのは六月になってからでした。しかしそこにも村長のメッセージは何もない。

村は放射線量を把握しながら隠して公開しなかった。住民に情報公開がされないということ自体が大きな波紋を呼んだわけだし、今、村民が不満を抱いている大きな部分だ。そのことでコミュニティまで崩壊させられて、場所は自分で探さなきゃならなくて、ようやく何とか避難をした。なのに、村は「ほぼ避難が終わった」と六月の段階で言った。何を言っているのか。そういう情報は早く公開するんだなって。終わってもいないのに。

私は、コミュニティを維持するためにまず一か所に避難させるべきだと言ってきたんです。その時点で那須は放射線量が高かったそうだけど、当時はわからなかったから、とにかく那須の国営牧場に牛を全部もっていけ、あそこの御用邸をあけてもらって、あそこにみんな住めばいい、仮設住宅が足りなければ仮設住宅をつくればいいと。冬になる前に秋までに対応すべきだって。

四月、五月の時点で目黒区からも六、〇〇〇人全部来るように、世田谷区も全部来てもいい、村ごと収容できると。その後インターネットで群馬県太田市が富士重工の新興工業団地で六、〇〇〇人みんな来ても引き受けるし、そこに勤められると。そういう情報があって村に持っていって、村長から返事してくれと言ったって、返事したのかどうかもわからない。全然そういう動きはなかった。

村は村民の避難先を確保するために職員が駆けずりまわって探したと言ってますが、それは一部だけ。みんな自分で避難先を探して、なんとかとりあえず、自分の暮らしを確保できただけ。村は、なあんにもしてくれなかった。そして結局、今になってしまった。結局、コミュニティを完全に崩壊させられたわけです。

国と村の帰還計画と除染

村は全村避難が終わった二〇一一（平成二三）年の九月に、いちはやく除染による帰還計画「までいな希望プラン」を発表しました。二年で帰還する、そのために除染費用に三二〇〇億円を国に要求するという計画。大変な金額の要求ですが、いくらお金をかけ、二年でまずは住宅地周辺を除染して帰還するといったって、その除染がどれだけ本格的にできるのか、その程度の除染ができたからと言って、ほんとうに帰還して暮らせるなんて、村民は誰も信じなかった。村の当初の帰還計画はすぐに破綻し、こんどは政府がつくった「除染工程表」（環境省、平成二四［二〇一二］年一月）に沿うかたちとなった。

「避難指示解除準備区域となる地域」（概ね二〇ミリシーベルト／年以下の地域）
・平成二四（二〇一二）年内を目途に、一〇～二〇ミリシーベルト／年の地域を除染
・平成二五（二〇一三）年内を目途に、五～一〇ミリシーベルト／年の地域を除染
・平成二六（二〇一四）年内を目途に、一～五ミリシーベルト／年の地域を除染
・当面は、すべての地域で一〇ミリシーベルト／年未満を目指す。
「居住制限区域となる地域」
・平成二四（二〇一二）年～二五（二〇一三）年にかけて除染

・二〇〜五〇ミリシーベルト／年の地域を段階的かつ迅速に縮小
・市町村等と協議の上、優先すべき区域を明らかにしつつ除染を実施

しかし、この計画もまた完全に破綻してしまった。平成二五（二〇一三）年度中にすると約束した「避難指示区域」での除染作業の実現は困難になると、これを平成二六（二〇一四）年度中（事故後、四年目）に完了する計画に組み替えると言いだした。これは「居住制限区域」に対して約束した年月と重なってしまうから、「居住制限区域」のほうは、さらに遅れる。「避難指示解除準備区域」だって、平成二六（二〇一四）年度中にできるはずもない。

政府は避難生活の期間を五年とみて、「帰還困難区域」の避難者に対しては五年分の精神的慰謝料（実質的に避難生活費用）を一括して支払う、「居住制限区域」の避難者については二年分を一括して支払う、「避難指示解除準備区域」の避難者については一年分を約束する、という区分けをつくったけれども、この慰謝料支払の区分も意味を失ってしまった。「避難指示区域」の政府直轄による「除染計画」が最低限の除染だけで五年かかってしまえば、なぜこのような支払いの区分をしたかが意味を失ってしまう。どうして、こういう区別、分断を強いてくるのかの根拠さえ失われてしまう。

もともと、「除染による帰還計画」と「補償」「賠償」とを結びつけた「帰還」という政府の一方向的な考え方の押し付けが間違っているのです。一般公衆の放射能被曝の基準は年間一ミリシーベルトなのに、帰還してこれよりはるかに高い線量とわかっているところに、福島県民だけ「暮らせ」というのが、おかしいのです。それを国民全体がわかってくださっているのか。こういう政府のやりようのおかしさを、みなさんにぜひ知っていただきたい。

飯舘村の当初の帰還計画はもはや時間がすぎて笑い事でしかない。政府の計画も村の計画も破綻しているの

に、しらぬ顔で、「このように工程を変更しました」と決めてくるだけで、根本の考えは何一つ変えようとはしない。これは「罪」ではないか。帰還計画に基づくという名の地域分断の「罪」です。それによって、支払われる「補償」を分けてしまったのですから。

私の住んでいたところ(草野地区)も、除染モデル事業の区域(四〇〇メートル四方)に含まれていて、二〇一二(平成二四)年の一一月に除染モデル事業が行われました。しかし冬で土が凍っているため、半分しか作業は終わっていない。その結果、家の中で約〇・七マイクロシーベルト、外では二~二・二マイクロシーベルトまで下がりました。おおよそ半分になったわけです(仮に、家中に一六時間、外に八時間の計算でも、年間およそ一〇ミリシーベルト。今中哲二氏の意見ではどんなに線量が高くても、日常的被曝では〇・三マイクロシーベルト/時が限度と言っています)。ただ雨樋の下などは枡になっていて壊せませんから、二〇~四〇マイクロシーベルト以上になっています。

庭木は庭師に剪定してもらいました。裏山の木は枝打ちを半分ほどまでやりました。それから落ち葉を取り除いて、庭の土を五cm剥いだということなのですが。ただ凍っていましたから、五cmも剥げたかどうか……。畑の方は、業者は五cmと言っていたのですが、そんな少量では意味がないので、もっと深く取るように言いました。それで凍っている分、おそらく一〇cmほどを全て取って、宮城県の山から運んできた黒土と入れ替えたのです。その結果、畑の表土の線量は四マイクロシーベルトまで下がりました。ただ空間線量はそれほど変わっていない。

この程度の効果の除染作業を、四〇〇m四方の土地で行うのに六億円かかるそうです。二〇戸近くの家と、田畑、それに学校のモデル除染事業の費用だけでそれだけかかる。その結果が、年間およそ一〇ミリシーベルト。これで住めというのか、この程度の除染に、それだけの価値があるのかどうか。

村の汚染は自然にまかせるしかない

農業をやっていましたから、除染をして農業で暮らしていけるのだろうかというのが一番の悩みです。「戻れ」と言われても、戻ったところで何をして暮らすのか。農地の除染は五年をかけて（二〇一七〔平成二九〕年三月末までに）やるということになっています。除染によって汚染が半分になればよい程度ではないでしょうか。例えばJAが提案した「天地返し」で除染されたら、私たちにとってはその土地は死んだも同じです。土と農業は切り離せないものです。土が健康でなければ作物をつくって消費者に届けるなどということはできません。安全への責任がありますから。そのためには除染をするのだったら全部入れ替えるしかないし、その土を保管する場所がないのだとすれば除染なんかやる必要はない。

むしろ、自然バクテリアにお任せをして、綺麗になるまで三〇年なら三〇年待つべきだと思っています。周りが山林ですから、農地だけ除染したとしても放射線量はまた元に近く戻ってしまいます。さらに河川もそうです。水を引くことによってまた水田だって元に戻ってしまう。お利口さんの内閣府の課長さんは「空気中には浮遊していませんし、水には溶けませんから、大丈夫です」と言っていましたが、濁り水は当然含んだまま流れますから、運んでくるのです。そういう除染のやり方は、私たちは受け入れることができません。

それよりは除染をまずはそんなに焦らないで、今中先生もおっしゃったように、まず自然に任せ、人間は安全なところで暮らし、そうして戻れるようになったときに戻って再興すればいい。八〇代の人が三〇年経てば一一〇歳ですからたぶん生きてはいないでしょうけれど、それは仕方がない。自然災害でないから心に留められないだけで、やっぱり起きた現実をしっかり見つめればそうしなければならないと思います。ゆっくり待って、安全になった時点で戻る。それは次の世代になるかもしれません。三〇年は一世代分ですからね。それは仕方ないことではないでしょうか。

除染は自然に任せて、人間が明日から生きていく道をきちんとやっていくべきです。今まさにその人の人生の時間を奪っているわけですから、早めにそれをやることによって、その人生の時間を取り戻してあげなければなりません。そしてそれは除染によってではない。一日も早くその人の人生を取り戻して、前向きに生きていける環境をつくってほしい。そのために金を使ってもらいたい。

飯舘村には農地だけで二七〇〇ヘクタールありますから、除染費用はそれだけで一〇〇〇億以上かかります。それに加えてさらに手間がかかる住環境の整備、山林の整備がある。

住宅の再建費と土地の取得費用を合算すると、除染費用の方がはるかに高額になっているわけです。それならば、自然に任せた方がいい。さらに、除染は自然を破壊し、潜在植生を全てなくしてしまう。災害を引き起こす状況を生み出してしまうのです。そんなことをして、なにが除染なのですか。三二〇〇億を使うのならば、健康の心配をする必要がない安全な場所へ居住地域をつくり、様子を見守るべきでしょう。しかし当然ながら、飯舘村の土地は国には売りません。国の役割は、私たちの土地を汚したのだから、そこが綺麗になるまで管理することです。さらに移住先で自立して生活していく環境をつくれるだけの補償をしなさい、ということです。これは当たり前のことでしょう。

避難した村民の生活は限界に近づいている

冷静に住民の立場で考えるなら、国が除染事業に投ずる巨額の費用により、結果として住民が帰還できるようになるという「除染工程表」を支える政策思想は幻想でしかない。さまざまな報道を見ていて最も不愉快なのは、まずは除染ありきという国の姿勢です。さらに高線量でも安全だというキャンペーンがあり、東京電力は放射性物質を撒き散らして汚染させたにもかかわらず「放射性物質は無主物だ」とさえ言い出す。そんな言いぐさはない。これを聞いて私たちが怒らないはずがない。バカにしています。

多くの村民が危惧しているのは、いいかげんな除染をして、「除染を終了しましたから、村に帰ってください」などという「安全宣言」を出されることです。「避難生活は終わりましたから、避難にともなう精神的補償はもう終わりにします」とやられたら、どうしたらよいかわからない。避難生活のままでは暮らせないし、そんなところに帰れるはずもない。こういう事態が一年延ばしになりつつ、次第に近づいている。ずるずると追い詰められています。

いま、避難した村民の暮らしは、限界に近づいている。国も村も漠然とした不安は持っていても、ほんとうには気づこうとしていない。なぜ限界に近づいているか。避難してもう三年を超え秋になってしまいました。もうすぐ四年目になります。一人当たり月一〇万円の避難補償をもらっているから、当面でいえば暮らせないわけではない。けれども、それはやがては打ち切られるものにすぎない。

一方で、避難補償の考え方は、政府による避難指示はあくまで一定期間を前提にしたものだから、その間についてだけ補償するのであって、帰還を断念して他の土地と家を買って新しい生活を始めたら、「避難状態」ではなくなるのだから「補償」をする理由がないという考え方を含んでいます。こういう根拠を盾に、いったんは東電からの精神的補償を切られる場合もあった。避難指示の解除による帰還と、避難している間の補償は一体の縛りが与えられている。そうすると、避難者は補償をもらっているために、新たな暮らしに向けた旅立ちが難しくなってくる。とりわけ、「避難指示解除準備区域」の村民は、月々の補償にすぎないから、手に入れたお金は日々の暮らしで消費してしまう。五年分なりの補償をまとめて得られれば、それを元に暮らしの再建に向けた出立がしやすくなるのに、帰還計画による指定地域の分断によって、まとまった補償が得られない状態になっている。その指定地域の分断さえ、除染の大幅な遅れで怪しくなっているのに、こういう状態が続いている。

慣れない仮設住宅や借り上げ住宅暮らしで、孤立したお年寄りはどんどん亡くなっています。それは、自分たちの暮らしを自分で再建していくという人生への目標が踏みにじられているからです。自分たちの暮らしは自分で立てる、その意思を立てるための支えが補償であるはずなのに、避難村民は「ある程度の除染」―「帰還」―「避難補償の停止」という政府の管理下で、かろうじて生きさせられている。村民は放射能汚染をかぶり、さらにこの罠に貶められてしまった。チェルノブイリ事故によるロシア、ベラルーシ、ウクライナの補償では、少なくとも移住選択の自由が補償としてなされてきましたが、政府の避難指示区域の補償にはそれさえ含まれていない。これはどういうことでしょうか。

生活の再建に必要な総体賠償と、一括して五年なり六年分の生活補償、移住に対する補償が与えられるなら、多くの村民が新たな暮らしに向かって進めるのに、避難村民は政府管理の罠に押し込められているのです。われわれは、こうした事態を超える道を模索しなければなりません。

こういう考えを思いつめてきましたが、この二〇一三(平成二五)年六月、浪江町が住民の訴訟を町で一括して代理して受け取り、一か月一〇万円の精神的補償を三五万円に引き上げるように訴訟を起こすと決め、すでに一万人を超える町民の訴訟を受け取ったことが公表されました。これは馬場有《ばばたもつ》町長の英断といえるでしょう。しかし、本来ならあたりまえのことにすぎない。避難指示によって強制的に避難させられた首長が住民の先頭に立って、住民を背にして、被害をあたえた者に立ち向かい、住民全体の補償を求めるのは、あたりまえではないですか。ところが、飯舘村の首長は、環境省などの役人と同列にならんで、村民に対峙して村の除染計画を指し示している。さらには、村が村民の訴訟を代理するなんて、さらさらない。浪江町が提示した三五万円という数字は、交通事故補償の最高額にあたるだけで、それだってぎりぎりで考えた要求にすぎない。われわれが失ったのは、これまでの全ての暮らし、全ての人生であって、数字では償いようがない。けれども、最低限でいえば「身動きできないような縛りのついた補償」ではなく、しっかりと暮らしを再建できる、暮らし方の選択も自由にできるような賠償・補償でなければならない。私は賠償・補償の考え方では、浪江町の考え方が今のところ最も良い、この考えについていくと考えています。

ここから先は、私たちが求める選択の仕方に関わります。

もう一つの村をつくる

飯舘村の村民のほとんどは農業をしてきました。畜産業もありますが、農の暮らしがあって、畜産がある。いずれも土地があってなりたつ暮らしです。農業は一年の季節のめぐりに合わせて、米、麦などの穀物や豆、果物、高原野菜などを栽培してきた。農業の基本は、自分の手だけで農産物の生育を見守りつづけ、その収穫の時を喜び、さらにその食を享受する人たちに届けて、分かちあうことにあります。「規模の農業」という考え方は一方では必要ですが、そうであっても、農の基本は「作るよろこび」とこれを分かちあう「贈与のよろこび」にあります。現代の農業は「規模の農業」だけでなく、生産者の名を付した産地直送による消費者との結びつきが作られ、この点では「農の原点」をじかに触れるような文化が生まれてきました。そして、もう一つ「農」には「土地」が欠かせません。

私は農業の機械化や、規模を求める圃場整備といった近現代化を否定しているのではない。省力化できるところはできるだけした方がいい。しかし、手抜きであっては困る。たとえば、いま出回っている水耕栽培のトマトは本来の滋味のある味がしなくて、おいしくない。露地植えのトマトをかじってみればその違いは歴然としている。水耕のトマトは手抜きにすぎず、露地植えのトマトは土壌の具合を見極め、毎日、その生育を見つめて水をやり、手入れをしているから、そのほんらいの味と香りがする。いくら省力化していても、日々に生長するものへの心くばりは欠かせません。農産物がその自然性を豊かに育むような土台が踏まえられた現代化ならば進んで受け入れたい。しかし、それを可能にする土地と人が土台であることには変わりがない。

多くの食料を外国に頼るようになったこの国では、もはや農業は立ち遅れた産業のように言われている。しかし、その物本来の滋味があり、新鮮で、おいしくて安全な「食べ物の基準」をつくってきたのは、この国の農業でしかありえない。その土地に生き、そこでつくる喜びを湛えた農民の手でつくってきた農産物だからこそ「基準」になる。何百年、何千年と営まれ、心をくだいてきた農業する者の心なしにはありえないのです。

「食べ物」には「基準」があることの一つの事例をあげておきましょう。いま日本に入ってきているドイツ、イタリア、スペインなどの「輸入生ハム」と「国産生ハム」を食べ較べしてみれば歴然とします。「欧州産生ハム」のほうがはるかにおいしい。これは欧州には「生ハム」という食べ物に対する「基準」が確立されてきたからです。長く牛や豚の保存文化を持たなかったこの国では、今もって「基準」となる食肉文化を捉えられないできた証拠ではないでしょうか。その畜産文化が放牧もさせずに病気に近い牛の肉を出荷する文化まで作りあげてしまった。これは「基準」に対する逸脱です。

農の文化にはこのように、食べ物としての「基準」がなければならない。そして、「農の基準に立った文化」が育まれるのは、自分たちが暮らしてきた土地を愛し、そこで共に触れよろこぶコミュニティにおいてでしかありえない。また、その場所、その土地は自然景観を含んでいます。農民はこの自然景観、土地、土壌と、作物と、自分とを一体のように感じつづけてきた。さらに、この一体の感覚は同じコミュニティを営む村民との一体の生活感覚を育んできたのです。もちろん、家族、個人には固有の事情があり、固有の暮らし方があるでしょう。しかし、飯舘のようなきびしい環境の山村では、村民同士の強固な協同なしには暮らしは成り立ちません。生きては来られなかった。そして、この条件のなかで、村の行政も育まれてきたのです。

村は二度にわたる合併を超えてきましたが、村は行政区ごとの自治を高め、大切なことを決める場合には、行政区の意向を大切にする住民自治のかたちを長い時間の積み上げによって築いてきました。かつての自然村である旧村がいまは行政区の基本になっていますいくためのコミュニティの伝統に支えられたものです。福島第一原発による放射能汚染と、汚染に対する国、県、村の対処のありようは、村民の健康と暮らし、村民相互のコミュニティを破壊するとともに、生業の基盤である土地との関係を「根こぎ」にしてしまったのです。さらにその根は、きびしい暮らしの環境のなかで、生きて

もはや、近い時期での故郷への帰還は断念しなければならない。断念して放射能汚染が自然に薄まるのを待つしかない。そう決めることで、生活再建の第一に向かって歩みだすことができる。若い人たちの多くは、すぐには農業に携わることは、もはやないでしょう。放射能に苦しめられずに暮らせる場所を選んで、生活の基盤を築いていけるような補償が得られれば、それが一番大切です。どこで暮らそうが若者たちの自由であり、その選択の幅を充分に与えられることが、避難補償の核心でなければならない。同時に、長年、農業に携わってきた親たちの世代は、〈農〉の中に生き、〈農〉においてコミュニティを築いてきた。それは、〈農の本質〉、〈農の原点〉とは何か、コミュニティがいかに大切かを深く知っている世代なのであり、逆にいえば、〈農〉に規定されてしまった生活、人生から容易には離脱できない世代です。

私は、この〈農〉を根底から剥ぎとってしまうような過酷な事故を受けたからこそ、〈農〉とは何かを正面から考え、追求するような生業のありようを求めたいと思う。そのことはこの国の食文化の根底を支えるものとも思うからです。そのためには、小さい規模であってよいから、飯舘農民が故郷を見守りつつ、故郷とは離れた土地で、〈農〉という生業の本質に立ったコミュニティを築き、何十年先になるかわからないけれども、故郷の放射能汚染が危機を脱するようになったら、もう一つの村で大切に守り育ててきた〈農の原点〉に立った農業を携え、故郷の土地に帰還したいと思う。

それは、自分が死んでしまった後のことかもしれないけれども、そんなことは問題ではない。生き方の、生きる目標の筋さえしっかりできるならば、死んだ後にわがコミュニティの同士たちが、私の土地を生かしてくれてもよい。それは、私がやるのと同じことです。〈農の本質〉とは何か。そこに土地があれば、その場所に何かをまず植える行為のなかにあるのです。その行為がまずある。植えられたものを自分が収穫して喜びをわかちあえればよいが、そうでなくともよい。植えられたものの実りが後世に残る。それを誰かが享受してくれれば、それでもいいのです。その土地、その場所に自分が種や苗をまず植えるという行為が大切。ここに〈農〉の原点があり、そのためには〈土地〉がなければならない。自分がいなくなっても、植えられたものをその〈土地〉が養ってくれ、だれかがそこから実りを受け取ってくれる。これが、〈農〉の手と〈土地〉との約束なのです。この約束を支えるのは農産のそれぞれの種に応じた手間のありようです。それがなければ、約束は豊かなものとはならない。

じつは、耕作されないで放置された田や畑は、たとえば福島市でもいくらでも残っている。約束されているはずの土地がたくさん眠っている。民有地はもちろん、国有地、県有地や市有地だってある。そういう耕地とコミュニティを築く土地を国、県が配慮してくれるなら、共に農業のコミュニティを築きたいという有志の村民といっしょに、「もう一つの村」を作りたいと考えている。いまはこのような村を築く前段となるような共同農場を営んでいるところです。

私たちが失ったもの

現在気になっていることは、私たち避難区域の人あるいは福島市の人が、東京の人たちと比較されるということです。はっきり言えば差別です。当初それが現れたのは車で、福島の車があると、これを避けて通るということがあった。こういうことが、今後どういうふうに差別に発展していってしまうのだろうか。そういったことが子どもや、特に感受性の強い高校生などの頭の中にあって心配しています。

東電の皷紀男副社長が詫びに来たとき、高校生の女の子が「私は結婚して子どもを産めますか?」と言った。そういったことを誰が理解してくれるのだろうと思いました。一人の人間に対してそれだけ大きなことを与えた事件だということを、国民みんなでわかり合ってもらって、共有してもらうことができれば、差別は解消するでしょう。学校の中でも差別は起こっています。小学生だって、やはり飯舘村の人間の子どもは差別されると思っているし、実際に福島の子どもたちの避難先で差別があると聞いています。それはできる限り早い時期に解消していけるような社会の風土をつくらねばならない。

村には年々に春が来ます。しかし春は来るけれども、それまで村に訪れていた春の恵みはやって来なかったし、得ることができなかった。これからもそうだと思います。これは福島市で放射能のレベルの高い場所も同じだと思いますが、そういう環境に暮らさなければならないという辛さを、そこに暮らす人みんなが潜在的に感じている。彼らはそれに付き合って暮らさねばならないのです。

「放射能を正しく恐がって暮らす」とおかしなことを言ったどこかの教授がいます。確かに恐いものだし、正しく理解をして危険を排除しながら暮らしていかなければならない環境にある。だからできる限り、危険を排除するための知識を持って暮らしていかなければならない。そのためには、国も市町村も行政も、しっかりとフォローをしていくべきだと思いますし、学会もきちんと統一した見解を出してほしい。私たちが一番欲しいのは統一見解です。今はバラバラですが、国民はより安全なものを選びます。それは誰でも同じだし、より安全な社会をつくっていくためには学会の統一見解が必要だし、マスコミは正しく伝えていくべきでしょう。それがこれから生活をしていくうえで、最も大切なことだと思います。私たちがこれから新しい生活・生産基盤をつくっていければ、また食料を生産していくので、そのうえでは安全なものを提供していく責務があると思っています。

今回の原発過酷事故で、私が一番大事だと思うのは、今度の事故は福島の問題ではなく、日本全体の問題であり、世界の問題であり二度とあってはならないことだということです。マスコミもそうだし、政府も経済界も国民みんながそれを肝に銘じておかなければならない大きな問題だと思う。この原発の問題を風化させたら、日本は世界からもっとも深いところでの「信用」を失ってしまいます。原発についても、国内では自然エネルギーを導入して、原発をベトナムやイギリスには輸出すると言い出していますが、全く考えられないようなことです。

私たちは今までの人生で築いてきた歴史を失ったのです。実績、持っていたもの、自分が培ってきたものを全てを根こそぎ失った。

除染して元に戻るのならいいけれども、失われたものは戻らないのです。土地ですら、時間が経たなければ戻らない。

飯舘村には、村民がみんなで村づくりをしてきたという誇りがあります。任せておく行政ではなく、「関わる行政」をつくってきた。そうやって村の運営に村民が関わってきたから、以前のような飯舘村がありました。しかし事故の後で、それがないがしろにされてしまった。

村は三〇年以上前に、日本総研のようなコンサルタントを一時的に入れて計画書をつくるような村づくりから、日大の青木志郎先生を中心にして継続的に助言をもらいながらやっていこうという方針に変えました。青木志郎先生の後に糸長浩司先生がその役割を継がれ、長い年月をかけて、全ての村民が関わる手作りの村ができてきたのです。ですから関わる能力をみんな持っているのに、そのための情報がない。それは私たち村民を非常に苛立たせました。

私たちは、全村避難から三年目が間近に迫り、もはや生活再建のためのぎりぎりの時間に到達してしまいました。なによりも、全村民の生活再建の道を開いていかなければならない。それができなければ、棄民の道しか残されていない。私たちは、いまこそ立ち上がらなければなりません。私は、その道をすこしずつ検討してきましたが、いまこそ立ち上がるべき時間が迫っている。そう思います。

（二〇一三年秋記）

第一編の二　飯舘村民救済申立団の結成と謝罪・賠償要求
二〇一四年春〜現在

全村避難三年目を過ぎた二〇一四（平成二六）年春、私は、かねて打ち合わせていた長谷川健一さん、佐藤忠義さん、佐藤公一さん、赤石沢正信さんたちと相談し、いま、できるかぎりの全村民を結集した「飯舘村民損害賠償」の申立団を結成して申立をおこなわなければ、多くの村民の生活再建への道は失われてしまう、申立団を立ち上げようと決めました。この立ち上げのためには、それまでに長泥、蕨平、浪江町などの申立団の結果を見てきたので、申立の仕方と根拠については十分な準備が必要と考えてきた。そこで、四つの条件または根拠を立てなければならないと考えた。

全村民の過半が申立に参加すること

一つは、どうやって申立団を組織するかです。「全村避難」の指示で飯舘村から退去した村民は福島県内への避難が多いけれども、全村民となると、全国にちらばってしまった。福島県内であっても、どこに避難しているかの消息は個人ではなかなか摑めない。具合が悪いことに個人情報保護法ができたために、役場に聞いても教えてもらえない。役場は村民全部の避難先を掌握しているけれども、個人が避難した村民相互の連絡をとろうとすると、決して教えてくれない。私はともかくも電話帳をつくろうと、わかる範囲で芋蔓式に集めて電話帳をつくっていった。それでも、四〇〇人ぐらい集めたのが精一杯。これでは、村民の過半にはとうてい届かない。村の暮らしで深くつながっていた人たちが連絡をとろうとしても、連絡がとれない。個人情報を掌握しているのは、役場ばかりというおかしな事態になって、みんなバラバラに分断されてしまった。この事態だけでも、濃密な人と人との結びつきで支えられてきた村民の暮らしは破壊されてしまった。

これでは申立団をつくる手立てがない。大元から考えて行かなければならない。役場は教えてくれなくとも、村の自治の原点である行政区だけは、行政区の村民の避難先を掌握している。村役場も行政区の村民情報だけは伝えていたから、行政区を基盤として賠償要求の申立団を組織するのが、いちばん良い方法だ。行政区は、元々が自然村以来の人づきあいを保ってきたから、自治の原点に立ったところで、賠償請求するのが最もふさわしいやり方になる。

そこで、行政区長だった長谷川健一さんが、行政区長会議で、区長承認のもとで賠償申立をおこなうことを提案した。詳しくは第二編にしるすが、二〇行政区のうち、一四行政区がこれに賛同した。残り六行政区のうち、長泥と蕨平、それから比曽、八和木・前田は行政区単位で別個の申し立てをおこなっており、行政区長が世話をしないとしたのは、大倉区と大久保・外内《よそうち》区の二行政区にとどまった。「原発被害糾弾 飯舘村民救済申立団」の結集は、結果として三〇〇〇余人、戸数にして八〇〇戸を超えた。飯舘村の人口はおよそ六〇〇〇人だから、半分の人たちが参加してくれた。他の訴訟・申立団をあわせれば、四〇〇〇人を超えている。謝罪・賠償の訴訟・申立は全村民の過半をはるかに超えた力となったのです。この大きな力は、昔でいえば、「一揆」それも「全村大一揆」に等しいものでしょう。

この申立団の結集、その規模の力を原因者である東京電力と政府は、真摯にうけとめてもらいたい。私たちは好んで謝罪と賠償要求のために立ち上がったわけではない。そうしなければ、破壊された生活の再建ができないからだ。このまま、ずるずると現状に服したままでは、棄民の道をたどる村民が生まれてくる。それを避けて生活再建の道をしっかりと据えていかなくてはならない。

浪江町集団申立の検討

二つは、謝罪と賠償の申立をどのようなかたちでおこなうのかにあった。序編前段に記した二〇一三年秋の段階では、浪江町の馬場有町長が先頭に立ち、町民の「委任状」を受けて町長が代理し、一括して補償申立をおこなうかたちをとり、最終的には一万五〇〇〇人を超える委任状が集まり申立をおこなった。

これに対して二〇一四年三月二五日、「原子力損害賠償紛争解決センター（ＡＤＲ）」が示した和解案は、避難時の生活補償基準月額一人あたり一〇万円を三五万円にしてもらいたいとする申立に対して、五万円を増額して一五万円とするものであった。同年五月二六日、浪江町は和解案を受け入れたのに対して、六月二五日に東京電力はこの和解案のごく一部を除きその大要を拒否した。八月二五日、仲介委員は二度にわたる口頭審理と現地調査から得られた心証を踏まえた再度の懇切な「和解案指示理由補充書」を東京電力に示したが、九月一七日、東京電力はこれをも拒否した。結果として、今もなお、「浪江町原発ＡＤＲ集団申立事件」の和解は成立しないままに至っている。

私は当初、浪江町の馬場有町長が先頭に立つＡＤＲ申立はみごとなものと感嘆し、飯舘村民の申立も浪江町についていくと考え、そのように記しもした。今も馬場有町長の意思を高く評価していますが、浪江町のＡＤ

R申立の中に欠けているものはないかを検証しておく必要を感じた。申立は避難者一人一人による申立ではなく、町長が町民の委任状を受けて代理人として一括申立するかたちをとっている。これはおそらく、町民によって差のでるような避難生活補償を求めるわけにはいかないという理由があったであろう。「申立書」には、「精神的損害は、全町民に共通する損害として包括的・一律に損害を評価することが可能であり、集団申立には合理性がある」と書かれていて、町長が集団訴訟にかかわる場合の町民に対する「平等性」の確保が前提であったことがうかがえる。

ところが、東京電力はこの「包括的・一律の損害評価」を根拠として、これを否定する筋書きを用意し、拒否をおこなったともとれる。東京電力の拒否の理由は、次の一文に記されている。

「本和解案は、申立人ごとの個別事情を考慮することなく、浪江町民であることのみをもって、一律の精神的損害の増額を認めております。したがって、本和解案は、避難指示に基づき避難した被害者に共通して発生する精神的損害を、一定の金額に評価した中間指針等と乖離するものと言わざるを得ません。」

これに対する「和解案指示理由補充書」が示す再度の反論は、つぎのようなものだった。まず、拒否理由には「申立人ごとの個別事情を考慮することなく」とあるが、そんなことはない。福島県および東京でおこなった口頭審理に出席した避難者からの事情聴取および申立人らが提出した数多くの陳述書を検討し、それらの個別事情を十分に考慮したうえで和解案を提示した。

「申立人らには、浪江町民であるという点のみにおいてではなく、避難生活において共通した個別的・具体的事情が存する」こと、さらに「今後の生活再建や人生設計の見通しを立てることが困難であって将来への不安が増幅している事実」が認められる。ここに示した増額の根拠は「浪江町民であるかどうかとは別の事由である」。いいかえれば、避難生活が長期化し、今後の生活の見通しが立たず、将来への不安が増幅するなかで、「浪江町民」であろうと、他の市町村の避難者であろうと、避難慰謝料の増額が必要になった。この増額については、中間指針の追補によってその必要が認められている、と反論されている。この中間指針の追補の条項を踏まえた反論の結論をもうすこし詳しくみるために引用しておきます。

第1　避難生活の長期化に伴う精神的苦痛について

2　本和解案と中間指針等の関係について

(1)　被申立人は、「本和解案において示された避難の長期化に伴う精神的苦痛は、中間指針等ですでに評価されている要素である」と主張している。しかし、中間指針等の一〇万円の慰謝料は、およそ自宅以外の場所で避難生活を送る人に特段の立証を要せずとも賠償される最低限のもので、仲介委員が、さらに個別事情により慰謝料を加算することができるのであり、これまでも多数の事案で和解案を提示して被申立人も応じてきたはずである。

また、中間指針等で評価されている事情は、「いつ自宅に戻れるか分からないという不安な状態」（中間指針第3-6備考5、第二次追補第2-1（1）備考5）である一方、当パネルが考慮した事情は、「今後の生活再建や人生設計の見直しを立てることが困難」となっているという事実であり、両者の性質は異なる。

すなわち、「いつ自宅に戻れるか分からないという不安な状態」が続いていても、「今後の生活再建や人生設計の見通しを立てることが困難」な状態が解消することはありうるのであって、そのことを被申立人において主張・立証することにより、解消時以後の「今後の生活再建や人生設計の見通しを立てることが困難」であることによる損害賠償義務を免れることができるという点においても、両者は異なっている。

また、総括委員会が平成二四年二月一四日に決定した総括基準においては、第二期における中間指針第3-6備考5にいう「いつ自宅に戻れるか分からないという不安な状態が続くことによる精神的苦痛」に対する慰謝料とは別に、「今後の見通しに対する不安が増大したことによる慰謝料」を賠償すべきとしている（なお、第三期における慰謝料について定めた第二次追補においては、賠償すべき精神的損害は中間指針第3-6で示したとおりとした上で、第二次追補第2-1（1）備考5で、第三期における慰謝料額の増額について、「避難の長期化に伴う『いつ自宅に戻れるか分からないという不安な状態が続くことによる精神的苦痛』の増大等を考慮した。」としている。）。

したがって、当パネルが認定した、中立人ら全員の避難生活が長期化し、それにより、中立人全員が「今後の生活再建や人生設計の見直しを立てることが困難」となっているという事情は、中間指針等で評価されているとは言えない。
（2）また、仮に「いつ自宅に戻れるか分からないという不安な状態」と「今後の生活再建や人生設計の見直しを立てることが困難」な状態との間に何らかの重複関係があったとしても、当パネルは、本件の具体的な審理を通じて、中立人らの感じている将来に対する不安は「軽減されるどころか、増加しており、より現実的、顕在化して深刻になっている」との確信を得たのであり、この精神的苦痛に対する慰謝料として、月額一〇万円では不十分であるとの心証を得たのであるから、本和解案は、中間指針等の存在を前提に、個別の解決を図るために提案された和解案であることは明らかである。
これに続いて、「第2　高齢者の慰謝料増額について」「第3　集団的和解の必要性」の「和解案提示理由補充書」の説得がつづく。全文は、浪江町ホームページで見ることができるので割愛するが、「第３　集団的和解の必要性」で示された言葉は、原子力損害賠償紛争解決センターが設けられた根幹にかかわるものとして、次のように述べている。

本件は、申立人の人数が約一万五〇〇〇人に及ぶ規模が大きいものであるが、原子力事故が発生すれば、このように多数の被災者と原子力事業者である被申立人との間で紛争が発生することは当然に予想されていたことであり、こうした大規模紛争を迅速に解決することは当センターに課せられた責務である。当パネルは、かかる責務に基づき本件の迅速な解決のために、これまでの集団事件の解決方法と同様の手法を用いた上で、個別事情を配慮して和解案の提案をしたものである。こうした解決は、被申立人にとっても、約一万五〇〇〇件の紛争について一回的に解決を図れるメリットがある。

それにもかかわらず、本件のような審理方法及び和解案による増額に応じないというのは、過度に形式的な対応との批判を免れがたく、被災者の保護を図ることを目的とする原賠法の下で、原子力事業者たる被申立人が負うべき責務や社会的期待に反するものといわざるを得ない。

仲介をおこなった原子力損害賠償紛争解決センターの仲介委員は、仲介で提示された避難生活慰謝料の五万円増額を提示したが、避難者の立場からはこの数値では少なすぎるとも言え、申立人側がこれを拒否することもありえた。しかし、申立人をまとめ代理した浪江町長のもとで、申立人はこの和解案を受け入れた。仲介委員の和解案と和解案提示理由補充書も情理をつくしたものであった。それにもかかわらず、被申立人の東京電力は、これを拒否した。仲介委員の言葉は、被災者、避難者保護への迅速な対応のためにつくられた原子力損害賠償紛争解決センターの存立根拠にかかわるものだと書き記している。もっといえば、こんなありさまでは、原子力損害賠償法と原子力損害賠償紛争解決センターの役割は被災者、避難者のためではなく、原子力事業者のためにつくられているのだ、という疑いをも仲介委員のうちに想起させるものだった。少なくとも、そういう疑いをふくんだ存立役割の際に立った言葉をはらんでいる。

だが、被申立人の東京電力はそんな「和解案提示理由補充書」をも、いとも冷淡に拒否し、仲介委員の言葉を無視している。原子力損害賠償紛争解決センターは、この拒否に対して、その存立をかけて闘うべきではないか。だが、センター全体にはそのような対処はなく、なあなあに事態をすませたいと思っているのであろう。

放射能被曝の大きさでは浪江町民より飯舘村民のほうがひどい被曝を被ったが、浪江町域の放射能汚染の規模は飯舘村域を超えている。避難解除準備区域はわずかでしかなく、多くが居住制限区域と帰還困難区域に属している。除染はほとんど進んでおらず、今後の帰還可能性は数年後といった短期的な見通しでは考えられない。個々の避難者にとっては生活再建のための十全な補償・賠償こそがもとめられている。それなればこその集団申立であった。浪江町に対する原子力損害賠償紛争解決センターによる和解案は、これまでに六回にわたっておこなわれているが、東京電力はいずれに対しても拒否の態度を崩していない。浪江町の一万人を超える集団申立にたいして和解案を受け入れれば、これまでにおこなわれてきた全避難者にたいする補償の基準と規模の根拠が大きく損なわれてしまうと判断しているのだろう。だが、われわれの生活破壊に対する謝罪と賠償の「規模」は、東京電力が必死にとどめようとする規模をはるかに超えていることを知るべきだ。

「個人申立」と「集団申立」をあわせること

私は、浪江町の集団申立の後についていこうと考えてきた。だが、飯舘村の申立、賠償要求は、浪江町集団申立のこうした事態を踏まえて、組み立ての仕直しを迫られた。

浪江町の集団申立がまずかったというのではない。その趣意は正しかったし、仲介委員の和解案と和解案提示理由補充書も意を尽くしたものだった。ここまでの説得をもってしても、被申立人・東京電力が拒否しつづけるのであれば、われわれの謝罪要求、補償・賠償要求は、さらに徹底を期した全面要求にわたるとともに、集団申立のありようをも組み替えて対処するほかない。

そこで「原発被害糾弾　飯舘村民救済申立団」は、「集団申立」と「個人申立」を両立させる「申立」をおこなうことを決めた。まず、申立は全て個人の申立によることにした。申立団としての代表、副代表などの組織をつくり、代理人となる弁護士の方々にも「飯舘村民救済弁護団」を組織してもらう。そうしなければ、避難者の申立を法的手続きによって実現できないからだ。しかし、あくまでも三〇〇〇人余の避難者一人一人が申立をおこなう。避難者一人一人が、加害の原因者である東京電力に対して、謝罪と補償・賠償要求を直接に申し立てる。一人一人の避難者に対する東京電力の回答をもらう。拒否であろうと、なんであろうと、回答を直接にもらうことで、生活再建の危機におちいっている避難者の生きる意思は、よりはっきりとしたものとなるだろう。このために、一人一人の生活が破壊された個別事情を記した「申立書・陳述書」をつくらなければならない。弁護団は、ほぼ全ての申立人の世帯代表者との個別面談を福島市、伊達市、南相馬市、郡山市、いわき市などでおこない、全員の「個人申立書・陳述書」を作成し、原子力損害賠償紛争解決センター（ＡＤＲ）に申立をおこなった。申立人の規模が三〇〇〇人を超えたため、個別面談をおこなった弁護士の数も九五名にのぼる大弁護士団となった。

二〇一四（平成二六）年一一月一四日、原子力損害賠償紛争解決センター（ＡＤＲ）に、村民七二二世帯二八三七名の和解仲介手続を求める第一次申立をおこない、これに続いて、二〇一五年(平成二七)年六月二二日、新規申立人五六世帯、家族申立人追加八世帯、合計一九四名の第二次申立をおこなった。一次・二次の合計申立人は三〇二九名(七七六世帯)となった。

申立事項および追加申立事項は、以下の通り。

【第一次申立事項】

1. 東京電力の謝罪。
2. 初期被ばく慰謝料三〇〇万円の支払
3. 避難慰謝料の月額三五万円に増額。
4. 「飯舘村民生活破壊」慰謝料として二〇〇〇万円の支払い。
5. 「住居確保に関する賠償」について、無条件かつ賠償上限額を一括して支払うこと。
6. 弁護士費用の支払い。

【第二次申立事項】

1. 不動産(宅地・田畑・山林ほか)の評価基準を変更して増額すること。
2. 農機具の評価基準を変更して増額すること。
3. 食費の増加分の賠償。
4. 水道代の増加分の賠償。
5. 交通費の増加分の賠償。
6. 家財道具を全損扱いにすること。

7．井戸の賠償。

【第二次申立事項の追加】

1．ペット喪失の賠償。

【第三次申立】

1．各人の個別の賠償申立

2．震災関連死（自死も含める）その他の生命・身体に関わる賠償申立

【裁判訴訟】

1．ＡＤＲ和解案等の不成立を踏まえた裁判訴訟

「第一次申立事項」は、原賠審「中間指針」が根拠とする自動車事故「自賠責補償保険」の「精神的慰謝料」基準に対して、その増額を求めるとともに「生活権侵害」の総体からの全面的な賠償要求を主としたもの、「第二次申立事項」は不動産の評価基準の変更にかかわる財物賠償を主とし、その他の財物の評価基準変更、増額をもとめたもの、ここまでの申立をすでにおこなっている。「第三次申立」では個々人によって異なる「賠償申立」、震災関連死（自死も含める）その他、個々人とその家族によって異なる生命・身体に関わる賠償申立をおこなう準備を進めている。

申立による謝罪と補償・賠償請求の核心を含む「第一次申立」の内容については、その根拠をふくめて「第二編の二　飯舘村民救済申立団『申立の趣旨』」で詳しくふれているので、見ていただきたい。また、「申立書」以後に提出した「準備書面」によって、弁護団は「第一次申立」の申立事項2〜5について、最近の判例、法理にもとづいた補償・賠償要求の根拠を提示している。このうち、「準備書面（3）避難慰謝料・生活破壊慰謝料」

はとくに重要なので、巻末に全文を収録させてもらったので参照していただきたい。
われわれは、「原発被害糾弾 村民救済申立団」の申立により、その全面性と規模においてもっとも本格的な謝罪と補償・賠償を東京電力につきつける決意を表明するものとなった。

「精神的損害慰謝料」と「生活破壊慰謝料」をわけて請求すること

三つ目の申立の条件・根拠は、飯舘村民がふだんの暮らしで享受していながら、決して「市場経済」に登場することのない村民の「生活価値」を、くっきりと全面的なものとして申立要求のうちに打ち出すことであった。この「必要 necessity（needs 需要ではない）」は、「第一次申立」の第5項にかかわるものだが、ここで簡潔に、申立のなかで要請された村民の「生活価値」について触れておきたい。

原子力損害賠償紛争審査会の「中間指針」によって示され東京電力から支払われている「精神的慰謝料」は一人あたり月額一〇万円とされ、これまで月々支給されてきた。また、「中間指針第二次追補」において、「避難指示解除準備区域」ではこれまでどおりの毎月支払い、「居住制限区域」では二年分二四〇万円の一括支払い、「帰還困難区域」では五年分にあたる六〇〇万円の一括支払いをおおむね目途とすることとなり、これによる支払いがおこなわれている。避難指示が解除された暁には、基本的に「精神的慰謝料」は支払われないこととなるが、「中間指針第二次追補」では、「中間指針において避難費用及び精神的損害が特段の事情がある場合を除き賠償の対象とはならないとしている『避難指示等の解除等から相当期間経過後』の『相当期間』は、避難指示区域については今後の状況を踏まえて判断されるべきものとする」と記している。最近の自民党方針、政府方針、東京電力の方針は、一致して避難指示解除後の一年間は支払うが、それで打ち切りにすると表明されている。

避難者が被っている生活権破壊の状況を、避難者以外の人々がその身になって知るのは難しいかもしれない。避難者のうちに朝からパチンコ店に通って遊んでいる者がいる、といった中傷の言葉がしばしば聞かれる。こういう中傷は、ではふつうの人々が朝からパチンコ店に通っているのを非難するのかと聞きたい。ふつうの人々が朝からパチンコ店に通っているのに、どうして避難者が通ってはいけないのか。パチンコ店に通いつめて、内にこもった鬱憤を発散したい、日常の困難を忘れて遊び興じたいとおもう気持ちはだれにもある。生活保護を受けている人も、時にはパチンコをしたいとおもう者もいるだろう。パチンコでお金を失ったら、その分だけ他の生活費をけずってなんとかするほかはない。パチンコ店にかようかどうかは、避難者が「精神的損害」の慰謝料をもらったり、生活保護受給者が生活保護費を受け取っていることとは、無関係のできごとにすぎない。そんなことよりも、避難者が受け取っている「精神的損害」に対する慰謝料とはいったい何なのかを、避難者自身がいかに了解できているかの方がはるかに重大だ。

率直にいえば、「精神的損害」慰謝料一人あたり月額一〇万円は、避難者にとって、避難地で仮設住宅や借り上げ住宅、あるいは復興住宅で暮らすための月々の生活費用と受け取っている。この実感的事実からすれば、避難指示によって避難生活をしなければならなくなったことに対する月々の「生活補償」であるといえばわかりやすい。原賠審による「中間指針」は、どうして「生活補償月額一〇万円」とは言わないのか。その理由は交通事故の「自賠責保険基準」でおこなわれている「精神的損害慰謝料」と「休業損害補償」に依拠しているからだ。

「精神的損害慰謝料」の根拠とはなにか

すでにだれもが知っているように、「中間指針」の避難にともなう「精神的損害」の慰謝料は、交通事故によって入院・通院治療した場合の「自賠責保険基準」によっている。なぜこの基準がとられたかというと、「交通事故」の「傷害」による「入院」と、「放射能汚染事故」の「危険避難」による「避難施設（仮設住宅または借り上げ住宅）への入院」を同等のものと見なしたからであろう。この類比は、よくよくかみしめておく必要がある。

A．交通事故　傷害　病院施設入院

［自賠責保険基準］一人当たりおよそ月一〇万円

1. 治療費、2. 治療関連費、3. 入院費、4. 入院雑費、5. 休業損害、6. 後遺障害慰謝料、7. 精神的慰謝料

［賠償の終了］

退院・通院の終了、傷害の回復

後遺障害については慰謝料とともに、治療費等支払いの継続

B．放射能汚染事故　避難指示　避難施設入院

［自賠責保険基準に准ずる］一人当たりおよそ一〇万円

3. 避難施設（仮設・借り上げ）入居費、5. 休業損害・営業損害（就労不能補償）、6. にあたるものとして、放射能汚染事故にともなう生命・身体の障害が実証できるかぎりでの賠償、7. 精神的損害

［賠償の終了］

避難解除後、一年

みるように、交通事故による傷害賠償では、「1. 治療費」が含まれるとともに、「2. 治療関連費」として、病院でだされる「食費」が含まれているが、「放射能汚染事故」による「避難指示」では、「治療費」「治療関係費に入っている病院食費」も賠償対象には入っていない。「入院雑費」に該当するものも基本的にない。すると、「避難指示」にしたがった避難生活（すなわち、ここでは入院）の賠償では、「治療費」「治療関係費に入っている病院食費」「入院雑費」はどのように賠償されるのだろうか。

交通事故による障害賠償で、最も大きな賠償額となるのは、一つは入院中の「治療費」「治療関係費に入っている病院食費」であり、もう一つは入院のためにその期間、生業に就けないことによる「休業（または営業）損害賠償」、あるいは後遺症が残る場合の「後遺障害慰謝料」であり、最後が「精神的慰謝料」である。

これに対して「避難指示地区」の指定にともなう「避難（入院）」では、「治療費」は別のところに支払われている、と理解するほかない。じつは「治療費」は「入院した避難者」に対してではなく、「汚染された集落と田畑の除染」費用として支払われているのではないか。その規模は何兆円にも達している。「避難者の精神的治療」に対しては、避難施設への入院に対応する「生活費」規模の月々の「精神的補償」しか与えられないが、大手土木業者が受託にさいして二割を差し引くという膨大な除染事業費が「治療費」だったのである。ここからわかるとおり、「交通事故傷害の賠償」を基準とする隠喩的な補償・賠償の論理はお笑いとしか言いようがないであろう。もし、原発事故避難者への賠償に除染費用と等しい数兆円の何割かでも支払われるなら、われわれは新たな生活再建とコミュニティの創造への道を得ることになるだろう。

つぎに「避難（入院）」中の「病院食費」と「入院雑費」等の賠償は項目がなく、どこかの項目に含まれているとしか考えられない。これらは入院には不可欠の費用であり、「避難（入院）」においても、これらが「生活補償」の一部にはいっていなければならない。では、避難中の「生活補償」はいったいどこにあるのか。残る項目からみて、月々の「精神的慰謝料」と、「休業（または営業）損害賠償」の二つしか考えられない。

「休業（または営業）損害賠償」と財物賠償

まず後者をみると、農牧漁業者に対する「休業（または営業）損害賠償」について、東京電力は一定の算式をもとに利益率基準等を設定して賠償をおこなおうとしてきた（営業損害については、避難がなかった場合に想定される収益を全額賠償するものとしているが、収益算定のためには確定申告書、決算書類、過去一年の売上実績、事故後の売上実績、営業上の追加費用、代替費用、営業再開に伴う費用などの提出が必要で、これらを提出して賠償を得るためには、多大な時間を必要とする。政府と東京電力は、このためとりあえずの「仮払い」をおこなった）。しかし、政府が想定する避難指定解除が時とともに引き伸ばされるにつれて、賠償期間は延引し、最終的な「休業（または営業）損害賠償」も定まらなくなった。政府は平成二七（二〇一五）年五月、最終の方針として「居住制限区域」および「避難指示解除準備区域」の二つについては平成二九（二〇一七）年三月までに除染完了して、避難指示を解除すると強引（・・）に（・）設定した。これにより、過酷事故による避難指示後、六年間にわたる「休業（または営業）損害賠償」と、宅地・家屋そのほかに対する「財物賠償」を一括「全損賠償」として支払うこととなった。

「休業（または営業）損害賠償」の大きさは、土地取得価格、経営の規模、収益率などによって大きく変わる。納得がいかないための申立により「和解」が成立し、申立人が提起した高い収益率に基づいてかなりの金額が支払われた事案もあるが、多くは東京電力が適用している数値にしたがって仮払いされるか、次の事例のように「営業損害」と「財物損害」を一括して扱うなどのため、過酷な避難と避難生活をふくめた「生活の再生産」に十分な賠償金額に達しているとは言いがたい。

「営業損害」と「財物損害」を一括して扱った事例として、次のような事例がある。大熊町の避難指示解除準備区域にある農地について、財物損害が「全損」とみなされた際、平成二三年三月一一日から同二五年一月三一日までの約二三か月間の賠償で、「営業損害」については取得時価での「全損」費用三一一万六六六七円の賠償、このほか「営農できなくなったことによる精神的損害」二〇万円などを加算して、計三四二万一四六七円の和解案が出され、東京電力もこれに同意、支払われた（文部科学省の和解事案例470-1）。

「営業損害」にかぎってみると、約三一二万円÷二三＝一三・七万円となり、月額一四万円弱となる。この数字は、仮に家族二人の労働に頼ったものとすれば、一人当たり七万円弱であり（三人の家族労働とすれば、一人当たりわずかに四・五万円）、精神的慰謝料一〇万円とあわせても、一七万円弱（三人なら一人当たり一四・五万円）にしかならない。

原発過酷事故による度重なる避難行と避難生活、それがなければ激しい心労もなく暮らせたものが、その間の生活再建の暮らしがこのように微々たる補償・賠償にしかなっていないのだ。また、この事例の場合、「営業損害」即「財物損害」だということに注目したい。農業者が農地を利用して収益を得ている場合、収益算定の全資料の提出を必要とする。おそらくこの事例では、収益計算がなしえていないのではなかろうか。そこで営農ができなくなった農地の取得時価の「全損」が「営業損害」とみなされた。

小規模農家の「休業（または営業）損害賠償」はこの程度にしかならないものであり、到底、村で営んできた平穏な「生活の再生産」に寄与する賠償とはいえない。「休業（または営業）損害賠償」は、個々の家によって規模がそれぞれに異なるため、算出の根拠を一つ一つ確定してゆかなければならない。納得がいかなければ「申立」と「和解」のための交渉が欠かせない。結果として、この間の生活費用を「休業（または営業）損害賠償」から得ることはむずかしい。

「精神的慰謝料」こそが「避難（入院）中の生活補償費」の核である

これらの事実をふまえれば、避難した期間のあいだ支払われる月々の「精神的慰謝料」こそが、「避難（入院）中の生活補償費」の核であることが知られるだろう。事実、農村とは異なる環境で、全てを市場から賄わなくてはならない避難生活では、生活費用がはるかに増加せざるをえない。そして、この「『生活費の増加費用』については、原則として、避難生活等を余儀なくされたことによる精神的損害の額に加算されている」と原子力損害賠償紛争審査会「第二次指針」は記している。精神的慰謝料には「市場経済」がもたらす生計費負担の増加がすでに加味されているというのだ。

交通事故では、入院中のほぼ全ての費用が賠償された以外に「休業（または営業）損害賠償」と「精神的慰謝料」が支払われるが、原発事故による「避難（入院）」では、「精神的慰謝料」とは名ばかりで、実質的に「避難中の生活費用」に「精神的慰謝料」が充当されている。

「中間指針」にもとづくわれわれの「精神的損害」の慰謝料は、実質的に「自賠責保険基準」以下の扱いしか受けていない。いままで自給・贈与の経済がきわめて大きかった飯舘村民が、市場経済に巻きこまれる中で、「自賠責保険基準」以下の精神的損害慰謝料しか受け取っていない、という不平等がどうしておこなわれることとなったのか、その根拠を説明してもらいたいものだ。

しかも、交通事故の保険会社への示談交渉に弁護士が介在したばあい、通常は示談のみで、時には裁判によって、「裁判基準」といわれるような、「自賠責保険基準」よりはるかに優る「精神的慰謝料」が支払われている。

これらは広く判例によって確立されてきたものだ。それならば、どうして「裁判基準」に依拠した「指針」が出されなかったのかが問われるだろう。

「原発被害糾弾　飯舘村民救済申立団」の申立では、交通事故障害に基準を求めるのであれば、「裁判基準」のうち「不法行為」により傷害を被り、入院を余儀なくされたばあいの入院慰謝料は月額五三万円、むち打ち等の他覚症状のないばあいでも三五万円程度の慰謝料が認められていることを踏まえて、「第一次申立事項3」において、一人月額三五万円の慰謝料要求をおこなうこととした（「精神的慰謝料」については、あくまで「自動車事故」を基準とするという政府の指針を「仕方なく」受け入れてのものだ）。

交通事故傷害では、保険会社に対する交渉を弁護士が代理するばあい、正当な要求であれば、ここにあげた数値を受け入れるのが一般的であり、また、交渉の個別性により慰謝料にはかなりの差を生じている。「中間指針」にみる「自賠責保険基準」以下の精神的損害慰謝料を、避難者全体に対する「平等な賠償」とみなすのは、「最低限の賠償しかおこなわない」という加害原因者の意志としか受け取れない。

では、このような「第一次申立事項3」が仮に受け入れられたとしても、飯舘村民が避難生活で深く傷つき、負うこととなった「生活破壊」の実感は、解消できるものだろうか。

すでに書いたとおり、村民の生活権そのものの、まるごとの破壊が避難生活の長期化とともに、いっそうの亀裂を惹き起こし、課題として浮かびあがってきた。失意のなかで自殺したり、病いとなり、死期を早める人たちが増えつづけている。仮設住宅では高齢者の死が絶えずつづき、その喪失の深さが生活の影となって広がっている。この事態に対して、決して市場価値では計りえない「生活破壊の総体」に対する賠償を「第一次申立事項4」として別個に立て、賠償請求をおこなうことにした。「第一次申立事項3」に対して、「生活破壊賠償」を別個に立てた理由は、「生活破壊の総体」への賠償は、前述のように「交通事故」の賠償事例を根拠とするといった仕方では計りようがないからだ。

交通事故治療の「退院」と、放射能除染後の「帰還」

原子力損害賠償紛争審査会「中間指針」の「賠償基準」は、その前提となる考え方そのものが大きな問題をはらんでいた。基準を支える指針が、「交通事故傷害」と同じように、「入院」とともに「退院」を前提としていることだ。「原子力事故損害賠償」での「退院」にあたるものは、「避難指示区域」指定の「解除」にあたっている。「避難指示区域」の指定が「解除」されたら、できるだけ早く元々暮らしていた居住地に戻ってもらう。なかなか戻らないのでは困るから、避難にともなう「精神的損害」の慰謝料は一年で打ち切りにする。打ち切りにされれば生活に困るから、「帰還」は強制的な措置に等しくなる。

冗談ではない。「避難指示区域」の指定が「解除」になったとしても、除染した宅地周辺と田畑の線量が低くなったとはいえ、一般公衆の被曝基準年間一ミリシーベルトをはるかに超え、山と山林は手つかずのままの高い線量のままだ。避難した村民の生活と精神はずたずたに壊されたままであり、「はい、年間積算線量二〇ミリシーベルト以下になりましたから、帰還してください」と言われても、一般公衆、つまり国民のだれもが納得する年間一ミリシーベルトにならないかぎり、たやすく受け入れるわけにはいかない。

交通事故傷害による入退院の賠償を参照根拠としたのなら、原子力災害による避難の事態は、じつは逆さまの事態だ。避難者は「避難施設に入院」させられたけれども、そこで治療を受けるわけではない。治療費も支払われない。実質でいえば、そこでのぎりぎりの生活費が「精神的損害慰謝料」として支払われている。

すでに記したように、「治療」を受けているのは、避難者の半身である「避難指示区域」に指定された村のほうである。ここでは「除染作業」という「治療」が政府によって実施されている。しかし、この「治療」も決して十分にはなされない。最初から、宅地とその周辺、田畑を年間積算線量二〇ミリシーベルト以下にするという治療方針よって行っている。そして、この線量以下であれば、われらが半身は「治療完了」したから、そこに戻ってよい。「戻りなさい」という。

なんとおかしな治療行為だろうか。

政府は、「避難指示」という「措置」に対応しただけの、しかも未完遂の「治療行為」の結果をもって「措置の完了」を言い渡し、「帰還」を強制しようとしている。「措置」した分の不十分な賠償・補償は果たすが、措置した分の応答は「避難指示」に対する「避難解除」即ち「帰還」によっておわる。

交通事故傷害ではリハビリテーションその他の「後遺症治療」と「後遺障害慰謝料」の費用が賠償されるが、どうやら原発被災では、「除染」によってもなお、ひどい放射能汚染が続く事態に対しては「賠償」は支払われない。

この政府の「措置」の上に乗って、本来の原因者である東京電力は、「中間指針」以上の賠償はいたしません、と言っている。原賠審の中間指針そのものが「政府による措置」の考え方を踏まえたもので、それ以上の賠償に対する基本姿勢を持ちえていない。

けれども、避難者が求めているのは、みずからの生活破壊、生活権の毀損に対して、みずからの生活を再建して生きる道をえたいと求めている。「生活の再建」とは、「生活の再生産」ができるような賠償と、諸政策である。このことをきちんと踏まえた「基本姿勢」が、政府および「原賠審」の姿勢、東京電力の誠実な応答がなければ、われわれの中から多くの生活破綻をきたす者も出てくるであろう。われわれ避難者の中から「棄民」が生ずることは絶対に許されない。

中立・訴訟と「生きる力」

四つ目の条件、根拠は、これらの賠償要求が村民避難者の「生きる力」そのものであること、そうであるような賠償要求をすることである。

飯舘村の菅野典雄村長は、「賠償要求などは恥ずかしいことだ」と発言しているが、冗談でもそんな言葉はありえない。飯舘村民が生活そのものの破壊を受け、棄民を生む瀬戸際にあるとき、破壊の原因者に謝罪と賠償を求めることは、われわれの応答の仕方としてもっとも正しいことだ。

みずからの体験を踏まえていえば、一対一の傷害と賠償なら、その事態に応じた負荷を相互に受け、その事態を超える手立てを相互におこなうしかない。相互に受ける負荷を互いに「生きる力」として組みかえることでしか事態を乗り越えるすべはない。

原発災害の原因者は一個人ではない。政府を背景にもち、この国の電力エネルギーを抑えている電力会社のトップに立つ企業だ。そのような原因者は、法の建前をバックとして権力を行使して避難者に対峙する。みずからが建てた「賠償の枠組み」内で事態を収拾しようとし、一方的な通告で既定の賠償をおこない、正当性を主張する。そこには、避難者の生活破壊・侵害、生活再建に正面から対応しようとする意志がない。避難者と原因者とがまっすぐに向き合う場所がなければ、双方の応答がこれを超える力をもたらすことにはならない。

それならば、私たち村民は、われわれをこの事態に落とし入れた東京電力に対して、正面からの謝罪の要求と、われわれの生活破壊にみあった賠償・補償を求めるほかかない。そうして、この要求のうちに私たちの力を結集することが、同時に私たちの生きていく道筋と、生きる力を生み出すものとなるように活動を続けていかなければならない。それが、十分な結果をもたらすか、もたらさないかはわからない。中立の先には裁判訴訟も考え、同時に、避難者の一人一人が生きる道筋をつかんでいけるように努めていきたい。これが、「原発被害糾弾 飯舘村民救済申立団」の存立根拠である。

「原発被害糾弾 飯舘村民救済申立団」の第一次申立（二〇一五年三月一一日）に対して、東京電力は二〇一五年三月一三日、即座に「答弁書」を原子力損害賠償紛争解決センター（ＡＤＲ）にたいし提出している。この文面も巻末に収録しておくが、その趣意は原賠審「中間指針」の枠組みを超えることは平等に反するという建前につきる。ＡＤＲによる審理、事情聴取、現地調査などは現在進行中であり、和解案の提示はこれからとなる。第一次申立、第二次申立と、申立も重ねられていくから、これに対する和解案の提示も重ねられ、東京電力の「回答書」も重ねられていく。それらがどのようになるかは、あきらかではない。また、中立のなかで、必要なら戦術的な手続き変更をすることがあっても、「申立」の基本を変更することはありえない。

飯舘村長・菅野典雄氏への「申入書」と「回答」

二〇一五年六月三日、「原発被害糾弾 飯舘村民救済申立団」は、飯舘村民の行政区ごとの集団申立団・訴訟団である「蕨平地区集団申立の会」、「比曽地区集団申立の会」、「飯舘・川俣・浪江原発訴訟原告団」と共同して、飯舘村民の十分な意見を受け入れず、独断的に村の「復興・再生事業」と呼ばれるものを進める飯舘村長・菅野典雄氏に対して、「申入書」を、あわせて飯舘村議会議長・大谷友孝氏に対して「請願書」を提出した。申入書の全文は、つぎのようなものだ。

飯舘村村長　菅野典雄殿

申　入　書

二〇一五年六月三日

前略　ご免下さい。

さて、村が避難指示になって四年が経過しましたが、四月二一日付福島民報によれば、飯舘村は、帰還困難区域の長泥行政区を除く村内の避難指示解除の目標を「遅くとも平成二九年春とする方向で調整に入った」と報じています。また、この間行われた行政区懇談会で貴職は、福島民報の記事を否定せず、かえって「避難解除の時期を決定しなければ、不動産賠償や避難慰謝料の今後の支払いはない」などと賠償問題を持ち出して早期避難解除に向けて村民の同意を迫るかのごとき説明をしています。

しかし、避難指示の解除は、村民の生命・健康・生業に直接かかわるものであり、不動産賠償や避難慰謝料などといった賠償の打ち切りに直結するもので、村民の同意なしに進められることがあってはなりません。

仮に村長であっても、村民の意向を無視して勝手に発言することは許されるものではありません。飯舘村の現状をみれば，村民が帰還して生活することはもちろん，農業や林業など生業を再開できる目処がないことは誰の目にも明らかです。村民が安心して帰還できるよう除染廃棄物の撤去や生活補償など，村民の生活生業を守る政策の実施が不可欠です。ただ賠償の打ち切りにしか繋がらない避難指示の解除を村民の意向を無視して発言することは，村民に対する重大な裏切り行為であります。

ついては，貴職に対して下記の通り要求します。

記

第1．村は，「遅くとも平成29年春」とする避難指示の解除目標をただちに撤回し、飯舘村としては、除染の状況や解除後の生業の見通しは勿論、村民の同意なしには村として避難指示の解除には同意しないことを明確に表明すること。

第2．村は，東京電力株式会社に対して、不動産賠償や避難慰謝料については当初の方針通り支払いを継続するよう要求すること。

第3．村は，国及び東京電力株式会社に対し、避難解除後、農業等の生業所得が事故前の水準に回復するまで差額を補償する等の措置を講ずることを求めること。

第4．村は、国に対し、除染廃棄物をただちに撤去するよう求めること。

以上4点を直ちに実行するよう要求します。

仮に貴職が村民の要求を無視することがあれば、地方自治法上の措置を含め、断固たる対応をせざるを得ませんので御承知おき下さい。

以　上

これに対する菅野典雄村長の「回答書」は次の通りであった。

平成二七年六月九日

原発被害糾弾飯舘村民救済申立団

代表　団長　長谷川　健一　様

蕨平地区集団申立の会
代表　会長　志賀　三男　様
比曽地区集団申立の会
代表　会長　菅野　初雄　様
飯舘・川俣・浪江原発訴訟原告団
代表　団長　岡本　易　様

飯舘村長　菅　野　典　雄

申入書に対する回答について

原発事故による全村避難から五年目を迎え、村民各位には長期にわたる厳しい環境の中での避難生活をお願いしていること、村の責任者として大変心を痛めているところです。

村としては、一日も早く帰村できる環境づくりに向け、国、県など関係機関と協議しながら、復興・再生事業に精一杯取り組んでいるところです。

さて、二〇一五年六月三日付で、貴四団体より申し入れのありました「四項目」について、下記のとおり回答いたします。

なお、国答が不十分な点については、村独自で決定できないことがほとんどでありますので、何卒ご理解願います。

記

1.「申入れ項目第1」について

ご承知のとおり、避難指示及び避難指示解除の決定は国の権限であり、村が独自に決定できるものではありません。ただ、決定に至るまでの国と村との十分な協議については担保されるものと考えております。

村としては、村民の避難生活も四年が経過し、心身ともに避難生活に耐えられる限界に近づきつつあることなどから、避難指示解除時期の目標を遅くとも平成二九年春としたものです。

村としても避難指示解除にあたっては、除染の進捗状況、日常生活に必要なインフラ（買い物、医療、介護、郵便、路線バス、飲料水等々）の整備状況、雇用の場の確保などを総合的に勘案し、できるだけ村民の不安を取り除くよう国に強く求めてまいります。ご理解いただきますようお願い申し上げます。

2.「申入れ項目第2」について

今までも、財物等賠償については村民の立場で、帰還困難区域以外の区域に対する「住居確保損害」、「牧草地の畑での取り扱い」、「井戸水等飲料水の確保」等々、あらゆる交渉を行い一定の成果を上げてきたところです。

財物賠償についても、避難指示解除にかかわらず、全損したものとして賠償することを検討するよう、先に開催された福島県原子力損害対策協議会「全体会議」で意見を述べたところです。

今後も村民の立場にたって、交渉を行っていく考えですので、ご理解いただくようお願い申し上げます。

3.「申入れ項目第3」について

この件については国及び東電に対し、解除後の農業、商工業等の事業再開に伴い、売り上げの減少分を一定程度補償する「生活支援」的な制度を確立するよう要望してきたところであります。原発事故前の水準に回復するまで差額を補償する等の措置を講じるべきであるという意見があることも踏まえて、引き続き制度確立に向け強く要請してまいります。
4.『申入れ項目第4』について
村民からの除染に対する不平不満、不安があることは十分承知しておりますので、その都度環境省に指示し、できるだけ村民に寄り添った除染を実施するよう求めてきております。また、住環境周辺の高線量箇所、里山や河川、ため池等についても除染の対象にするよう求めているところです。

なお、除染によって出た廃棄物の処理の件ですが、燃えるものについては蕨平に建設しております仮設焼却炉で処理することになっております。また燃えないものについては、中間貯蔵施設に運搬することになっておりますが、ご承知のとおり中間貯蔵施設の建設については、用地確保等に時間を要しており、当初の計画よりは大幅に遅れる見込みのようです。

したがって、中間貯蔵施設が完成するまでの期間は、飯舘村に限らず各自治体の責任で、一時保管せざるをえないものと考えております。

以上

菅野典雄村長の「回答書」は、全体としてそつのない首長答弁となっているが、最も問題なのは「申入れ項目第1」の避難指示解除時期についてだ。これついて、菅野村長は避難指示解除は政府が決定することで、村独自に決定できるものではない。ただ「決定に至るまでの国と村との十分な協議については担保されるものと考えている」と答えながら、その後のくだりで「村としては、村民の避難生活も四年が経過し、心身ともに避難生活に耐えられる限界に近づきつつあることなどから」、「避難指示解除時期の目標を遅くとも平成二九年春としたものです」といっている。これでみると、「平成二九年春」を避難指示解除とすることは、先に記した自民党案、政府、県、東京電力、そして村においても一致した見解となっていることがわかる。「担保されるもの」などといっているけれども、文面は「担保された結果として」言い換えれば、村長の主張を踏まえて「平成二九年春」という期限を決めた、と言っていることがわかる。

ただし、この「担保」には、村民の意見を反映させるという「担保」が含まれているとはいえない。なぜなら、合同で村長に対する「申入」をおこなった四団体（原発被害糾弾飯舘村民救済申立団、蕨平地区集団申立の会、比曽地区集団申立の会、飯舘・川俣・浪江原発訴訟原告団）の申立・訴訟人の総和は、飯舘全村民の過半に及んでいる。その過半が村長に対して、

村は，「遅くとも平成二九年春」とする避難指示の解除目標をただちに撤回し，飯舘村としては，除染の状況や解除後の生業の見通しは勿論，村民の同意なしには村として避難指示の解除には同意しないことを明確に表明すること。

という申入れをおこなっているのだから、もし「村民投票」にかけるなら、全村民の過半の要求は受け入れなければならない。しかも、私たちが要求したのは、「村民の同意なしの避難指示の解除は認められない」というものだ。この点について、菅野村長の回答書には、何一つ書かれていない。「村民の同意」をえるという手続きを踏まえてもらいたいという要請を、全村民の過半が求めている。この事の重大さを菅野村長は無視している。そして、この無視がある以上、その他の「申入れ項目」についても、真摯に立ち向かう意思があるかは疑わしいものとなるだろう。

飯舘村民は、いまや東京電力とこれを支える政府の権力、および村当局の政策に挟まれ、事故後六年の「平成二九（二〇一七）年春」に避難指示区域の指定を解除するという政府方針によって、今後の生活再建をいかに選択するかを迫られている。謝罪もなく、賠償もかぎられた制限内にとどめられ、避難指定を解除して一年後の「平成三〇（二〇一八）年春」には「精神的損害慰謝料」も打ち切られる。この事態がどれだけ厳しく、われわれの暮らしの再建を追いつめる、基本的人権、生活権に反する措置であるかを自他ともに知ってもらいたい。政府によって進められてきた原子力政策が、過酷事故をひきおこしたとき、今後とも政府と原子力企業は同じような対処をするのかどうか、これは福島の問題ではなく、日本全国民の問題、さらには世界の問題であることをここに明らかにしておきたい。

（二〇一六年夏記）

第二編

第二編の一　家郷の破壊・「飯舘」山中郷

飯舘村民救済申立団の趣意

一．存在破壊と生活破壊——「棄民」への告発

原子力災害によってひきおこされた人間と地域の「存在破壊」「生活破壊」を、われわれは二度経験することとなった。二度のうち一度目は、いうまでもなく、第二次世界大戦末、日本帝国の敗北がもはや明らかで、その必要がなかったにもかかわらず、米国が広島・長崎に原子爆弾を投下し、数十万人の死者・犠牲者、および地域破壊を引き起こしたことだ。

二度目が今回の福島第一原子力発電所過酷事故である。東京電力、および原子力政策を進めてきた政府と電力業界の原子力安全神話のもとで起こった福島第一原子力発電所の過酷事故により、膨大な量の放射性物質が放出され、その拡散によって、広大な地域が汚染された。汚染を受けた主要地域は政府の指示によって「避難」を強いられ、さらに長期化するなかで「棄民」の道に追いつめられつつある。同じように、汚染への不安から自主避難を余儀なくされ、家族解体を強いられた多くの人びとをも生み出している。

この二つのあいだに、米国の核実験による第五福竜丸をはじめとする漁業者が被曝した事故、東海村での臨界事故など、数えあげれば幾多の原子力災害が生まれているが、原子力を扱うことがいかに危険かを伝えるものとして、ここでは記しておく。

世界的にいえば、米国・スリーマイル原子力発電所のメルトダウン事故に続いて、ソビエト・チェルノブイリ原子力発電所の過酷事故が、ロシア・ベラルーシ・ウクライナの諸地域とそこに暮らす人々、および発電所石棺化に緊急動員された人々に甚大な「存在破壊」「生活破壊」を引き起こした。それだけでなく、チェルノブイリ事故で放出された膨大な放射性物質の半分は、気流に乗って欧州に拡散して舞い降り、広範囲の地域に被害を与えた。欧州での被害規模の報道がこの国では十分に伝えられなかったことが、原子力安全政策を軽んずる一つの原因ともなっている。

ここで私が、「存在破壊」「生活破壊」という言葉を用いるのは、日本国憲法でいえば、「基本的人権」、「生存権」、「生活権」、「幸福追求権」の破壊、世界人権宣言でいえば、「人間の尊厳」の破壊という言葉を用いてもよい。法的規定にしたがえばほぼ同等の概念として扱ってかまわないが、概念が内包するものの大きさや深さをより明確に示すために、これらの言葉をもちいる。私が「存在破壊」「生活破壊」というとき、われわれ一人一人の個々人がもつ「存在固有の価値」、「生活固有の価値」の全体性を扱おうとしているからだ。

現代の社会制度がもたらす価値認識は、このような全体性としての価値に対して、不向きにできている。たとえば、高度成長期がバブル化した一九九〇年代はじめ、日本の大都市を中心とした土地資産の評価額は、広大なアメリカ全土の評価額に匹敵するほどの額面に達した。そんなことは実質としてありえないにもかかわらず、日本の金融資本は膨大な資金の投資先を失って、「土地資産」のうちに幻想的な含み資産価値を与えることで、地価の高騰を招いた。これは「土地資本主義」と呼ばれた。バブルが崩壊して、「土地資本主義」に替わり「土地時価主義」の時代が到来した。米国の投資家が日本の都市地やビルを評価して買い入れたり、売却する際に、たとえば、一〇年間にどれだけの収益をあげられるか、また、一定期間後に売却した場合にどれだけの収益をもたらすかによって、土地・建物への評価を与え、投資する。厳密な「利益計算」を根拠とする考え方が主流を占めるようになった。ファンドによる投資であれば、集めた資金を投資して一定期間に利益をあげることが性急に求められる。顧客の要望に応えるためには、いきおい短期的な投資・回収によって利益を求めることが多く、物件のもつ多様な価値は当然のように無視される。物件は一定期間の利用に限定され、利益というただ一つの切断面に刃先をあてて切り取られる。土地の時価とは、このように一つの切断面からのみ、事物をみるまなざしによっている。

現在の資本の論理について、世界的な経営コンサルティング会社・マッキンゼーの幹部を務めた大前研一が短文のエッセイの中に、明快に語っている。

「ボーダレス経済の中で企業が富を創出して（＝利益を出して）生き残っていくための要諦は「世界最適化」である。つまり、

■世界で最も良質で安価な原材料を調達

■世界で最もスキルがありコストが安いところで生産

■世界で最も高く売れるマーケットで販売

という最適化を探らねばならないのだ。そして、それを達成するためには、設計、開発、購買、製造、営業、サービスなどすべての機能が時間の関数、すなわち為替レートや賃金の上下などによって変化する「従属変数」となる。ということは、人＝社員も変数になるわけだ。それらをどのようにミックスして収益を最大化するかを考えるのが経営なのである。

したがって、もし日本国内で「人」に柔軟性が持てないとなれば、その機能は別の国に移さねばならな

くなる。つまり、派遣労働者を減らして正社員を増やすというのは、企業戦略から見ると、最も間違った政策なのである。」

(大前研一「『ビジネス新大陸』の歩き方」第四八七回『週刊ポスト』二〇一五年六月一九日号、pp. 68-69)

世界的な激しい企業競争の現場に立つ経営者で、この論理を否定する者は少ないであろう。「そうなのだが」という条件を付する者がいるとしても、あくまでそれは「世界最適化の論理」を受け入れた上での補完的な考え方にすぎなくなる。そして、正社員をこれ以上は増やさない、国内で雇用を維持せよというなら、派遣労働者の持続的で十分な確保に向けて法改正を求めざるをえない、そうしなければ、企業は外に出て行き、国内での雇用は減っていかざるを得ない。だから、派遣労働者法の改正は正しいのだという恫喝の論理が導き出される。

企業体の経営にとっては、人＝従業員も「従属変数」の一つにすぎない。だから、日本国内で従属変数が最適化できないなら、国内での社員は必要な限りにとどめ、海外に工場を移転するほかなくなるのは当然ではないか、という。では、いったいそこでいわれる「経営」とはなんであろうか。二〇〇〇年代に入って、企業に求められるのは、株主に対して利益を配分することが最大の役割とされるようになった。企業の社員への利益配分はほどほどであるかぎりに過ぎない。

「世界最適化」の経営の論理と「土地時価主義」は、現在の企業競争の現場からはほとんど避けられない、というように事態は動いている。この事態をみつめるまなざしは、世界を渡り歩く金融人・経済人のまなざしであって、現に一つの場所で暮らし、働いている「生活人のまなざし」ではない。現代の「グローバル経済」と称する経済の論理は、世界を渡り歩く「金融人」の観念を土台としている。一つの土地、地域に生き死にする人間と自然の存在価値、生活価値からすれば、およそ異なるものとなるだろう。賠償・補償に対する考え方も、一つの切断面からのみ人間と事物、事態を考え、この切断面だけを回復させればそれで済むという考えに犯されている。

「生存権」、「人間の尊厳」という概念は、個人のもつ心身と、心身の活動、自己所有するものについて犯してはならない尊厳を持つとはしているが、その個人が一つの地域の中で暮らし、生き死にする全体性にまで概念の中身を広げて考え及ぶことはない。「個人」は、その個人が生きて暮らす生活の「場所」と深く結びついているにもかかわらず、だ。ただし、その場所に人間の生活がなければ、その「場所」は廃墟でしかない。その場所は、人間がいて初めて、人間の価値としてあらわれる。一つの「村」を救うのか、「村民」を救うのか、という背反する選択を迫られた場合には、「村民」の救済こそがなによりも優先される。そこに人間がいなければ、「村という場所」は人間の価値を失い、村民は村のもつ総体価値を喪失する。

われわれは原発過酷事故による放射能汚染によって「避難」を強いられたが、そこで何を失ったのか。飯舘村で暮らしつづけた村人相互の結びつき、自然とのかかわりなど、これらの結びつきのすべてが引き裂かれ、壊され、喪失したのだ。この破壊の中身は決して個別には扱えない。破壊され失ったものとは何か。その全体性を言葉にすることはむずかしいが、できるかぎりこのことを自覚的にとりだし、告発することなしには、われわれは生きられない。

二．われわれ、村民が培ってきた暮らしの全てを失った

われわれは、確かに原子力エネルギーを科学の手におさめるまでになった。これを否定することは、「サルにもどれ」というに等しい、という人もいる。要するに、いったん科学が手にしたものは後戻りできないとい

うことだ。

確かに、われわれはもはやサルには戻れない。天理教の教えでは、泥海のなかで、「どぜう」が生まれ、何度も生き直して、今日の人間になったという。それと同じように、サルにもどって、現生人類のよくないところを全て捨て去り、もう一度生き直せれば幸いだが、そうはいかない。

人間の歴史には、海中に生きるホヤから原始脊椎魚類へ、原始脊椎魚類からネコザメへ、ネコザメからアホロートルのような両生類へ、両生類から爬虫類へ、爬虫類から原始哺乳類へ、原始哺乳類から原始類人猿へ、原始類人猿から原始人類へ、原始人類から現生人類（ホモ・サピエンス・サピエンス）へ、という生物史が含まれている。

さらに、この生物史が伝える「系統発生」は、「個体発生」のなかで反復されてもいる。個体としての胎児の生育のなかに、生物史の全てがくみこまれている。ニワトリの有精卵が孵化後二一日目に危機に陥るのは、海に棲んでいた生き物が陸地に上陸するときの、空気中の酸素を取りこむ肺胞形成の危機を再現しているのだと喝破したのは、解剖学者・三木成夫だった。子宮に胎児を抱えた人間の母体も「つわり」の時期を経験する。人類もまた、海から陸に上がった一族の末裔なのだ。そして、全ての哺乳類のなかで、人間だけが「幼形進化（ネオテニー）」をとげ、未成熟な赤子を産むようになった。馬や鹿のようには、生まれてすぐ立つことはできない。成熟した身体を得る前に長い乳幼児期があり、母と父や近縁の人たちとの「触れ合い」と「しぐさ」によって活動のしかたをおぼえ、自己と同じように他者を認める「心の理論」を内面に創り出し、ついには、世界を認識するまでに発達した心身の時空をもつようになった。

アフリカから出発した現生人類は、地域の風土にみあったからだを獲得するなかで、いくつもの遺伝子タイプに分岐しながら、ユーラシアの東端に到達した。最終氷河期、シベリアからさらにベーリング海峡を渡る極寒の地を経由したアメリカ先住民は、とくに脂肪を多く貯える遺伝子をもつようになった。このため、ハンバーグばかりを食べているアメリカ合州国、居留地の先住民はみな太りすぎで、成人病になる比率が高いという。人間の身体には、どこを経由したかという、人類移動の歴史さえ核ＤＮＡとミトコンドリアＤＮＡのうちに記憶、刻印されているのだ。わが列島人類の遺伝子タイプをみても、北方系と南方系が複雑に交差し、一つの個体には、いくつもの遺伝子タイプが複合している。

列島に到着した人びとは、旧石器時代の移動性の高い生活からはじまったが、狩猟・漁撈・採集生活を経る中で、次第に定着性を高めた。やがて、（栗木などの）育樹栽園、農耕から農業へと、土地を基盤とした諸活動によって暮らしを立てるようになったことで、地域に根ざした諸文化、諸習俗が創りだされた。先史にはじまる歴史の過程は、われわれの内なる家族の育み方、風土・景観の中での村の作り方、共同体の心性、表現としての遊び、儀礼、神話・昔語り・伝説のうちに含まれている。これらはまた、一個体の人生のうちに、幼少年期から青年期の生育の中で受け取ったものとして反復されている。先史以来の歴史の系統もまた、個体発生の歴史の中に包みこまれているのだ。

われわれが先祖（のからだ）や「マレビト」を神とするのは、はるかな時と場所を経て到来した先祖や「マレビト」のうちに、個体の全生物史と全歴史が含まれている。私たちの身体のうちに、これらすべての存在価値が含まれていることを暗黙のうちに知っているからである。

私たちが阿武隈山系の、かつて相馬藩によって「山中郷」と呼ばれた飯舘村に生まれ育ち、生涯をこの地で生きてきたことの内には、このような（全生物史と全歴史を包みこむ）人類の個体史と、飯舘村という土地（自然）の時空との交渉を通して育まれてきたものの全てが含まれている。

わが個体は、気の遠くなるような時空をへて、この地に到来し、土地（自然）の時空が含んできた価値とともに存立している、と語るのは決して大げさでも偽りでもない。偽りは、私という個体と家族、共同体を、現代の時価計算の数値でのみ見積もろうとする者たちのうちにある。

三—1．「村の歴史」——三度の変革を超えて、直面した危機

尊徳仕法のすごさ

近世以前の飯舘の歴史はひとまず置くと、近世の危機と変革は、天明・天保の飢饉以来の相馬藩仕法のもとで、相馬藩山中郷の飢饉に対処した地域史・移民史にはじまる。山中郷の冬はきびしく、またヤマセと呼ぶ冷たく湿った風が夏に吹き荒れると、作物は育たず、冷害となる。冷害が続けば、致命的な飢饉をもたらした。相馬中村藩は、今日の自治体でいえば、浜沿いに、北は新地町の一部（宇多郷）、相馬市（宇多郷、中村城下）、南相馬市（北郷・中ノ郷・小高郷）、浪江町（北標葉《しねは》郷）、双葉町・大熊町（南標葉《しねは》郷）まで、それに飯舘村・浪江町津島地区・葛尾村の山中郷があった。明治以後の郡名では、相馬郡と双葉郡、あわせて相双地方と呼んできた。これらの市町村を今なお束ねる伝統といえば「相馬野馬追い」がある。北海道で牧場を経営している相馬藩主末裔の若殿が「相馬野馬追い」の総大将をつとめている。いまは行政的には十分な結束はないのに、この伝統だけは守られ、いったん事があれば「野馬追い隊」の結束が甦る力を備えていることが、東日本大震災での「相馬救援隊」の活動で知られた。だがこれよりも、もっと地に根づいた伝統は、近世、相馬藩と二宮尊徳の仕法が残された水路や溜池、その自治的な管理慣行、報徳社の活動などにある。

天明三（一七八三）年の飢饉では、相馬藩全人口の九％にあたる四四一七人が飢餓と病気で亡くなり、一八四三人が逃散、さらに翌四年も飢餓と疫病で六月までに八五〇〇人が亡くなっている。相馬藩はこの危機

を脱するために、文化一〇（一八一三）年から弘化二（一八四五）年までの約三〇年間で、北陸などの他領から八九四三人、戸数にして一九七四軒が移住し、荒地復旧を中心にして一万六六八二石の水田と一万四六八四石の畑地、合計三万石余りの土地が開発された。

この移民政策とあいまって、藩は二宮尊徳の仕法を仰いだ。尊徳は弟子・富田高慶を介して、尊徳が下した仕法に藩主・執政たちがしたがうことを確認した上で、仕法をおこなった。その仕法の核心は、「分度」（『為政鑑』）と呼ばれる。一八〇年間にわたる税収記録を藩から提出させ、豊凶年の違いによる変動に一定の限度があることを捉え、仕法後、一年毎の税収の基準と藩の支出基準を定めて、藩財政の本源を厳正に定めた。これによって年貢を低減させ、基準を超える収入があれば、荒凶の備えや開発など領民の生活に寄与する方策を取り、藩国を豊かにする仕法を提示、相馬藩はこれを忠実に実行した。

今でいえば、国政に携わる者に節制を求め、税を安くして、国民が豊かに暮らせる財務の基準を求めたのだ。尊徳は、この「分度」を一八〇年間の藩経営の財務記録から導きだすことに昼夜をかけて腐心したという。尊徳が見出した財政理論とこれによる仕法は、二世紀近くに及ぶ解析にもとづいたものであり、近世のみか近代日本を通じても、これほど長期にわたる財務解析に基づく仕法をおこなった人は他にはいないであろう。

福島第一原子力発電所は、当初、建設にあたって一六年間の運転期間を想定していたが、原子力安全神話のもとで、そのまま「なしくずし」に運転され、四〇年を超えて過酷事故の事態に追い込まれた。過酷事故後の廃炉過程を入れれば一世紀にもおよぶ原発事業について、二宮尊徳ほどの周到な長期的見通しがあったならば、過酷事故の発生を抑えられたかもしれない。さらに、わずか数年で避難者の「帰還」を求めるという実態に添わない性急な政府政策が、避難者個々の「暮らしの規模」に対するおもいあがった短期的な見通ししかない政策だったことは、まして知るべきだろう。

相馬藩では、逃散した農家に積極的に移民を迎えるために、家財道具や農具、支度金を用意するなどの優遇策をとり、あわせて農地開発のために水路・溜池の造成を積極的におこなった。移民は最終的には一万人にものぼるといわれる。溜池が盛んに造られたのは、弘化二（一八四五）年から明治四（一八七一）年までの間に七〇〇に上ったとの記録が残る。弘化二（一八四五）年は、まさしく二宮尊徳の仕法がおこなわれた年である。相馬藩の農業用水路と堰は古くは関東郡代・伊奈家の指導のもとに行われているが、溜池造築の技術は、富山県礪波《となみ》地方の冬季の出稼民とともに、礪波でおこなわれていた技術が導入されたという。そののち、礪波の真宗寺院の進出とともに、礪波からの移民が盛んとなった。溜池灌漑では、日常の管理がもっとも大切だ。今も「堤守《つつみもり》」と呼ばれる管理人が地元の農家から選ばれ、朝晩の見回りなどを毎日欠かさない。水を利用する農家は、定期的に用水路の土砂上げなどの手入れ作業に参加する共同自主管理の手法は、地域基盤の保全を自立しておこなう共同体の気風をも創りだしてきた。

これらにうかがえる尊徳仕法の伝統は、水路・溜池といった農業基盤の事業のみではなかった。人びとが共に助け合う報徳の活動もまた存続しつづけてきた。平成二一年、私は村を退職して後、報徳社飯舘支部の役員を務めることになったが、避難仮設住宅の農園づくりでは、このネットワークのなかで小田原の報徳社の方々の大きな支援を受けている。近世相馬藩、そして山中郷の地域共同体にとって、尊徳仕法がいかに大きな役割を果たしたかがうかがえるだろう。

もう一つ、加えておくなら、福島県は全体として保守性の強い土地柄だが、明治に遡れば、自由民権運動の草分け地のひとつであり、また、ＧＨＱの憲法草案に影響を与えた鈴木安蔵は、小高出身である。戦後文学を主導した埴谷雄高、島尾敏雄、荒正人といった人たちもまた、小高出身であったことは、これらの学者・思想家を生み出す土壌が相馬の地にあったことを示している。また、私の通った相馬高校（旧制相馬中学）は、元は相馬藩の藩校だったから、新地から相馬・南相馬までの師弟が通っていた。その先輩・後輩関係は、地域的な大きなネットワークでもあった。私は、この知友関係からたくさんのことを得てきた。この知友なしには、今日の私はなかった。地域とは、このように目に見えないいくつものネットワークにより成り立っていることを忘れてはならない。

地域の中で長大な時を経て育まれたもの、尊徳仕法が示した入念かつ長期的な時間把握に立った展望に対して、福島第一原発過酷事故後の、私たち避難民に対する東電のあいまいな賠償態度、政府による短期的かつ性急な見通しに基づく無責任な「帰還政策」がいかに正反対の対照をなしているかを、この時代の参照としてぜひ知っておいてもらいたい。

三―2. 戦後の「村の暮らし」――開拓山村での暮らし①

佐須地区、山木

飯舘の第二の変革期は、第二次世界大戦、アジア・太平洋戦争により日本帝国が敗北した戦後のまもなくにはじまる入植・開拓によって始動した。

入植者には二つの流れがあった。一つは、私の父のように、ほんらい同じ佐須地区に暮らす家の次男であった者が国有林地の払い下げを受けて入植した者。戦前の農家では、家産が貧しければ、長男が家産の全てを継ぐ。農地を分割してしまえば、その土地で農業を続けられなかったからだ。次三男は家を出て、他地で働き、一家を構えるために働くしかなかった。私の父も、福島のほうに働きにでて、戦時は海軍に入りニューギニアで敗戦を迎えた。それから、どうやって帰国したのか、戦争が終わった二年後に村に帰ってきた。

父・菅野譲

今にしておもえば、当時のことを父親によく聞いておけばよかった。そして、戦後のこの時期だけ、豊かとはいえない農家の次、三男でも、郷里に家と農地を構える機会が与えられた。国有林の払い下げによる開拓農民になる道であった。

菅野家の総本家当主は飯舘村の現・村長である。佐須（大字）地区の中心・（字）佐須の集落に幾棟もの家屋を連ねた家地を構え、佐須地区全体に広大な牧地、農地、山地をもっていた。かつては佐須のかなりの農家が、総本家の小作だった。戦後の農地改革で、牧地、山地以外の農地は小作に渡された（自作農創設特別処置法の一六条で買いあげ、三六条で小作農に売り渡した）。しかし他の二軒の地主とともに、佐須地区ではなお影響力を保ちつづけてきた。

わが家は、総本家（曽祖父）の次男が分家して、同じく佐須に家をかまえた本家のさらなる分家。子どもの頃、総本家との交際の記憶はないが、本家は佐須の小学校分校の斜め向かいにあったから、よくその庭で遊んでいた。長じて飯舘村の職員となり、草野に家を構えてからは、父が築いた開拓農地は本家に預け農地として利用してもらった。本家の祖父は、次男である私の父に与える土地を持たなかったが、国有林の地元管理者の職（森林管理所の手伝い）をもち、戦後の払い下げに際して、次男が帰ってきた時に入植する場所を選んでいた。

父は、帰国した昭和二二年に、この国有林地の払い下げを受けて入植した。入植地は佐須地区の中心からは離れた大字佐須字山木《やまき》の山林地だった。飯舘村の多くの農家と同じように、入植地からは他の家の暮らしの煙は一つも見えない。父と母は山林を伐り開いて、そこに小さな小屋を立てた。

昭和二三（一九四八）年四月、私は、この小屋で生まれた。少し大きくなって憶えているのは、屋根が杉皮

真野川を遡る佐須・山木・虎捕、さらに山形の開拓団が入植した豊栄と別世界の山村がつづく。父は国有林地の払い下げを受けて山木に入植し、私はこの開拓農地の小屋で生まれ、育った。

除染をしたあとの菅野家農地、中央のなだらかな丘陵の手前を削平して、私はなだらかな農地を作った

昭和 64 年 1 月 1 日、虎捕山・山津見神社奥宮から自宅（右手の山の陰）方角を撮影

佐須分校にて、昭和 36 年 3 月、小学 6 年生

父・菅野譲

佐須公民館(かつての佐須分校)

佐須分校の向かいの本家、よく遊んだ

佐須の大地主、総本家の菅野典雄村長宅

自動車事故後の相馬高校3年、大字佐須字山木の自家に帰省した際の記念写真（昭和41年）。写真右から、弟・泰、著者、姉・百子、弟・実。昭和28年、著者5歳の頃に父が建てた家の写真はこの一枚しかない。

葺きで土壁だったこと、杉皮の屋根のすきまから空が見えた。一つ間の小屋を二つに仕切って、奥が寝間で、残りの半分が炊事場、半分が土間。厠と五右衛門風呂が外にあった。小屋は二つの小さな尾根の谷間にあり、西の尾根を背にし、東側には谷の沢水が流れていた。父は沢水を引いて、小屋と沢のあいだに小さな溜池をつくった。

縄文人は幅の広い尾根筋を選んで集落をつくり、尾根を下りたすぐそばに沢水や泉のあるところを選んだが、この立地は数千年を経ても大差はない。周りは樹々に覆われて暗く、小屋と溜池の下の斜面に、樹木を伐採して焼畑をつくり、沢に近い湿地にささやかな水田をつくった。こうして少しずつ、わが家の天地が開けたのだ。

山林地の開拓は、木の伐採から始まる。伐採して抜根。木を抜いてそれを焼却してという作業だから、どこでも伐採・抜根の煙が上がる。春先に草が生えると、草地を焼いて焼畑にする煙が上がる。焼畑ができたら、いちばん先にソバを植えて。

それをまた耕して、それで畑を増やした。それも山なりの畑。山のあちこちに、開拓地の煙が上がっていた。冬になると、山には炭焼きの煙が上がった。やませの風だから朝霧で炭窯の煙が谷間にずーっと淀む。太陽が出れば、上昇気流で煙が谷間から空にのぼる。町場では考えられない幻想的な景観があった。

山木の開拓地に家を新築した

昭和二八年、五歳の頃、父母は小屋を壊して、沢を挟んだ東寄りに新しい家を建てて移った。部屋数は四つ。屋根は古いセメント瓦。セメント瓦は劣化すると、雨漏りがする。焼瓦は高くて買えなかったが、当時としては立派なほうだったかもしれない。戦後の開拓者の家は、三年、五年がすぎて、ようやく鉄板葺きかセメント瓦にする家が多かった。そこで私は、幼年から中学までの時を過ごした。

まだ幼児の頃、父母が畑で仕事をしている間、私は畑の傍らに置かれたエジコにぽつんと置かれて、日がな空を見ていた。そのエジコはかなり痛んでしまったが、なぜか、今も大切に、佐須の作業小屋においてある。冬は雪が降り積もり、寒冷のきびしいこの土地では、いくら働いても、貯えなどできない暮らしなのは、子どもも心にもよくわかっていた。親はすこし大きくなると、子どもの世話をする暇はなかったから、まだ小学校に入る前、四歳ぐらいの頃から、私は姉の通学についていき、佐須の小学校分校（草野小学校佐須分校、他に八木沢と小宮にも分校があった）に通った。

じいちゃん、ばあちゃんがいる人はいい。私はいなかったから、一人で置いておくわけにもいかず、姉について行かせたのだ。そういう子は私だけだった。私が学校に通うようになっても、弟たちは付いてこなかった。姉は八歳上で、私は一年生、二年生の子たちと一緒に遊んでいた。お昼も弁当を二つ持っていき、いっしょに食べた。同じ教室のうしろの方に座っていても、先生からとがめられることはなかった。後ろの机で、姉さんたちの授業をだまって見ていたのだから、何かを学ぶこころを、ずっと早くに身につけていたかもしれない。そういう社会環境だった。そういうものは無意識に全部身についている。いろんなルールや、人との関係が見えていたかもしれない。かなり上の姉の年代の人たちのことも憶えている。

小学校と山木の家のあいだは、だいたい三㎞ぐらい離れていたから、集団登下校で毎日学校に歩いていった。歩いて四〇分ぐらい。その往復はとても楽しかった。春は春で山菜があり、梅雨時期になると、草いちご(苺)。桑の木の実が食べられて、木いちごやアケビが食べられて。秋は木の実を採って、きのこ(茸)を採って。そういう楽しみをしながら歩いた。冬は、寒いので雪が凍る。子どもは軽いから凍っていると渡れる。その「雪渡り」をして、道を真っ直ぐに走っていった。

靴は、小さい頃はゴムの短靴。冬はそれに毛布みたいな布を巻いて歩いた。上も、ひどく古い毛布をかぶって雪を防いで歩いた。ケットみたいな防寒着は買えないから、そういう毛布みたいなのをかぶって、ほっかぶりをしていた。それでも、生きて来れたのだから、大したことではない。生ゴムの長靴が買えた時はうれしかった。下に敷き藁をして、藁のみごの部分を中に入れた。あったかあい。敷き藁で、だんだんきつくなってくる。穴があくとゴム糊でパンパンと穴をふさいで履いた。とにかく物がなかったし、買えなかったから物を大事にする。それが私の理解してきた「までぇ」の心。いまの飯舘村が歌い文句にしている「までい」というのは間違いで、「までぇ」。「一粒の食べ物だって、一年に一粒しかできない。だから大事に、こぼれたら食べなさい」。「味噌汁の中に味噌の豆が残る、それも残さないで食べなさい」。食べものを大事にする、それこそが「までぇ」。

くず米、野の物、山の物を食べる

その頃は、食べ物がないというのが、何よりも記憶にある。その時代、米がいちばん貴重な物で、現金をえるには米を売るのがいちばんお金になった時代だった。だから、水田はあっても、家ではご飯がない。食べる物は、くず米と米以外の物を食べるのが一般的だった。イモ、栗。山の栗の実を食べたり、木の実。あとは山に行ってヤマイモ掘りをしたり、ユリを掘ったり。野の物、山の物を食べる。畑の物は、ジャガイモ、カボチャ、サツマイモ。かなしいことに、食べ物に困った記憶しかない。だから今、カボチャは食べられない。サツマイモも食べられない。その頃に、生涯の分を食べてしまった。サツマイモも食べる気がしないし、カボチャも食べようとも思わない。食べられないことはないけれど、食べたいと思わない。米だけは、ご飯だけは食べられなかった記憶があるから、食べたいと思う。不思議です。そして、この頃、アメリカ、カナダから小麦粉、トウモロコシ粉が配給になった。それにラード。油はラードが配給になって、食いつないできた。開拓農家だけだった。一般の既農家はそういう配給はなかったと思う。

五、六歳の頃で覚えているのは、うちに手伝いに来てくれた人がいた。その人は「ねじり袋」という袋を毎日持って来る。この袋に一升桝で米一升入れて持ち帰ってもらったのが、その人の日当だった。そのあと米二升になったのまでは覚えている。うちはどんどん水田を増やしていったから。田んぼを持っていない人は手伝いに働いて米をもらって、家族で食べていたという時代だった。その人は食べる物に苦労したろうけれど、でも旦那さんと二人で働けば二升になっから。そうするとだいたい白米もすこしは食べられた。現金を使う時代じゃなかった。

藁布団

山木の新しい家は大きかった。一二畳の部屋に弟二人と、三人で寝ていた。敷き布団は、藁布団。布団の形に袋を作って、両端を開けておき、そこから藁を詰め、糸で縫えばできあがる。とても温かかった。自分で作った。二、三か月すぎると沈んで、畳のようになってしまう。また、糸をほどいて、藁を入れ替える。天気のいいときに干した。その生地が一番丈夫なのは、アメリカから来た小麦粉やトウモロコシ粉の袋。あれは丈夫だった。記憶では、トウモロコシ粉でパンをつくって食べた。トウモロコシ粉の袋の生地がもの凄く丈夫で、小学校にいた頃は、ずっとこの生地を使った藁布団を敷いていた。綿布団なんてなかった。あったかあい。それが沈んでくると冷たくなる。天気のいい時に干して、またふっくらさせて、夜寝る。太陽が当たっているからあったかい。家をつくるときも稲藁を断熱にすると、もの凄くあったかい。ただ、ねずみに入られるとかじられる。上掛けは綿の布団をかぶっていた。家によっては、稲藁を積んでおいて、子どもはその中にもぐりこんで寝る家もあった。

佐須の小学校分校

小学校分校は、一・二年、三・四年。五・六年が複式学級で、それぞれ一つの教室で学んでいた。分校には三つの複式学級の教室と、教員室を合わせて五つくらいの部屋しかなかった。先生は一教室に一人。一年生に教えているときは、二年生は自習、五年生が書き取りをやっていれば、六年生は算数を先生が教えている。書き取りをやりながら、同時に見たり、聞いたりしていた。今では考えられないけれども、それでも卒業できたし、中学、高校に行ったから、大丈夫。生徒数は、私の同級生が一八人、全体で一〇〇人ちょっとというところだった。

なにが一番おもしろかったかって、やっぱり外で遊ぶのが一番。人数が少ない分だけ、同級生の子どもたち同士は協調性もあり、いじめは考えられなかった。いじめれば、いじめた奴がいじめられる。ただ上級生は上級生、敬わなきゃならない。しかし、遊びってなったら上下関係はない。丸ごと一緒に遊んでいた。

学校になにがあったかって、オルガンが一つ。音楽を教えてくれる先生は一人しかいなかった。佐須に嫁いで来て、佐須にずーっと住んでいて、旦那さんが亡くなって未亡人の人、久米フミ子先生。その人は退職するまでずっと佐須の学校に勤めて。オルガン弾くのはその先生だけ。いま、生きていれば九七、九八歳くらいか、亡くなった。その先生が音楽を教えて、音楽以外も教えていた。ほかの先生でオルガンをできる人はいなかった。ほかに分校長がいて、あと担任がいる。ぜんぶで四人。

私らが小学校の当時は、戦後の開拓でどこの家もお金がない。一〇円の小遣いがもらえなかった。自分で遣うお金がほしいときは、兄弟たちで薪つくりをした。鋸で薪をつくって、ずーっと薪を買っていく買取業者・菅野寛さんがいて、トラックで来る。その人に、まとまったら売って、それでお金をもらった。そのお金がものすごい喜びだった。子どもは、鋸の刃を研ぐことはできない。それは親なり、おじさんなりに目立てしてもらわなければならない。大人たちは、山仕事が冬の当たり前の仕事だったから、道具を研いで使うのも、当たり前。できなければそこに住めない、暮らしていけない。

そうやって親なりおじさんに研いでもらっては鋸を使い、子どもながらに働いた。夏は親の手元で働かなければならないし、春先は堆肥を運んで畑に撒き散らすのを手伝ったり。耕耘《こううん》するときは、牛の鼻を持って案内して回る。牛を真っ直ぐ連れていかなければならない。それが子どもの役割で「鼻取り」。牛の鼻先を持って案内する。こういう手伝いは、私たちまで。あとは機械化されたから、牛を田畑で使うということがなくなった。姉と私くらいまではやった。

夕方は、手押しポンプで水を汲んでお風呂に水を溜めなきゃならない。それをやって、薪を燃やして沸かさなければならない。家で使う薪づくりも、家庭の中での子どもの日課。それから、電気がなかったから、灯油ランプを使っていた。ホヤの部分、煤がつくと、これを磨くのがまた子どもの役割、手が小さいから。庭を掃くのも子どもたちの役割分担。いまの子どもたちから見れば、はるかに働き者だった。朝の役割、学校に歩いていって、帰ってきたら、帰ってからの役割があった。親は朝から日暮れまで外で働く。それが親の仕事、子どもは子どもの仕事、役割。

当時は、移動映画を上映できるような大きな建物は学校ぐらいしかなかった。分校教室の仕切り板戸をぜんぶ抜いて、映画をやる。そこで、大人もいっしょに映画を観た。学芸会も、同じで、全部抜いてやる。親も来るから、全部解放してやった。学級には、後述する豊栄開拓団の子弟もいた。

小学校のころ、分校は分校で運動会をやっていたけれど、歩いて草野まで行き、本校と交流のドッヂボール大会もあった。中学校になった時に、「ああ！　この人がそうだった」と憶えている。修学旅行も本校と一緒。佐須と八木沢と小宮の分校も一緒で、中学校に行った時が一四七人だから、修学旅行のときもほぼ同じ人数。修学旅行は松島。そのときに、初めてバスの旅をした。バス旅行の前は、トラック。分校の小学校四年生だったか、相馬の海岸に海水浴に行った。普通のトラックを借り上げて、いまの自衛隊のトラックみたいに幌をかけて、行った。相馬の海を見た。この時に初めて海を見た。

草野中学校に入ると、家から一一㎞の道を往復して通った。春と夏、秋は自転車で通ったが、冬になると全て歩き。中学を卒業して、叔母の家を頼って相馬市に寄宿、相馬高校に通ったことで、まったく違う世界が開けた。トラックで海水浴に行ったときに見た海は、その時から、いつでも見られる風景になった。山奥の開拓村とはちがい、海岸部の空は青く、明るい、ずっと遠くまで開けているように見えた。学校の図書館には藩校以来の蔵書があり、町には大きな本屋さんがあった。図書館に通いつめると、そこにはいつも校長先生が座っていて読書していた。このとき、私は長男だったけれど、もう佐須に帰って働くという気持ちはなかった。もっと広い世界に出てゆきたいとおもった。

わが家の暮らしはそれほどに厳しかったのだ。

三―3．戦後の「村の暮らし」――開拓山村での暮らし②

豊栄開拓団

もう一つの入植者は、満洲・朝鮮、南洋などからの兵隊復員や民間人帰国者が飯舘の地に入った開拓団。佐須地区の例でいうと、わが親の入植地から西に行ったところに、虎捕山《とらとりさん》・山津見《やまつみ》神社がある。白狼の眷族を従える「虎捕山神」の社《やしろ》だ。この社から少し南に下った虎捕山国有林の一部が、豊栄開拓団の入植地として払い下げられた。豊栄開拓団は満洲から引き揚げた山形県の人たち。山形に開拓で入植する場所がなく、虎捕の国有林地に入植してきた。「山形組」と呼ばれ、数ある開拓団の中でも強い結束を保ってきた。開沼幸栄さんという指導者がいて、農業協同組合の走りみたいな組合をつくり、協同心が強く、まるで一つの国をつくるような感覚で、農業をやっていた。豊栄開拓団農業協同組合から、さらに合併前の大舘開拓農業協同組合までを組織していった。

満洲から引き揚げの山形県人が入植した豊栄開拓団の記念碑。「豊栄開拓の礎」と彫られ、裏面に開拓団のメンバーの氏名を刻む

豊栄の道路際には、立派な開拓団記念碑が立っている。豊栄の人たちも、今回の全村避難でバラバラになってしまった。たぶん、今もその精神は残されているとおもうけれど、一つの伝統が消されかかっている。

平成17年、長男、長女夫妻と孫と、虎捕・山津見神社にて

昭和54年、虎捕・山津見神社祭礼での記念撮影。前列右端・開沼幸栄氏（豊栄開拓団長）、中段の左から3人目・前宮司夫人・久米園枝氏、後段の左端・菅野知一氏（現・菅野村長の父君）、後列右から4人目が著者。

虎捕・山津見神社の社殿は東日本大震災の翌年、2012年4月1日の火災で焼失。神の使である狼を描いた天上画も消失したが、東京芸大の協力で復元された。また、この火災で前宮司夫人の久米園枝さんが亡くなられた。夫人は、代参者への接待ばかりでなく、神社に奉仕する私たちや家族にまで、何くれと心遣いをいただいた、懐かしい方だった。

◉虎捕・山津見神社

　大字佐須字虎捕の山津見神社の秋祭りには、一八歳の昭和四二年から震災前まで毎年欠かさず奉仕してきた。秋祭りは旧暦一〇月一五日・一六日・一七日の三日間行われ、県内をはじめ山形県・宮城県など全国各地から「山御講《やまおこ》」と呼ばれる講社からの代参者が集まり、最盛時は三日間で三万人を超える人出で賑わった。佐須の全戸が山津見神社の氏子だが、だれもが奉仕するわけではない。佐藤公一、大内雄治、菅野正美、阿部勝男、それに私の、家を継ぐ長男の同級生五名が神社から頼まれて役務を分担した。代参者のために書かれたお札をいったん祭壇に全部納めて、祈祷が終われば下げてきて、名前を呼んでそれを下で配札するという役にはじまり、二五歳ぐらいからはお札に筆を入れる書記役を続け、祭礼中は大わらわだった。期間中に一人の書記が一日千体ぐらいのお札を書く。祭りの期間中は、参道の左右には何十軒と茶屋ができ、それに露店が加わる。茶屋は、佐須の人たちだけでつくる「茶屋組合」（組合長は佐須の高橋家が代々司っていた）が仕切っていて、「茶屋株」をもつ佐須の人たちの大切な冬場の収入になっていた。祭礼を目当てにした香具師が参加するばあいでも、「茶屋組合」の仕切りに従わなければならない。各講の代参者は二人で、お札ができるまで茶屋で食事をしたりして旅をたのしみながら待っていて、ようやく講中各戸にくばるお札ができあがるとこれを持って帰路につく。茶屋では、そば、うどん、餅、どぶろく、甘酒、しるこ。同じようなものだけど、キジのそばなど、よそとは違う味を売りにした茶屋もあった。先代の久米隆時宮司が山御講《やまおこ》を盛り立てた（今の宮司は、その甥にあたる加藤啓介宮司）。

　山津見神社の氏子総代の家は三家。中佐須の菅野知一家、峠下の佐々木武家、前乗の菅野操家。いずれも佐須の中心となっていた地主家であり、興味深いことに、久米宮司家の墓と菅野知一家の墓は、佐須でいちばん高いところにあって、佐須集落のたたずまいを見渡せるところにある。佐須の氏族のいちばん古い文化の姿をあらわしているのかもしれない。私が佐須から草野に転居した時、久米宮司は草野にある相馬山中郷の郷社・綿津見神社の氏子になるように言われたので、綿津見神社の氏子になるとともに、お墓も氏子としての神道墓を草野につくった。綿津見神社では、かつては神輿を相馬の海岸から海中に入って潮を浴びる祭礼がおこなわれていたが、今は途絶えている。数え四二歳の厄年に、厄男の家では舟をつくって焼き払い、その灰を相馬の海岸から流す信仰習俗だけは今も続いている。

飯舘村の当時の総戸数はおよそ一九〇〇戸、うち、農家は一五〇〇戸、これにたいして開拓農家は六〇〇余戸だから、農家としては三分の一が開拓者だった。開拓農民の力が、いかにこの村の成り立ちに深くかかわっているかを語るものだろう。開拓農家は、鍬一本で開墾して畑、田を一から作らなければならない。山林を伐って、焼畑にして、畑を鍬で遠くまで起こしていって、少しずつ、少しずつ、畑を増やしていく。湿地帯には沢が流れていて、その水が使える場所を水田に替えていく。そのころはお互い共同してやった部分もあった。雪の降らない時期、秋の収穫が終わると、その水田作りを何人かで共同してやる。みんなどんどん、どんどん、少しずつ一枚ずつでも水田を増やしていく、畑も増やしていく。食糧難の時代だったから、食糧増産で、そのためには農地を造らなければならない。

昭和二七、八年頃は凶作だったけれど、山村の開拓農家では、林業で冬季間に薪や炭焼きの仕事があったからなんとか生活を維持できた。炭焼きでは、一週間炭焼きすればサラリーマンの月給に等しかった。そのぐらい山仕事はきつくて技術を要したが、お金になった。だから現金は山仕事して。焼き炭で現金を得たのが大きかったと思うし、その現金が次の農作物を作るための糧になった。あるいは子どもたちを教育する、衣服を買う糧になった。山仕事をして現金が入ったからできた。それから、焼き炭や薪を買い集めて歩く人がいた。主に山師という人は木材の取引が多くて、焼き炭や薪は集荷、買取の行商で、買い取って町に持って行く。帰りに果物などを買って持ってきて、みんなに売って歩く。往復の商売をやっていた。

開拓地にブルドーザーが入る

小学校三年、昭和三三年頃、はじめてブルドーザーがきた。国の施策として、開拓地の開発をしていくためにブルドーザーが導入され、大きな畑や、水田を造っていった。これがあったから、開拓農家の人は既農家よりも農地を増やした人がいっぱいいた。同時に、水田に川の水を引くために、共同水路をつくった。その時は、三、四人の技術者の人たちがうちに寝泊りした。親たちも一緒に作業員になって働いた。板で型枠を作って、そこにコンクリートを、手で練って詰める。その時に、この作業がめずらしくて、固まっていると思って足を入れてしまった。足が沈んで、抜いてみると、その形が残っていて、もう直らない。叱られた。今もその形が側溝《そっこう》に残っている。技術者の人たちはうちに泊まって、夜は酒盛り。酒はどぶろく。もちろん自家製で、それも、くず米のどぶろく。そのころは発酵酛、酵母菌をつくっている人がどこの村にもいた。それを一升瓶に分けてもらい、それを使ってどぶろくを作った。「おきせ姉」という酛を作る貴重な人がいた。

共同水路はコンクリートでできていたけれど、ほとんどは土側溝《どそくこう》。その土側溝は毎年、子どもが泥上げをして、どじょう獲り。どじょうだけでなく、川には小さな魚がいっぱいいた。やなぎべい、やまめ（山女）、それを獲って食べるのが魚のたんぱく源。学校から帰ると、魚釣り、どじょう掬い、そういう楽しみがあった。あとはもう、とんぼ、夏から秋にかけては、とんぼが空を覆うぐらいにいっぱい。

川があって、水路があって、山があり、獣もいる、鳥もいる

野山ではいろんなめずらしい草花も咲いていた。春一番、木の芽が出る前に山桜が。まんさくの花は一面に黄色く咲いて、そのあと山桜が咲く。藤の花が咲いたり。徐々に新緑になって、夏にはやまぼうし（山法師）の花、白い花が咲いて。田植えをすればこんどは田の草を取って、穂が出て。秋には黄金色になって、刈り取りをして。そのうち霜が下りて、だんだん白いものが舞ってくる。それが一年の季節のめぐり。

鳥もそう。春になると、渡り鳥、おながどり（尾長鳥）が来る。かけす（懸巣）が来る。うぐいす（鶯）は三月になると、ホーホケキョまでいかない。ホーホケキョは上手になってから。やっぱり得意そうに連続してや

る。季節、季節で、鳥が違うから、鳥の鳴き声も違う。

兄弟で一つ部屋に寝ていると、かんこどり（閑古鳥＝かっこう）が、夜、鳴いた。夜はなんにもないし、ふつうの鳥は夜、鳴かないから静かなのに、かんこどりと、ふくろう（梟）だけが夜深くなると、鳴く。ふくろうが鳴くぐらいで、あと、かんこどり。ふかーくなると、とおぉーくから聞こえてくる。かなり遠くから、トーンの高い声。子どものころは、声は聞こえているけれど、かんこどりっていうのが、わからなかった。大人になって、ああ、あれがかんこどりかってわかった。いまでも鳴いた音が、なんとなく脳裏に残っている。子どもの頃の季節、季節の環境が、今も眼に焼きついている。これが本来の自然の景観なんだなあ、と。

農地は拡大したが、家ではくず米を食べた……、物々交換、自然の食べ物

ブルドーザーで開発したおかげで、私の家も、一ヘクタールぐらいの水田ができた。ブルドーザーが入ったことによって、水田が広がって農地が拡大された。どこの農家でも、田畑を合わせると、一戸あたり三〜四ヘクタールくらいの農地を確保できるようになった。あれはすごい革命。経費はかかって借金はあったけれど、米は食管法による買い取りで、五〇俵ぐらい供出できるようになった。家では、くず米を食べていた。そういうことはよく憶えている。

それから、物々交換。金でなければというのは昭和三五、六年頃になってから。それまでは、物々交換。前述のように、物々交換で米をやると物をもらう、そういう商売の行商さんがいて、回ってくる。米や豆、それに薪や炭を渡して、砂糖とか、醤油、塩とか、油とか自分の家ではできない物をもらう。トラックでくる。佐須を軒並み歩いて行った。これを「軒毎《けんごめ》」と言っていた。飯舘でそういう行商をやっている人たちが居た。その人たちは、そうやって手に入れたものを町に持っていって、売る。また、そのお金でりんご（林檎）などの

果物を買って、持って来る。バナナも持ってきた。あの頃のバナナは凄かった。めったに食べられない高級品。いまでは、とても考えられない。

そのころの燃料は全部、薪、柴。春先、仕事が忙しくなる前に、雪が溶けたら薪を蓄える仕事をした。一年中燃やさなければならない。ガスも電気も水道も、なんにもない。そういう環境の中で育って、自然の恵みというのが、もの凄く生活の上では大事なもので、生活をうるおすにはものすごい力があった。だから飯舘の人は今でも、今までも、半年はそういう自然の食べもので生活できていた。

商売としてやったのは、山菜ではふき（蕗）。山のふき。小学校のころに、学校にテレビがほしいっていうので、生徒も親もみんなでふきを採って集めて業者に売って、そのお金でテレビを買った。小学校の五年生。皇太子、いまの上皇陛下の結婚式（昭和三四［一九五九］年九月）は、学校のテレビで見た。お金を集めるのは大変。お金の無い時代だから。そうやって山菜を業者に売って。山菜で売れるのはふきだった。ふきはどこの山にもあるから。毎年そういう共同仕事をやって、大きな稼ぎになった。大勢で集めれば、一束ずつ集めても、一〇人集まれば一〇束、一〇〇人なら一〇〇束になるわけだから。そうやって、いっしょに稼いだ。自然の恵みは、凄い。一番はやっぱりふき。いま、ふきは塩漬になって山形なり秋田なりから来るけれど、昔からふきは加工されて商品化される山菜だった。ぜんまい（薇）は、そんなにできる場所じゃなかった。ぜんまいは会津のほう。北海道が一番あるみたいだけれども。ふきはどこにでもあった。ふきを、お金に換える。何年続いたのか、私が中学校になってからも、弟たちもやったみたいだから。

ランプと電気、箱車、ばんかり

電気がついたのは、私が高校に行ってから。昭和三九［一九六四］年、東京オリンピックが電気のついた年。

東京オリンピックまでに「無電灯解消」という国の施策で、臨時法律を作って、飯舘村では昭和三八、三九年と二年かけてやった。私のところは三九年、開拓地にまで電気が灯った。ブルドーザーのほうがずっと早い。電気は、相馬の高校に行くまではなかった。それまでは、ランプ生活。電気がないんで、ラジオが聞こえない。ラジオを聞きたくて、乾電池を使っても、電波が届かない。むかしのラジオは電波が弱かった。何とかして聞きたいと思って針金でアンテナを張った。あっちの木とこっちの木と、どっち向きにしたらいいのかって、つないで、「あっ、ここは聞こえる」なんて。針金でアンテナ作って、そうやってやった。

子どものころは、車がない。隣の家に大工さんがいて、鋸で丸太を車の形に切る。心棒の穴を開けなきゃならない。それを大工さんのところにもって行って頼んで、穴を開けてもらって。それに心棒をとって、箱を作って、乗る車を作ったり。自分たちで工夫して作った。箱車を作った。ところが、乾燥してくると割れて、なくなる。そうやって物は自分たちで作って、遊ぶためにも何をするにも全部自分たちが作らないと、だめ。自転車がないから、いまのように一輪車のようなタイヤが売ってればいくらでもできるんだけど、そうじゃない。

水車はなかったけれど、「ばんかり」があった。水を溜めて、上がったら水がこぼれて、「ごとん」という。うちにはなかったけど。ばんかりはもう、下のほうのところにめずらしくあったぐらいの感じ。三mか四mぐらい。あれで、米や麦を搗いたりしていた。私はそれで米を搗いて食べた記憶はない。村長の家では、おふくろさんがモーターで、精米をやったり、粉を挽いていた。そのうち精米機が農機具で売っているようになって、自分のうちで精米して食べられるようになった。

牛の堆肥、牛飼い、牛耕、耕耘機

新しい水田ができて、それを肥沃な土地にするためには牛の堆肥が必要。そこで牛を飼って堆肥を作って、

昭和 36 年 4 月、草野中学校入学、中学一年 C 組。前列右から 5 人目が著者

昭和 39 年 3 月、草野中校卒業記念、中学三年 B 組

それを施して、農地、土壌を肥沃な土地に変えていった。どこの家でも二頭ぐらいの牛はいた。もちろん、うちでも牛を飼っていた。牛は水田を耕起するために使ったり、均すために使った。あとは子牛を育て売って、現金収入にした。牛は、働き者。機械化される前の作業は牛を使ってやった。その後、機械化されたのが昭和三五、三六年頃、耕耘機が入ってきた。小学校の高学年、六年生頃。芝浦エンジンの豆トラという耕耘機。あれは耕耘だけじゃなく、けっこう物を運ぶのに機能した。人をも運んだ。私らはそれに乗っかっていた。

薪と焼き炭が売れなくなった——燃料革命と出稼ぎ

平成天皇が結婚したのは昭和三四年。その頃はまだ米が主で働いていた人がいた。そのあと、燃料革命で石油が主となり、冬働きだった薪と焼き炭が売れなくなった。ちょうどその時、東京オリンピックのための施設の建設やらの東京大改造で、建築・土木の人手が必要になり、冬場はみんな出稼ぎに行くようになった。農家の中には経営が小さいから早く戻ってこなくてもよくて、一年間に六か月以上出稼ぎする人もいる（そういう人の中には厚生年金に入れてもらって六〇歳で厚生年金をもらった人もいた）。ふつうは、出稼ぎしたいという人を集める親方がいて、その親方が手引きして、人夫出しになることが多かった。親方に間をとられたけど、それでもお金は相当。東京オリンピックで人材、労働力が必要な時だったから、意外といい給料をもらって仕送りした。

東京オリンピックが終わった後も、高度経済成長期となり、地下鉄だ、下水だと、大きな土木・建設事業が続いた。役場に奉職した私も都市周辺の出稼ぎ先の職場を訪問して回って歩いた（第三編の一、二五二〜二五四頁参照）。それが昭和四〇年代。出稼ぎで、古い家を新築できた農家もたくさんあった。ところが既農家で、自分のうちの山の手入れもしなきゃならなくて、出稼ぎができない人もいた。そういう人のほうが、現金収入がないから大変だった。

佐須と草野の店

佐須には店が一つあるだけ。専売品の酒・塩・タバコ。缶詰とか食料品とか、灯油とか、村の生活に欠かせないものを一通り置いてあった。この一軒しか店はなかった。お店のあばさんは久米みどりさん。オルガンが唯一弾けた久米フミ子先生のお姑さん。

お店にないもの、お店に行かなくとも自分でできるものは、なんでもやった。今より自分でする事がはるかに多くあった。自転車はもちろん直したし、ずっと後に、自動車に乗るようになっても、エンジンオイル交換したり、パンク貼ったり。それは当たり前。

草野中学校に入って、草野を歩くようになると、さすがにお店はいっぱいあった。まず呉服屋さん、呉服屋さんは裕福だった。着物だけじゃなく、制服から靴まで扱う学校用品店だったから。油屋さんがあって。酒屋さん、油に酒・塩・タバコの専売品を扱う。魚屋さん、魚屋さんは八百屋さんと一緒。野菜は作って食べるもので、買って食べる人は何もやってない人ぐらいしかいない。でも何もやってない人でも、作ってないと思って、みんながくれたりするから、八百屋さんだけでは成り立たない。豆腐屋さん。アイスクリーム・キャンデー屋さん。祝言のお菓子を作る、落雁を作るお菓子屋さんもあった。今のホームセンターみたいな金物屋さん、昔からの農具類も扱っていた。それに鍛冶屋さん。床屋さん。旅館があって。お医者さんは、草野に村の診療所があった。お寺もあったし、草野には一応、全部揃っていた。草野は合併前の大舘村の中心地だから、一応揃っていた。合併前のもう一つの村、飯曽村の中心地・飯樋も、草野と同じくらいでお店も揃っていた。あとは、臼石（二枚橋の隣）に二戸ぐらい店があった。

本屋さんは相馬ではじめて出会った

佐須にはお店が一軒しかないから、佐須で足りないものはといえば、草野に行く。しかし、草野にも本屋さんのようなものはなかった。本屋さんは相馬に行ってはじめて出会った。先にも書いたように、町には大きな本屋さんがあり、学校の図書館は藩校以来の蔵書があった。そこで私はたくさんの本を読み、これまでとは違

昭和 40 年、相馬市、馬綾城二重橋前で、菅野正美君撮影

昭和 40 年頃、相馬高校 1 年生、後列右から 2 人目が著者

昭和 40 ～ 41 年頃、相馬高校校庭、相馬高校時代

昭和 40 ～ 41 年頃、南校庭からの相馬高校校舎、相馬高校時代

昭和 40 ～ 41 年頃、相馬高校 1・2 年生時代の下宿先

昭和 42 年、高校 3 年、相馬で下宿していた井口コマおばさんと。自動車事故傷害後。

昭和 42 年、高校 3 年頃の勉強机

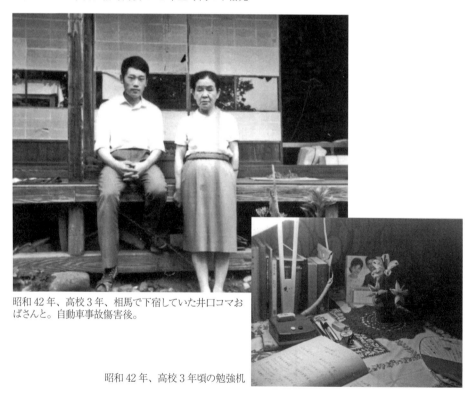

う世界の学び方を知るようになった。

開拓村と、昔からの集落である佐須、そこから村の中心地である草野と、そこでの私の生い立ち、生育と暮らしは、飯舘村の村民の暮らし、文化の底辺を伝えるのには役立つとおもう。多かれ少なかれ、村の子どもは同じように生い立ち、同じように村の暮らしと文化を受け取るなかで育っていったのだから。ここに、戦後の村の暮らしと文化の原点があったのだ。

昭和三一（一九五六）年、合併して飯舘村となる

昭和の大合併で、昭和三一（一九五六）年九月三〇日に北部の大舘村と南部の飯曽村が合併して飯舘村になった。前述のように、草野は大舘村の中心集落であり、飯曽村の中心集落は飯樋だった。

合併後の飯舘村では、昭和三〇年代から一〇年毎に振興計画（総合計画）をつくった。第一次の振興計画では生活基盤の整備ということで道路交通網の整備をはかり、村内の道路整備をして、各集落にあった学校を集中させて一学年一〇〇人規模の学校に統合し、スクールバスを導入。教育を充実させる取り組みをする一方で、それぞれ地域に生きる豊かさを活かし、ゆとりのある生活を、という方向でやってきた。

第二次の振興計画の時には圃場と河川、水路の整備をおこなった。農業振興策としては、畜産振興のために草地造成をやり、さらに家畜の導入事業をおこなった。二つの振興計画は、いわばハードの計画。

村政の基礎、開拓行政の終結

私が役場に奉職したのは昭和四四（一九六九）年だから、飯舘村二代目の末永進村長、三代目の山田健一村長、さらに四代目の斉藤長見村長、そして五代目の菅野典雄村長に仕えたことになる。このうち、三代目の山田健一

村長と四代目の斉藤長見村長はとくに村の基礎をかためた。私も、二人の村長の人格に触れて、村の仕事に集中した。

山田健一村長は、最後の任期のときに「もう俺の時代ではない、お前らがやっていかなければ。俺は舵取りをする責任はあるが、実際やるのはお前たちだ。お前たちが考え、お前たちがやれ」といわれた。私たち職員は、この言葉を受け、本気で、村の暮らしが豊かになるようなしくみを、みんなで創りだそうとしてきた。

役場に奉職したのち、私の家もその一つであった戦後開拓民の行政の終結に立ち会うことになった。それは、戦後開拓者の耕作地を国有財産から耕作者に売り渡す業務、それとともに、開拓行政の終結のため、開拓農協の総合農協への合併、開拓農家の債務整理と総合農協への移行業務、開拓地域内の公共用地（道水路、溜池や墓地など）の国有地から飯舘村への譲与業務などで、これらの業務の全てに関与することになった。私はこの業務の公平な執行に努力したから、この過程については体験としても熟知してきた。

最も大きな開拓地は曲田（曲田は、飯樋から南へ峠を越えた比曽川の谷間にある。現在も「帰還困難区域」に指定）。飯舘村民救済申立団の団長・長谷川健一さんは前田字古今明《こごみょう》（古今明は大字佐須字虎捕から南にひと山越えた開拓地。かつては私の父が入植した開拓地は虎捕ではなく、山木《やまき》といった。字山木は大字佐須字佐須の南側にある）の開拓地出身。このほか、比曽《ひそ》地区の萱山、岩部、大倉地区の湯船、木戸木《ことぎ》、小宮地区の萱刈庭《かやかりにわ》・兎田《うさぎだ》・クツワ掛などなど。

戦後の開拓入植は、葛尾村にも、川内村にもあり、阿武隈山系の中山間地農村は、戦後の開拓農地によって大きな変貌を遂げた。昭和四八（一九七三）年、開拓農協は総合農協に合併され、開拓関連の業務はようやく終わりを告げた。ここまでが、戦後の村の開発期にあたっている。

四—1.「村の暮らし」第三の変革期のはじまり

林業、煙草、養蚕から畜産の導入、農業栽培の多様化

飯舘村の生活経済では、かつては林業がかなりを占めてきた。しかし、燃料革命で薪・炭の需要が落ち、椎茸原木の生産から椎茸栽培までをおこなってきた。同時に米の増産時代には、さかんに水田開発をおこなったが、時にきびしい冷害に見舞われてきた。さらに、年に一度しか換金できない煙草に加えて、養蚕で年に三、四回の現金収入を得て、それを子どもたちの教育や農業規模の拡大にあてててきた。

冷害に強い安定した収入を得られるような農家の基盤をつくろうと、機械化を進めるための圃場整備をした。いくつもの小さな水田を三〇アールにまとめて、所有権も交換しあい、道路や水路を引いて、河川や公道の整備をし、煙草の減収と養蚕の撤退という局面の中で、煙草の栽培用のハウスを使って花や野菜の栽培をすこしずつはじめた。

昭和四五（一九七〇）年、国の減反政策がはじまると、農地の利用はこれまでのようなあり方では、家業の経営が成り立たなくなった。そこではじめられたのが、一つは畜産で、それまでは子牛の生産だけだった和牛の繁殖から肥育までの一貫した生産、もう一つは高原野菜などの栽培。それまでも徐々に進められてはいたが、この時期から本格化していった。

比較的になだらかな山なみの起伏のうちにある高原農牧地では、畜産や高原野菜（高原大根、いんげん（隠元豆など）の栽培のほうが、米作や麦作よりもはるかに適していた。全国の動向からみれば、決して早いとは言えない転換だったが、農協では野菜を神田市場に出し、しだいに、飯舘独自の収益性の高い野菜類が生まれ出

荷されるようになった。

林業や養蚕など生産規模の大きかったものがどんどん切り捨てられ、乳製品の自由化で酪農が衰退し、黒毛和牛に転換し、肥育をして完成牛で出荷する、牛肉の販路拡大、ブランド化していう取り組みをして、ようやく安定するようになってきた。さらに、次男三男の雇用増進のために工場誘致をはかって、雇用の場も確保した。戦後の「村の生業」の変容は、このように時代の求めに応じながら、飯舘村の気候・風土に適した生業のかたちを求めて、ようやく将来に向けた体制を創りあげてきた。

高原野菜の開発では思い出がある。昭和四八～四九年頃、当時はまだ山田健一村長（三代目）の時代で、村長が畜産だと言っているのに、夜のうちに車を出し、翌日には長野で高原野菜の生産・出荷状況を調べて帰ってきた。長野は早くから高原野菜に取り組み、全農を通さず、長野県経済連として市場を開拓していた。その経験を学びに行き、帰ってきて叱られた。畜産の視察のはずが、高原野菜を視察してきた、といって。もう車社会になっていたから、その頃は、先駆的な試みをしているところには、すぐに、どこにでも視察に行った。この時代は、どこの自治体でも同じような視察をはじめていた。全国のどこかで、新しいモデルが生まれれば、すぐにも視察して、伝えられた。そこには、良し悪しがあったかもしれない。その土地の実態に合わない導入は失敗することも多かったからだ。そういう時代に入って、村は、村の風土に合致するとともに、村の経済のかたちを先進的につくっていく試みなら、なんでもやるという気概に満ちた時代に入った。

昭和五三年には財団法人飯舘村振興公社をつくり、振興公社で和牛肥育の実証を始め、そこで確立した技術を各農家でおこなう、村の牧場で放牧を引き受け、繁殖から肥育まで一貫してやる体制ができあがった。これにより、「飯舘ブランド牛」が生産されるようになった。飯舘独自のブランドが、ここにはじめて誕生したのである。だれかがやらなきゃ始まらない。村の計画を作っていく段階で職員が計画を作っていった。

町村が地域の畜産農家のために、夏季のみ公営牧場であずかり、牧草地で肥育させるやり方では岩手県遠野町が先駆的な取り組みをしていたが、この牧草地にも放射性物質がふりそそぎ、牧草地は台無しとなり、遠野の和牛生産に大きな障害をもたらした。まして、飯舘村の場合、牧草地にかぎらず、ありとあらゆる土地が強い汚染を受けたから、畜産の成り立つ余地はまったくなくなった。和牛は、一部は宮崎の和牛農家に引き取られたりしたが、多くは処分された。ようやくに創造された「飯舘ブランド牛」は壊滅に瀕したのである。

四―2.「村の暮らし」の底上げ

大冷害と豪雪と総合振興計画

この時期を経て、ほんとうの意味での変革期が訪れたのは、村の職員が先進的だっただけではなく、村のありようを決めていく自治の体制がより明確に決められるようになった「第三次総合振興計画」策定の段階からである。そして、「第三次総合振興計画」は、昭和五五(一九八〇)年の大冷害と豪雪を機にはじまったのである。そのことを踏まえておきたい。

飯舘村は冷害の常襲地帯だった。米、野菜、養蚕、煙草などの作物が主で、冷害で水田からの収入がなくなると、村民の暮らしは立ち行かなくなる。この年の夏は冷夏で、今まで経験したことのない寒さ。夏でも炬燵に入るくらいだった。寒さで米が稔らず、穂が立ったまま。花は咲いても実は稔らずというありさま。水田からの収入はまったくない。県が冷害の調査にきて、県知事までが視察にきた。ほんとうに村に危機が迫る状況だった。その冬、師走に入って、追い打ちをかけるように、かつてない大豪雪に見舞われた。一二月の二四日から降り始め、二五日には積雪九五センチ、飯舘ではこの時以外、そののちもありえない事態が起こってしまった。村外に通ずる幹線道路はもちろん、村内の集落同士がどこも孤立してしまった。まずは、役場に電気をつけて、対策本部が動けるようにしなければならない。発電機を調達してきて、コードを引っ張って、証明の系統だけに繋いで、まず照明と電話だけは確保した。次は炊き出し。役場の職員は三日三晩、籠城作戦で詰めたから、廊下のスペースにガス釜を並べて、ガソリンスタンドからガスを持ってきてもらって、炊き出しをやった。職員だけでなく、一般の人も来るし、議員さんも来る。三日目に、南相馬から七台のブルドーザーで幹線道路の除雪をしてもらって、外部との繋がりがようやくできた。福島市、川俣町のほうからも、南相馬からも道が通って、バスも通えるようになった。村内の道路もブルドーザーを持っている人を動員して、ようやく交通が回復して、孤立だけは免れた。この過程でいちばん困ったのは、妊産婦さん。飯樋に助産所があったから、そこまでブルドーザーに載せて連れていった。それから、家に帰ると出かけた人が、家に帰ってこない、行き倒れになっていないか、という捜査願いまであった。とりあえず探せるところを探したけれどもみつからない。困った。そしたら、ようやく本人から役場に電話があった。「一キロぐらい歩いて行ったら、動けなくなってきて、そこの家に泊めてもらった」ということで、「よかった、よかった」と。行き倒れの人もなくて済んだ。ともかくも、正月までに村内の除雪を完了させた。

冷害や自然災害は、それからも起こっている。平成元（一九八九）年は、三〇〇ミリ以上の雨が降って、阿武隈川に合流する荒川が氾濫して福島市街が冠水したのをはじめ中小の河川が氾濫、飯舘では水田が水びたしになった。さらに、平成五（一九九四）年は全国的に大冷害で、米は一粒もとれず、私らは外米を食べた。この年の冷害は、昭和五五年の冷害よりひどかったのだけれど、現金収入や流通などがまるで違ってきたから、五五年冷害ほどのきびしさはなかった。水害、雪害にしろ、冷害にしろ、これに対処できる体制がつくられていれば、村に余裕が生まれてくる。五五年大豪雪から、電話回線の新設、除雪機の確保などの体制が作られたし、作物の冷害に対処するために、「第三次総合振興計画」の中で、畜産の振興がつよく打ち出された。これらは、水害や冷害といった自然災害に立ち向かう、村のあり方、総合振興計画に村民自身が参加するかたちを生み出しつつあった。まったく予期しなかった原発過酷事故についても、これらの自然災害の経験をいかに活かすかという点からみると、無縁ではありえない。

住民自治の体制と第三次総合振興計画

こうして、「第三次総合振興計画」は、昭和五五（一九八〇）年の大冷害と豪雪を機にはじまった。村のありようを根底から底上げし、しっかりとした足場をもつ安定した村の経営は、暮らしの向上をめざす村民の意志のもとに据えられなければ成り立たない。このためには、総合振興計画の策定そのものが住民参加でおこなわれる手法を最大限に取り入れてなされなければならない。村民による三つのプロジェクトチーム（住みよい生活舞台の建設、産業の活力増進と所得の安定、健やかで心豊かな地域づくり）がつくられ、行政区会議を基盤としながら、農協、商工会、森林組合、青年会、婦人会、老人会等の各種機関・団体が智慧を出し合って計画の骨子を練り上げた。

総合計画づくりは、一般に、職員による検討委員会で原案をつくり、審議会にはかり、議会に提出するのがふつうのやり方だが、飯舘村では、この計画策定に全職員が関わるものとし、意見を言いたければ、いつでも聞くという態勢をつくった。職員から選ばれた委員は、ふつうは、自分の職責につながる専門分野から計画に関わるが、ここでは専門とは関わりなく、個人として参加する。

だが、これだけでは、住民自治の理念を生かすことにはならない。そこで、従来からある「行政区会議」（行政区は、一つまたは二つの大字住民からなる。飯舘村には二〇行政区がある）を住民自治の原点となる組織とし、行政区ごとに村の担当職員を「地区担当」として配置し、計画策定の原案づくりに議論を反映してもらうこととした。行政区の戸数は小さい所で四〇戸くらい、大きい所で二〇〇戸程度。この規模は、かつての村落でいえば、ほぼ「旧村」にあたっている。戸数レベルは、いつでも顔を合わせて、話し合い、さまざまな物を贈与し合ったり、助け合う自然村レベルの自治が成り立つ単位にあたっている。

西欧の民主主義ではなく、伝統の住民自治でいえば、中世の「惣村」は荘園領主への貢納その他の無理難題に対しては、これに対抗する組織となり、時には武力にまで訴えた。「惣村」を受け継ぐ近世の「庄屋制」でも、庄屋は村を代表して領主権力の年貢その他の強制に対抗している。これは町衆の自治でも変わらない。自然村に近い村寄合は、ふだんには領主の言うことを聞いているが、村の生活を破壊するような事態に対しては、封建領主や行政に対して、対抗する威力をもってきた。それが中世以来の伝統だ。あるいは、もっと奥深く、先史・古代以来の伝統かもしれない。

いったん事があれば、とは、福島第一原子力発電所が引き起こした放射能汚染こそが、これに該当する。東京電力も政府も、放射性物質の膨大な拡散の情報について、周辺住民になにも知らせようとはせず、ましてや、原因者である東京電力は、飯舘村住民に対して広範な汚染の実態について何の通知もおこなわなかった。飯舘村では菅野典雄村長が、汚染実態の公表について部下が進言したにもかかわらず、情報を封鎖し、長期間にわたって、村民に危険を教えず、行政区にも、まったく知らせることがなかった。このために、汚染された水道水を飲み、舞い降りる放射性物質に曝されて、「無用の被曝」を受けた。これは、住民自治を謳う飯舘村の原則を無視する暴力でしかない。行政区会議を開いて、放射能汚染のほんとうの実態を報告し、これにいかに対処するかを、この場所でおこなうのが、非常時に対処する原則的なやり方である。

われわれはこの原点を踏まえて、行政区長会で「飯舘村民救済申立団」を組織することを提起し、「原子力損害賠償紛争解決センター」の和解仲介手続き（ＡＤＲ）申立をおこなった。申立参加住民は、各行政区の区長、または副区長が中心となり、二〇行政区のうち、一四行政区がこれに賛同して加わった。残り六行政区のうち、長泥と蕨平はすでに別に申立をおこなっており、比曽も独自に申立てた。八和木・前田も行政区単位で独自にやり、飯舘村では最も放射能線量が低い大倉区と、大久保・外内《よそうち》区だけが、区長自体は世話をしないとした。このため、二つの行政区だけは誰も世話する人がないため、聞き伝えで申立に参加する住民があり、結成したのち、たちまちに三〇〇〇余人、戸数にしておよそ八〇〇戸の大申立団が結成された。行政区長会には菅野典雄村長も出席していたが、長谷川健一団長が発言し、区長の多くが賛同する中で、菅野村長は、「村としてＡＤＲ申立に関与することはない」と断言、そこで村長退出後に、以上のことが決定された。

この申立団結成が各行政区長の協力をえて成し遂げられたについては、もう一つの理由がある。避難した飯舘住民の居住は全国各県に拡散して、その所在を正確に確認できるのは、村当局だけである。「個人情報保護法」によって、村当局以外に住民の現住所や電話を知ることはほとんど不可能となった。私が親しい知己の範囲で、入手できた電話は、四〇〇件でしかなかった。かつては、村民として多くの方と親しく連絡しあっていたものが、個人情報を教えられないという法制の下では、つきあいそのものが分断されてしまったのだ。わずかに行政区長だけが、各行政区の住民情報を知りえていた。言葉はいかにも民主主義的のように見えるが、個人情報保護の実態は、行政機関だけが全ての情報を知り、これにつながる利害関係者の秘密を守るものでしかない。この法制による分断を超えて、いかにわれわれの生活を破壊した東京電力、および政府に対して、集団として声をあげるかが切実に問われたのだ。

村の住民自治は、第三次総合振興計画を支える根底の考え方だったが、この考え方が形だけの「住民参加」ではなく、ほんとうに問われたのは、今回の放射能汚染による「生活破壊」に対抗するわれわれの申立によってである。

とはいえ、第三段後半の村の革新には、いちじるしいものがあった。村と村民がおこなった諸活動を簡潔に整理しておきたい。

センター地区構想の実現

飯舘村は前述のように、昭和三一（一九五六）年、北部の大舘村と南側の飯曽村という同規模の村が合併してできた村である。合併後しばらくは、学校、診療所などを旧両村に分散してつくっていた。総面積では日本でも有数の大村となったため、この時代には地域的な便宜のために、分散は不可避だった。しかし、車社会の進展につれて、旧村の秩序とは異なった村民の交通が必要となった。このため、旧両村の境界にあたる中央部の山を切り開き、広大な敷地を造成して、村役場をはじめとする施設をここに集中させることになった。構想は昭和六〇（一九八五）年にまとまり、以後、村独自の予算化により積み立てられ、センター地区には、飯舘村の高原にふさわしいデザインの役場、診療所、二つあった中学校を統合した飯舘中学校、特別養護老人ホーム、村営書店、陸上競技場、野球場、テニスコート、さらに住宅団地を造成、ここから放射状に伸びる道路網を整備する計画が立てられた。計画の大容は平成二〇（二〇〇八）年にほぼできあがったが、一部はまだ未完成のままとなっている。村の教育、保健、スポーツ、高齢者施設など、村民の暮らしにとって欠かせない施設を完備するとともに、村営書店といった文化への配慮も供えたセンター地区の現況は、都市の住民が訪れても驚くほどの景観を創りだしている。

とつじょ村を襲った放射能汚染がなければ、日本の風土にモダンで瀟洒な施設群がマッチした美しい景観は、村の豊かさをあらわすにふさわしいものとして、訪れる人たちにも喜ばれる気感を備えたものだった。しかしな

飯舘村役場前のモニタリングポストと「村民の夢」を詠う石碑文　2012年4月1日撮影

がら、今、役場前にさびしく置かれている放射線測定モニタリングポストは、周囲だけをきれいに除染しているため、周囲のほんとうの数値をあらわすとは誰も信じていない。風で流される放射性物質が舞っているのか、舞っていないのか、施設は主人のいないままに眠っている。ただ、養護老人ホームだけが周囲を締め切って高齢者を収容したままで、そこで働く人たちは、避難地区の外から通っている。自然の大気をおもいきり呼吸することは、もはや不可能になった。

福島市街に避難した人たちもまた、事故五年後の今も、窓を開けて新鮮な外気をとりこむのはわずかな時しかない。福島市内の中心部に立つ信夫山《しのぶやま》は、福島第一原発から広がったプルーム（放射能雲）が南東の風に乗ってあたり、放射性物質をまともに被ってしまった山だが、樹叢に覆われたこの山の除染は本格的になされていない。信夫山にかぎらず、阿武隈山系の山なみはどこも除染されていない。強い風が吹くと線量があがる。人々があまり窓を開けないのは、今やほとんど習慣になってしまった。

北部の大舘村と南側の飯曽村が合併して生まれた新村・飯舘村。二つの旧村を合わせたセンター地区に村役場をはじめとする諸施設を集約させた。2012 年 4 月 1 日撮影

飯舘村役場。入口の右手にモニタリングポストがおかれている　2012 年 4 月 1 日撮影

＊二〇一一年六月二二日、飯舘村役場は、かつての飯野町役場だった建物に全村避難により移転、「飯野分館」の名で業務をおこなってきた（飯野町が福島市に合併吸収されたために、同役場の建物を貸与されたことによる）。五年の歳月が流れた二〇一六年六月二二日、七月からの本庁舎での業務開始のため、飯野分館の閉所式がおこなわれた。しかし、避難村民へのサービスのため、同処は「飯舘村支所」として残される。

村おこし事業の本格始動

昭和五九（一九八四）年、当時の通産省、地域小規模事業活性化推進事業（通称、むらおこし事業）が導入され、村おこしの本格的取り組みがはじまった。商工会主体で取り組まれ、四三人の実行委員、三六人の実行小委員が三〇歳代の若手を中心に組織され、観光資源開発・教育文化開発・特産品開発の三つがテーマとされ、とくに「ミートバンク構想」を村おこしの柱とすることが決められた。

村おこしの起爆剤となった「ミートバンク」

翌昭和六〇（一九八五）年五月、当時はまだ食品の宅急便が少なかった時代に、会員を募って、村で生産する飯舘牛を中心に季節の野菜や山菜・山女魚などの特産品を年五回宅急便で届ける「ミートバンク」のシステムを創った。マスコミに報道されるやいなや、首都圏を中心に一五〇〇人を越す会員が集まり、「飯舘牛の村」「村おこしの先進地」として脚光をあびるほどとなった。発足から八年後には、飯舘牛の消費量は飛躍的に増大し、良質の牛肉生産地としての評価が確立した。それだけではなく、地銘柄（ブランド）の形成・牛肉以外の特産物の開発・都市との交流活動など、総合的な村づくりの起爆剤となった。ミートバンクの運営は、その後、農協に移管され、産業として定着していった。また、農協では農産物加工処理施設、部分肉センターをつ

飯舘村直営牧場（繁殖牛の預託放牧をする大火山団地）

くる、村では第三セクターによるレストランを経営するなど、活動の流れを一貫させることで消費拡大の体制をつくりだしてきた。

「村民の森　あいの沢」のにぎわい
――「牛肉フェスティバル」「いいたて山がっこう」

さらに翌年の昭和六一（一九八六）年八月、大火山（おおひやま）の「村民の森」は、二〇〇〇人の人たちで埋まり、牧草地を眺めながら飯舘牛の「バーベキュー・フェスティバル」がおこなわれた。このイベントの目的は飯舘特産の牛を広く東京圏の消費者にまで知ってもらうばかりではない。このイベントのために、農業関係者、商工業関係者、行政をはじめとする村の各層が「村おこし」のために協力しあった初めての事業だったところにある。祭りが集まった人たちにほんとうによろこんでもらい、かつ持続するためには、村民が共にいっしょに活動し、フェスティバルを実現するために、そこに人びと相互の協力のかたちが生まれて、それもまたよろこばしいものでなければならない。運営の形態は変わっても、飯舘牛で結びついた人びとの心と結びつきは、しっかりと受け取られ伝えられて、この事業はこれまで連綿と続けられてきた。全村避難に到る以前まではだ。避難によって、このフェスティバルも失われることとなった。

「いいたて山がっこう」は、「村民の森　あいの沢」でおこなわれるもう一つのイベント。夏休み、都市の子どもたちと村内の子どもたちが交流するサマースクールで、毎年五〇人ほどが参加してきた。農業体験、川遊び、天体観測、キャンプファイヤーなど、村の自然を生かしたカリキュラムを通して、都市と村内の子どもたちとの交流の輪がひろがっていった。ささやかに見えても、こういう毎年続けられてきた集いは、気がつくと重要な意味をもつ。それは、子どもの目を通して、飯舘の自然と人間の関わりが映し出され、われわれ村民の目にも、飯舘の景観が一つの世界としてくっきりと浮かびあがってくるからだ。

私の想いでいえば、飯舘とは、天に近いところにある緑豊かな美しい生活世界であり、そのようになってい く夢をみてきた。都会の子どもたちが、自分たちの暮らす都市から旅をしてきたとき、ここに一つの世界があるのを体験することは、単なる思い出づくりでは終わらない深い経験となるだろう。また、そのようにわが風土をつくっていくことが、「山がっこう」に参加した子どもたちを通した夢として育まれていく。そんなことを思いつづけてきた。だが、この夢も、もはや長い年月にわたり、失われるものとなった。

ソフトの時代、人材育成の時代

昭和六三（一九八八）年に、収入役だった前の村長（斉藤長見村長）が引き継ぎ、このあたりから、まさしくソフトの時代に入った。積極的に人材育成をして都市交流をはかり、宿泊や交流設備の整備や建設をした。牛肉の販売施設をつくったりブランド化していく方向に転換し、よその住民との交流をはかり、ボランティア交流で来る外国人や二〇代の中国の留学生をホームステイで受け入れた。

昭和六三（一九八八）年から平成元（一九八九）年まで、ふるさと創生事業として、各自治体に一億円が交付された。飯舘村は、この交付金をもって「農村楽園基金」をつくると議会で決定された。基金の使途については、一般村民からなる「村民企画会議」が設置され、そこで「人づくり」「地域づくり」「景観づくりとは」の答申にもとづき、平成二（一九九〇）年、「やまびこ運動事業（地域づくり交付金交付事業）」と「快適環境づくり条例」が制定された。

「やまびこ運動」は、村内の二〇行政区に一律一〇〇万円を交付したもので、温泉旅行と酒飲み以外は何にでも使ってよいとされた。各行政区はいくどもワークショップを重ね、それぞれの地区が抱える問題について住民が共通の意識をもつようになり、コミュニティ活動の意識が高まった。さらに、この運動は複数の行政区が共同で取り組む「やるきつながりプラン」（第五次総合振興計画）をも生み出すものとなった。

「快適環境づくり条例」は保存地区の指定と飯舘村快適環境づくり審議会の設置を二つの大きな柱としたもので、ゴルフ場開発の二年間の凍結を生み出し、さらに平成五（一九九三）年には、全戸に配布したアンケートで六割以上の村民がゴルフ場開発に否定的意見を示したのを踏まえて、「ゴルフ場の大規模開発は行わない」との村の基本方針が決定された。

これは周辺市町村が大規模なゴルフ場建設を進めている中では、容易ではない判断であったといわなければならない。逆にいえば、到るところにゴルフ場が開発されるなかで、村民の意思にしたがって、村独自の景観を保全し、快適な環境を創造していく展望を拓こうとする大切な決定といえる。

海外研修事業「若妻の翼」

人材育成の第二弾の時期でしたが、その時、おもしろかったのは、「男はなかなか変わらない。まず女を変える、女が変われば男が変わる」と、だんだんそういう話になってきた。男は頑固で変わらない、と。男中心社会だから、嫁さんが一番下積みで、その嫁さんを引っ張りだすためにどうしたら良いかと、嫁さんを海外の研修に出す「若妻の翼」を飛ばすことにした。そのときに人材育成をどこでやるかということで、酪農をやっていた前の教育長の息子を引っ張りだし、公民館長に採用した。それが今の菅野典雄村長。前の村長（斉藤長見村長）はそういう人材育成をはかる意味では相当力を発揮した。

都会でなら、働き盛りの主婦が海外旅行をするのに、なんの障害も持たないかもしれない。しかし、当時、家庭の中心にある「嫁」が育児と農作業に負われる中で、二週間あまりも家を開け、海外旅行にでかけるなどは、ほとんど不可能だった。ふるさと創生資金を利用した海外研修事業「若妻の翼」は、二五歳～四〇歳の働き盛りの主婦を海外に送りだすという斬新な試みとしておこなわれた。

主婦が実際にこのツアーに参加したいと願っても、夫の親たちと暮らす大家族で、しかも皆が忙しい農繁期に、主婦のみが旅をするのは容易ではない。なかなか言い出せず、ぎりぎりになって家族を説得してでかける主婦たちが多かった。

第一回の「若妻の翼」に参加した女性たちは、自分たちが経験した思いを綴った報告文集『天翔けた19妻の田舎もん』を自費出版し、大きな反響を呼びおこした。これに続く第二回の主婦たちは自主ビデオを製作、第三回の主婦たちは『夢旅行記』という本とビデオを制作、第四・五回の主婦たちもオリジナルアルバム・スライドの制作、報告書の制作をおこなっている。

ドイツの農村にホームステイした彼女たちは、日本の大家族の暮らしぶりとはおよそ異なる主婦のありかたに感銘を受け、女性の生きがいについて、目を開くこととなり、さまざまな活動をおこなうようになる。三代の家族が共に暮らす家がほとんどである中で、これまでの家族内の主婦の位置とは異なる家族文化の新しいあ

初夢ひろう会
―新春ホラ吹き大会―　報告集

編集・発行　夢創塾　62.4.25

いま"村づくり"が話題です。そんなとき、あらためて自分たちのくらしや、地域のことを自由に考え、忙しさの中にもゆとりある楽しいライフスタイルを探っていこう　ということで、村内の若者が集まって昨年10月、「夢創塾」をスタートさせました。
毎月第二水曜日の夜は例会。村内のあちこちから集まるメンバーは、爆笑につつまれてする「シモ」の話題から、眉間にしわ寄せての御影石のようなかたい話までを料理して食べています。
正月には、恒例の新春村民のつどいにそれぞれの夢を披露し合おうということになり、主催者がわの賛同を得「初夢拾う会―新春ホラ吹き大会」を開きました。メンバー以外からも参加者を募り、二の足を踏みながらも持ち時間3分で、奇創天外な夢から熱い思い入れなどを発表しました。
遅ればせながら、当日ご来場できなかった方々にもこの夢をおすそわけしようと、報告集をまとめました。さて、お口に合いますかどうか　まずは召し上がって下さい。

村のシンボルに御影石のピラミッド
赤石沢　正信
飯舘村特産の白御影石を使って、村のシンボルとなるような建造物を造りたい。
例えば、底辺の一辺が100 m、高さが50mのピラミッドの場合、1個1立方mの石を1万個程、村内外の賛同者に3万円で買って会員になってもらう。それに数百年も残る彫刻をして積み上げる。年1回程、ピラミッド祭等を開催し、会員と村民の交流と親睦を深め、飯舘村の活性化とふるさと化を計りたい。

村の人材は豊富だ未来は明るい
北原　康子
……子供相手の学習塾をや……ますが……に富んだ人間が一杯です。なかには、中畑や原にも負けないような、未来のスポーツマンがおりますし、芸能人、将来の村長もおりますのでご安心下さい。
この子供たちがいれば、村の将来は大丈夫です。

夢のスペシャル堆肥でエイズを治す
高橋　日出夫
有機農業を始めて5年目になります。生協との契約栽培もやっていますが、消費者は、安全で安心して食べられる野菜を求めています。そこで私は、不治の病にとりつかれた人を治せる、万病に効く有機野菜を作りたい。オトギリ草や松葉等を入れた夢のスペシャル堆肥を開発。この堆肥で作ったかぼちゃを食べれば、今話題のエイズも、たちどころに治ります。

右：「夢創塾だより」初夢ひろう会―新春ホラ吹き大会　報告集
左：『天翔けた19妻の田舎もん』表紙

りようが求められるようになった。主婦たちが呼び起こした風は、これまでの習慣にとらわれない村の展開を引き起こす大きな土台となった。なにげないように見える海外研修事業が大きな反響を呼び、家族のありようにまで変化を呼び起こすようになったことを、村民は目の当たりにしたのである。

女性ばかりではない。自分の目で世界を見てこいと、職員の海外派遣も毎年予算化し海外に派遣し、私も第一号でドイツに研修旅行に行った。村と農協が負担し、農業後継者をどんどん海外に出した。夫のほうは農協が主体で経営者の海外研修を、妻のほうは公民館が海外に送り、人材育成を図った。

あわせて、いろんな委員会に女性を起用し、公の場で女性の力を引き出した。飯舘の女性は口も利くけれどもが、それだけの経験も積んでいる。その当時の人たちが、今、五〇代、六〇代になっている。その人たちをいかに活用するかは大きな課題で、そのためにはいろいろな仕掛けをつくった。何ができるか自分たちでプランニングし、自ら実行していく、そのためにはお金を出す。それが花いっぱい運動や福祉の仕事となり、暮らしの質を変えていった。

海外に研修に行って、ゼラニウムがベランダに下がっているのを見て、みんな目が輝く。自分たちの生活や文化にはないものを自分たちがどうしたら実現できるか、それだけでも大きな発想転換になる。そのあとで何がきたか。「うちの嫁は口を利きすぎる」と。間にはさまれるのは夫。でもそれはしばしの間で、彼女たちのことがマスコミに取り上げられることで、その人たちの行動が誇りになる。ほめられることで、家族も悪いことではないんだと意識が転換されていく。社会の意識もどんどん変わっていき、確実にその人たちが次の時代を担っていくようになった。

糸長浩司先生グループの村政への貢献

村民が自分の暮らしをみつめ、村民自身が村のありようを考え立ち上げていくためには、どういう集まりと議論の組みたてをしていったらよいか。そのためのワークショップを、誰かの力を借りて、新しい情報を取り入れつつやろうと思っていた時に、青木志郎さんという日大工学部の建築家（農村計画論）が、山形県の飯豊町のむらづくりをはじめていたので、村でもお願いしたいと、日大に訪ねていった。平成四（一九九二）年のこと。青木先生は社会工学という新しい分野で都市と農村のプランニングをしていた。この先生に二年くらい関わってもらい、その後、糸長浩司先生（日本大学生物資源科学部生物環境工学研究室主宰）に、もう二〇年くらい飯舘村の計画に携わってもらうようになった。その仲間の小澤祥司さん（環境ジャーナリスト）、浦上健司さん（日本大学資源科学部研究員）など、いろいろな方が来てくれた。当時は、ほとんどの市町村がコンサル会社を入れていて、大学を入れるという発想は珍しかった。先生たちは学生も連れてきて、そこからたくさんのことを学んだ。それによって村民の意識も変わっていった。

青木志郎先生との出会いから、糸長浩司先生、小澤祥司さん、浦上健司さんたちが飯舘村に来られた。そして、この方たちとの結びつきは、福島第一原発事故によって、さらに大きく深い結びつきをえることにもなった。事故直後、糸長浩司先生たちは村の担当者とメールのやりとりをしていて、村長が、村の汚染状況の実態を村民にしらせない動きを知り、「飯舘村後方支援チーム」をつくり、三月の末には、放射能被曝の専門家である今中哲二先生（京都大学原子炉実験所）たちが飯舘村に入ってくださった。自動車に測定器を載せて全村を周り、各地点で土壌採集などもされて、村の汚染の全貌が浮かびあがってきた。村に起こった本当のことを知るには、村民だけではわからないこともある。事態に対処するには、村民がその事実を外部の手助けをえて知って、立ち向かわなくてはならない。糸長先生たちと今中先生たちのグループがこの時、村民が対処すべき事態に対する重要な核となってくださったのである。

この支援のかたちは、現在さらに「飯舘放射能エコロジー研究会」として組織され、大勢の専門家により、飯舘村から阿武隈山系全体の生態系にわたる放射能汚染とその生態系への影響を調査・研究する集まりとなっている。

とりわけ、今中先生を中心とするグループは、「飯舘村初期被曝評価プロジェクト」を立ち上げてくださった。事故直後に米軍機が飯舘村上空を飛んで測定した汚染図を元に、全村の各家々ごとに汚染の数値を割り出し、さらに各戸住民の事故直後からの行動の聞き取り調査（一八二一人）を通じて、村民の初期被曝の実態を導きだすという、気の遠くなるような作業をおこなってくださった。その調査・研究により、福島県がおこなった県民健康管理調査（飯舘村民三二〇二人）の報告に比して、実態はその二倍にも達する放射能外部被曝を受けたことが明らかとなった（一八八〜一九一頁の今中哲二氏の講演スライド画像を参照）。事故直後から汚染の実態を隠し、全村避難を遅らせてきた「無用の被曝」の実態があきらかにされたのである。

飯舘村は、このように原発事故直後の危機に対処できる支援のつながりをもつくりだしていた。それは同時に、普段に、外部の協力をえて、村民みずからが考え、行動できる手立てを築きあげていく力を養うものともなっていた。実際に、ワークショップやプランニングをずっとやってきているので、村民が自分たちでプランを立てることができる。道路整備も、側溝の清掃や雑草の除去などはみんなでやり、そのかわりそれにかかる経費の一部は行政が出すようにし、職員、特に若い人を人材育成のためにコミュニティ（行政区）に張りつけ、村を築きあげる力がどこにあるかをそれぞれが確認しあってきたのだ。

にもかかわらず、原発事故後の村政は、この力の結集を破壊する方向に動いた。村民が築いてきたコミュニティが分断されてしまったのだ。

一九八〇年代〜九〇年代はじめにいたる時期は、「飯舘牛」のブランド化、特産野菜の市場化といった新たな農産・畜産の基盤がつくられたこと、村のセンター地区ができあがったことなどに加えて、村づくりの基盤となる行政区での住民自治のガバナンスと地域コミュニティの活動が高まったこと、村民みずからが村の環境・景観を保全し創りだしていくようになったこと、若妻の翼にみるような新たな人づくりの気運が高まったこと、などにみられるように、ハードからソフトに到る「村の胎動」を実感できる時期であった。さらに、次の時代には、飯舘の文化風土を高めるような諸活動が生まれてくる、その諸活動の芽が吹きはじめた時期であった。

飯舘村の村づくりは、このように第三次総合振興計画によって大きな変革を遂げ、これを土台として第四次、第五次の総合振興計画が立てられ、村民自治の原則のもとで、ハードとソフトの両面で豊かさを拓いていった。飯舘村は、何よりも村民が自分たちの手でつくりあげてきた村だ。その村づくりの努力が集大成に入ってきた。ようやく、戦後の開拓の苦しみの中から、現代社会の中での生活世界を築きあげてきた。「までぇ」という言葉であらわせるような文化を深め、高めていく段階に入っていた。

平成二三（二〇一一）年三月一一日の東日本大震災とこれによって引き起こされた福島第一原子力発電所の過酷事故は、これらの積み上げられた村づくりの遺産の全てを破壊した。東日本大震災が原子力過酷事故の大きな要因であったとはいえ、他の原子力発電所（福島第二原子力発電所、東海第二原子力発電所、女川原子力発電所の三つは、一つの電源が確保されたため、原子炉のメルトダウンに到らなかった）がこの巨大地震にかろうじて耐えたことを踏まえるだけでも、福島第一原子力発電所の過酷事故が、安全神話の下で幾つもの対処を怠ってきたことは明らかであり、人為的な過酷事故の発生である。

そして、この過酷事故に伴う放射性物質の放出により発生したプルーム（放射能雲）は、南東からの風に乗り、わが飯舘の地に膨大な放射性物質を舞い散らした。原子力発電所から三〇～四〇㎞を超える位置にある飯舘村が、原子力発電所近傍の地域を別とすれば、浪江町津島地区とともに、最も深刻な放射能汚染を蒙り、かつ深刻な汚染の真相を知らされないままに、過大な被曝を蒙ったのである。

歴史の総体と生活の破壊

この深刻な放射能汚染によって、われわれは何を失ったのか。私は、飯舘村の歴史を近世からはじめたが、近世から今日まで、とりわけ、私の親の世代からの経験でいえば、きわめて貧しかった戦後開拓の時期から、ようやく豊かさを享受できるようになった改革期、さらには今日まで積み上げてきた歴史の全てが破壊されたのだ。これらの歴史の総体は、この土地の歴史に含まれるとともに、飯舘村民の心のうちに積み上げられてきたものであり、われわれが積み上げてきた心の歴史と、村の実在としてある自然・風土・景観の全てを破壊され、失ったのだ。われわれは、この全てを告発するとともに、われわれの村とともにあった生活価値に対する賠償を求める。

五. 創造されてきた村の自然・風土・景観
――積みあげられた記憶

一個の個体は、全生物史と全人類史の系譜を個体発生のうちに包みこんでいるのだと、先に記した。この系譜なしには、われわれは現在の心身をもちえていない。この事実を飯舘村に生まれ育った私たちの実感にまで広げていうなら、この村の歴史とともに、この村の風土・景観もまた、私たちのこころの景色として与えられたものだ。それだけでなく、この自然・風土・景観は、そのままの自然であるはずはなく、私たちが手を加え、私たちの生活を培い、そこで心を開いて生きる大切な糧となってきた活動の場である。村の自然・風土・景観は、それなしには済ませられない生活価値として、私たちの心のうちに生きられてきたものである。

飯舘村の農家の多くは、山を背に負い、そのふところに、「いぐね（居久根）」で囲まれた屋敷地がある。「いぐね」と呼ばれる屋敷林は、そのまま背後の持ち山の山林に続いている。持ち山はかつては薪、炭を仕出す源であり、樹木ではなら（楢）が多く二〇～二五年で伐採するから、それほど鬱蒼《うっそう》とはしていない。中には家を建て直す用材として一〇〇年以上も前に植えられた山林をもつ家もある。

畦道での山菜摘み、山に入ればきのこ類の宝庫だった。飯舘の村民は、一年間の半分は山の恵みで生きてきた。蕨《わらび》に蕗《ふき》に薇《ぜんまい》、タラの芽などの木の芽、秋はきのこ（茸）、それが塩蔵されて年間にわたって食べてい

持山を背に負い「いぐね」（居久根）に囲まれた屋敷地と、前方にひろがる田畑地。その独立不羈の構えをもつ「山の天地」が放射能に包まれた。2012年4月1日撮影

た。それができなくなった。ミネラルがすごく豊富なものばかりを食べ、都会では味わえない生活をしていた。お土産にしてもよろこばれる。都会にだって、同じものが店に出ているかもしれない。でも、それは買われたものにすぎず、自分の手で確かに採ったものではない。この違いがわからなければ、その人の暮らしは大切な感性を失ってしまったのだ。自然の恵みをみずからの手で享受できなくなったことが、私には一番悲しい。私らの子ども時代は粗食だった。けれども、丈夫に育つことができた。それは自然のさまざまな恵みを受け取ってきたからではないか。単なるでんぷん（澱粉質）だけじゃない、たんぱく（蛋白質）だけじゃない、そういういろんな栄養素が、人間の体を正常に保っている部分がある。だから、私らは花粉症なんてならない。

　ドイツの名物きのこ料理は、日本でもよく知られている。ドイツからさらに東欧、そしてウクライナ、ベラルーシにいたる森林地帯の農村では、きのこ類は採ってきて漬けこみ、冬場をしのぐ大切な食物だ。チェルノブイリ原発周辺の村落も同じだった。きのこや山菜類は自

然のまるごとの贈与であり、これを食べていれば、自前の暮らしの大きな糧となった。このため、チェルノブイリ原発事故後、放射能汚染がひどいとわかっていても、食べ続ける大勢の人たちがいた。放射性物質の体内被曝でからだの不具合があちこちに生じても、まだきのこの漬物を食べている農家の人々が映像に映されていた。

飯舘村民も、山や畦道を散策して自然の恵みを楽しみながら、きのこ、山菜類を採り、暮らしの大きな糧としてきたのだ。そのきのこ類が事故後五年を経てなお、ひどい汚染に曝されている。放射能汚染の広がりは、福島から那須高原を経て、関東にまで及び、栃木から群馬の神無川の谷を抜けて長野県、山梨県、埼玉県にまたがる奥秩父山塊を襲った。さらに、秩父山塊から風に戻されて埼玉県の狭山丘陵に汚染をもたらした。狭山茶の汚染はこれによる。一方、福島第一原発から東南の海上に流れた放射能雲は、茨城県南部から千葉県北部にまたがる常総地方を襲い、さらに東京を通過して、神奈川県北部、静岡県にまで達した。この放射能雲によって、神奈川県北部の椎茸栽培が台無しとなり、同地から静岡県にいたる茶畑も被害を受けた。きのこ類では、ごく最近、今まで知られなかった山形県のきのこ類が汚染されているのが発見された。樹上に積もった放射性物質が、地表に落ち、今になってきのこ類に汚染が広がったからだという。まして、高汚染地帯となった飯舘村の山の恵みを歓ぶ日々は、もはや遠く過去の中に沈んでしまった。

屋敷地には、家畜小屋をふくめ、一軒で五、六棟にもおよぶ家屋を構えている。下の傾斜地は畑で、畑地の間の私道（じょうぐち＊）を下ると村道があり、その先に水田が広がっている。村道から屋敷を見上げながら視線をまわりに移すと、一帯はすべてこの家の土地で、隣家は見えない。隣家に到るには、村道が折れた先、山尾根が村道に迫るあたりを曲がらないと現れない。曲がってみると、同じように一軒の農家が山を背に幾つもの棟を構えて立っている。どの家も、おのが占める風光を見下ろすかのようなたたずまいをつくっている。

甲府盆地を車で疾駆すると、甲府城のあった信玄神社あたりから、盆地一帯を見渡すような眺望が広がっているのに気づく。なるほどこの盆地は甲斐一国というにふさわしいと実感されるだろう。盆地の傾斜の向こうにはなだらかな黒駒の丘陵地が連なり、その向こうに富士の霊峰が壮麗な姿をあらわしている。飯舘の農家のたたずまいは、これよりはるかに小さい眺望にすぎないが、一軒一軒が「舘《たて》」とか「屋形《やかた》」をなし、眼下の風光を睥睨するかのようだ。訪れる人の何人もがこの風光の印象を驚きつつ語ってくれたことがある。まさしく、飯舘の農家は、一個の「舘《たて》」をもち、悠々と風光を見据える舘主《たてぬし》だったのだ。

この風光を見据えてきた者は、独立不羈の心をもって営みを据えてきた。きびしい風土がもたらす孤絶の感覚は、ふだんの暮らしににじんでいるが、同時に、村人が共に出会う祭礼や寄合は、かけがいのない触れあいの場でもあった。牛肉フェスティバルは客人を迎えて、飯舘ブランドを味わってもらうばかりではない。フェスティバルは、村の祭礼の伝統とともに、村民にとっては、みなで村のかたちをつくっていく実感を享受できる場所であった。孤独な山国の感情あればこそ、切々としたうれしさがこみあげてくる祭りなのだ。ふと耳を傾けると、あの時、その時の人びとの喚声が聴こえてくる。

いま仮住まいする福島市街では、もはや漆黒の夜空をみるのはむずかしくなった。それでも晴れた日に、天の川の光輝く帯が闇空に流れるのを時に見ることがある。そういう時は、飯舘山中郷が、いかに天に近いところ

＊「じょうぐち」という言葉は、飯舘村深谷の市澤秀耕氏は「錠口」としているが、「じょう」は沖縄では「門」をあらわし、家からみて門の右側から入って家裏手の戸口を「うじょうぐち」という。折口信夫は沖縄でこの言葉を知って驚いた。宮中の寝殿裏手の戸口を「うじょうぐち」と呼んでいたからだ。折口はそこから、神が来訪して女人の寝る居間に入る戸口が「うじょうぐち」だと考えた。「じょう」は鹿児島県鬼界島では「門前の道」をいい、伊豆大島では「浜のじょう」という言葉のように、「道」を指す。「じょうぐち」という言葉は、これらから海を通じて伝わった南方系の古語と推測できそうだが、断定はできない。佐渡あたりでは、山に向かう道を「じょう」といい、これによって山の区画がつくられていたという。ここでの「じょう」の意味は、都市の条路の区画や条里制にいう「条」をおもわせる。いずれにせよ、古代的な意味あいをもつ言葉であろう。

ろだったかをふかぶかと感ずることがある。この天に近いところで、私らは家族を営み、日々の影を負いながら、暮らしてきた。そして、この山国にも、都市の人たちがたくさん訪れるようになり、喚声はいっそうのふくらみを帯びていた。

子どもの頃、寒夜の凍てつく夜を過ぎて、朝日が小屋に差しこむと、やわらかい暖かさがからだを包みはじめる。森の影になったところと日の射したところとが、時をすぎてちりちりとまぶしく移ろうのを見つめていたとき、何か大きな光が自分に差しこんでいるのを感じた。その時、孤独と喚声がまざりあったふしぎな想念がからだを吹きぬけるのを受け取った。この体感を伴った想念は、村を出て行こうという意志を断念したときから、いつか、ここは天に近い大地だったのだという夢の根になった。飯舘こそは、わが実在の「国土《くにつち》」であり、天に近い夢の土地である。

都会から夫とともに飯舘に移住した一人の女性が「みずから耕して生きること」に幸せを求めて農耕にいそしんできたが、夫が病に倒れて亡くなった。その直後、放射能汚染が空を覆った。彼女はその時、雨にまじって付着した放射性物質からじかに叩きこまれるガンマ線の熱を受けてヒリヒリする頬を手でぬぐい、人が自然を壊したからこそ、自然は放射性物質を降らせて、原古の自然を守ったのだと直観した。いくら放射性物質が降り積もろうと、自然は変わらず、季節がくれば花々を咲かせる。人間の悪にまみれることもない自然がそこにある、と。彼女はたとえ被曝しようとも、亡くなった夫のいる家のそばで暮らしたいと思い、いったんは避難したが、ふたたび飯舘の家にもどったという。なんという美しい「錯誤」の想念だろうか。この「錯誤」が告発すべきは、自然は恐れるに足りないとした、原発事業者の心のうちに巣食っているものだ。

人がどんなに驕《おご》ろうと、自然そのものを破壊することはできない。多量の放射能を突如浴びて、土は放射能を帯び、草木も獣も放射能をおびて、たとえ異伝子変異をおこそうとも、それは自然の変移の範囲内のことにすぎない。けれども、自然をおもうままにできるとおもうのはまちがいだ。自然はそれ自体の運動によって、人に大災害をもたらしもする。しかし、長い時間をかけて人とのあいだに創りだされてきた自然との結びつきの様態を超えるような過ちを犯せば、自然は歯を剥き出す。

相双地方の荒涼とした海崖の台地に、まだ実験炉段階にすぎなかったような炉体（マークI型）の沸騰水型原子炉を、あろうことか、高さ三〇〜三五mの台地を二〇mも削平して、一〜四号機は規準海面からたった一〇mの高さに据えられた。三陸沖から宮城沖、福島沖にまで連なって太平洋プレートが落ちこむ地震帯にM九・〇の巨大地震が起こったとき、高さ一五・五mにも達する津波が押しよせ、配電盤等は海水をかぶり、外部電源は送電鉄柱の倒壊によって喪失した。海側よりの地下室に二基の緊急電源用モーターを並べて据えたため、たちまちに浸水して緊急の内部電源もまた失われた。原子炉は制御を失って暴走し、メルトダウンを起こした。その事実さえ、しばらくの間は伏せられた。

大切な外部電源となるべき送電線網の鉄柱群が、なぎ倒しに合って使い物にならなかったのは、原子力発電所ばかりではなかった。東北電力原町火力発電所でも同様の事故が起こって、しばらくは鉄柱がなぎ倒されたままであったことでもわかる。鉄骨内部を空洞化した近年の鉄柱は、そこに水がたまって凍ると亀裂が入りやすい。また、基礎を十分に深く据えなくとも鉄柱間に張られた送電線相互の張力で鉄柱は倒れないと考えられていたが、一つ倒れればそれにひきずられて鉄柱は次々に倒れる。この工法にも大きな過ちがあったのである。

飯舘の自然は、中世以前はさておき、近世以来、繰り替えされてきた冷害と飢饉のなかで、人間の暮らしに適合するように自然を造り替えて成ったものだ。一つの山谷《やまたに》のあいだに一つの舘があるような姿は、自然を造りかえてきた飯舘の人びとの営みそのものである。溜池灌漑の景観もそうだ。どこの地域でも受け入れてきたゴルフ場の大規模開発は、村民の決断によって避けられた。どういう風光がふさわしいかを考えながら築かれた飯舘の自然の風光は、飯舘村民自身による景観の創造であり、そこに生きて暮らしてきた者だけが保持してきた価値だ。だが、われわれが費やしてきた努力は一瞬にして破壊された。われわれの築いてきたものの全てが音を立てて崩れた。「生活の破壊」とは、この価値の破壊を指している。それは何物にも代替できない価値であり、それを「全部捨てろ」というに等しいものだった。おまえたちは、われわれのいのちの根拠としてきたものを「全部捨てよ」というのか。そんなことができるはずはない。

全村避難を隠蔽によって遅らせた菅野典雄村長に対して、「村長は、村を自分の作品と思っているのか」という村民の批判がでた。だからこそ、彼はひどい放射能汚染を隠蔽しようとした。作品が壊れるのを見たくなかったのかな、と。まちがいは、彼が、村を自分だけの作品だと考えてきたことにある。こういう時、彼は、村長としてではなく、あくまで村民の一人としての自分からスタートすること、村民一人一人の地平に身を置くことでしか真実が保証されないことを知るべきだったと思う。一人一人の個体の中にある村の歴史こそがかけがいのないものだ。もちろん、その中に私という個体の歴史もふくまれている。

私は以下に、私という個体の歴史、とりわけ、わが生涯の四つの危機を記すことで、一人の村民の危機、その集まりとしての村の危機とは何かについてあきらかにしたいとおもう。

六．わが生涯の四つの危機

一番目の危機（五歳の時）——誤って眼にバネがあたってしまった

個人、個体の危機の経験は、日常ふだんには引き出されることはないが、からだの奥深くではいつも確かな傷みとして生きている。そして、これらの個体の危機にいかに対処したかのなかに、自分の運命の決まり方さえもが深く眠っているようだ。また、そこでいかに対処して生きたかは、個体の「存在」にとってたいせつな価値と意味をもっている。

私が飯舘の外にはじめて出たのは、五歳の時。眼に怪我をして、親に連れられて、はじめて福島の町に出た。鼠取りを触っていたら、突然にバネがはずれ飛んで、眼に当たって傷ついてしまった。当時、佐須から福島にでるには、佐須峠を歩いて越え、相馬─福島間を結ぶ一一五号線の霊山下のバス停（行合道）に出なくてはならなかった。バスに乗るのに五キロの山道を上がり下りする。毎日通うのに、親に手を引かれて、子どもの足で一時間一五分ぐらいかかっただろうか。眼の痛みに耐えてひたすらに歩いたのを覚えている。霊山下でバスに乗ってはじめて福島の町を見た。福島医大で治療をしてもらった。何日通ったか、幸いに手術までには至らなかった。眼帯をしていたのを覚えている。はじめて大きな建物の中で、眼の治療をしてもらい、大きな町を見た。その頃、食べてみたいと思っていたバナナを一本買ってもらい、はじめて食べた。記憶ではたったそれだけのことだが、個体に起こった怪我の治療のため、自分の暮らす村の外まで、とぼとぼとした路を通り別の世界まで行かなければならなかった。この経験は、後になってみれば、とても貴重なものだったに違いない。視力は助けられたが、これが私にとっての最初の危機。

当時、バナナという果物を絵本で知ってはいたが、食べたことはなかった。バナナだけではない。みかんも食べたことがなかった。みかんを食べたのは、学校に入ってから。学校の冬休みで正月元旦に学校でみかんを二個ずつもらった。それが、みかんを食べられる唯一の機会。家に持ち帰ってきょうだいで食べる。バナナは海外のものだし、西の地方のみかんも当時は入ってこなかった。鉄道貨物がだんだんに入ってきて、すこしずつ自動車の社会になり、小学校の高学年の頃、家では、行商でみかんを木箱で買えるようになった。買いに行くのはむずかしかったので、木の箱で一貫目、子どもにとってはとても大きな箱だったが、大して入ってはいなかった。値段はとても高く、中学校になってもみかんは貴重で、なかなか食べられなかった。

身近な果物といえば、山の木の実。栗とかあけび（木通、通草）とか、苺と木苺、桑の実にカワハジカミ（茱）。そういう色々なものはあったけれど、みかんはなかった。だから、みかんは特別。バナナは最も特別。遠いところからやってくる格別な食べ物。台湾バナナは小さいけれど、とてもうまかった。現在、バナナほど価値が下がって、あまりうまいとは思わなくなった果物は他にはない。量産の卵も、値段は上がらないけれど、まずくなった。

二番目の危機（高校二年生の時）――居眠り運転の大学生にはねられ、意識不明に

二度目の危機は、私の運命を根底から変えた。相馬高校二年の最後の日に、遊び帰りの東京の大学生が居眠り運転をして背後からその車にはねられた。最初に担ぎこまれたのは、相馬市の柏村病院、頭を打っていたので一四日間意識不明だった。目が覚めても朦朧としていた。目が覚めたら一五日目だった。周りの人は見たことがある人だけど、名前が分からない。同級生にも来てもらったけれど、名前が分からない。見たことはある。記憶にはある。名前は分からない。家には電報で危篤と知らされた。優秀な外科医がいたのだとおもう。そこに一か月いて、なんとか持ちこたえた。

それから仙台の東北大医学部病院に一週間入院して頭部に貯留している血液を除去する手術をした。鎖骨が骨折していたので、動けるようになってから切開して繋ぎ直し、頸椎と腰椎をやられていたので治療した。仙台から戻ってきて動けるようになったら、本や写真を見る。記憶のほうも、だんだんに思い出してきた。けれども、まだ十分ではない。三か月過ぎて学校に行ったけれど、方程式も何もぜんぜん分からない。言葉だけは

分かる。文字も漢字は思い出せない、書けない。数学は分からないし歴史も分からない。交通事故が高校二年の最後の日だったから、三年の一学期は、少し学校に行っただけ。検査でわかったことが一つ、私の腰椎は六本あった。生まれつきのものらしいけれど、「菅野さん、腰椎が六本（普通は五本）あるぞ」と言われた。どうも、そういう人がいるらしい。目玉が三つあったりしたら困るけれど、そういうこともある。

ようやく生還したが、高校二年の最後の日の事故で入院していたので、大学進学という大切な時に、授業を受けられなくなってしまった。このままでは高校を卒業することもできない。そのとき、私だけでなく、新地町の村山くんという同級生が私の事故の一か月くらいあとに自転車で飛ばされて骨折、同じように入院していた。遅れてしまった授業をとりもどすために、夏休み、先生は、職員室で私たち二人にマンツーマンで授業をしてくれた。今は、こんなことは、もう考えられないかもしれない。二学期の期末テストで大丈夫で、三学期の期末テストでも大丈夫だった。赤点はなかった。それで、ようやく高校を卒業できた。ある程度の知識はあるわけだから、掛け算や九九はすぐ戻った。漢字も本を読んだり新聞を読んだりで戻った。人の名前も思い出せない。見たことはあるけれど、会った人は「分かるな」と思っているけれど。「何だ俺のこと忘れたのか」と言われて。もう一回やり直せばいいと。

しかし、「大学試験は、受けても駄目だ」と先生に言われ、進学はあきらめた。自分で考え方を転換させるしかない。家に戻らざるを得ないのを自分で覚悟した。大学には行けなかったんだから、あとは家に戻るしかない。戻って家で農業でもやって暮らすかと開き直って、家に帰った。あとは、自分で学習し直す。記憶を戻す努力しかない。それで、もう一回、中学二年生ぐらいから読み直して、やり直した。中学校の教科書ってすごい。中学校は基本です。中学校の教科書を読み直して勉強していたら、歴史も社会科も全部だんだん思い出してきた。それで高校の教科書も一年からやり直した。中学校の本から高校の本から全部やり直して一年間かけたら、記憶はようやく戻ってきた。学習をぜんぶ自分でやり直した。

記憶を取り戻すために自分でおこなった学習の仕直しから、私は、一つの、大きな知恵に気づいた。それは、普段に積み上げてきた学習経験の大きさが、本人がおもっているよりも、はるかに大きく、無意識の力になって働いているということだ。普段に人がおこなっている行為や感受や思索は、そのひとつひとつが無意識の膨大の力で支えられている。私の記憶障害は、このことをはじめて私自身に伝えてくれるものだったのである。そうして、この喪失した記憶を蘇えらすためには、手順を追って学習を最初からやり直し、このことを繰り返すしかない。私は、中学二年生ぐらいから教科書を読み直し、やり直したことで、中学校の教科書のすごさに改めて気づいた。この「すごい」という発見は、学習の仕直しをすることなしにはありえなかった。それと同じように、われわれが遭遇した郷土の破壊、放射能で人工的に破壊された世界を復元するというのは、この土地に培われてきた膨大な無意識となった、蓄えられた遺産を発掘し復元する、気の遠くなるような努力を必要とする。このことを以後の論述のために確保しておきたい。

昭和 42 年、高校卒業後、霊山に友と登る

自動車の居眠り運転をしていた大学生は、中央大学の法科の四年生。金華山、女川まで遊びに行った帰りだった。あの頃、中央大学に入って、自家用車を運転できたのは、金持ちの子弟。高校を卒業したあと、一回だけその大学生と会った。会ったからと言って、仕方ないことだったけれど、会いたいというので会って、示談をした。彼には母親と妹の二人がいて、父親はいなかった。
あの時の私の気持は、正確に書き留めておかなければなまう。

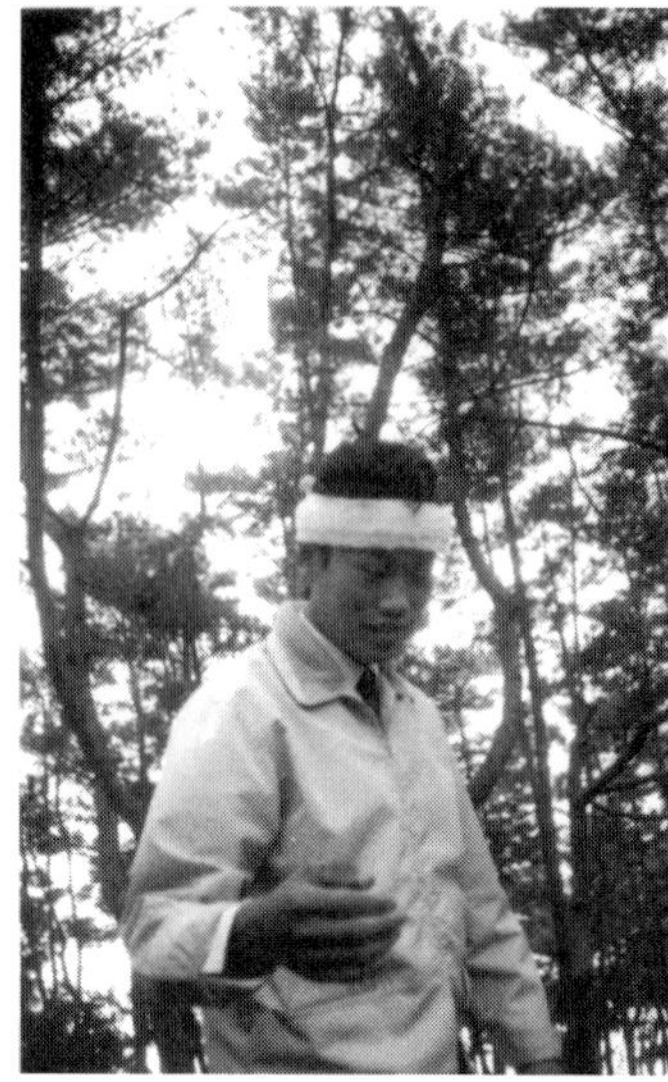
昭和 42 年、相馬高校 3 年生

らない。彼はその時、自分の不行き届きを母親とともに謝罪した。私は、治療費その他の費用だけを示談で決めた。そうすることで、その人と縁を切った。いつまでも私のことを引きずっていたら、この人は生きられなくなる。だから、縁を切った。縁を切るためにも、はっきりと示談を進めた。責めたところで、私が元に戻るわけではない。向こうは忘れられないかもしれないが、それを引きずって、いつまでも責任を負わせていたら、彼の人生を駄目にしてしまう。

私は幸いにも生き延びることができたのだから、彼の生きる道を閉ざすことはしたくなかった。だから、縁を切った。あの時、意識不明のまま、私が死んでしまったら、彼はどうなったか。それはわからないし、私の親は彼に何を求めたかもわからない。しかし、私が死んでしまい、向こうの世界からみつめているとすれば、その人自身が生きなおす道を自分で探すことを願っている、そう無言のままに語りかけ見つめるしかなかったであろう。その人は、いまどこにいるのか。引き起こしてしまった過ちをいかに背負い、どう生きる道を選んだのか。それから後は、他者を深く傷つけることなく、よき人生を得たであろうか。もはや縁を切ったのだから、そういう見計りを考えることには何の意味もないが、ふと、そう想うことがある。少なくとも、あのとき以上に深く、他者へむけた配慮をするようになってくれていたなら、私にとっては、それだけで嬉しい。

高校二年の春に起こった自動車事故は、その後の人生の選択に決定的な打撃を与えた。居眠り運転をした大学生にとってではなく、私にとって、だ。私は、東北大学に行きたくて相馬高校に行った。相馬高校から東北大学へと向かう歩みの全てを断念させられた。大学生は、その後の私の運命を大きく変えてしまった。この代償の大きさを彼に「理解してくれ」といっても、開拓村で育った境遇のきびしさをわかるはずもない。私も、その大学生と同じく大学に進学し、ふつうにいえば、そこからさらに広い世界に羽ばたこうとしていたのだ。その思いの全てを断念させられた。この断念と加害者である大学生との縁を切ったこととは、いま思えば大切な意味がある。「縁を切る」という打ち返しの対処によって、「自分の思いを断念する」という自分への打ち返し方の対処を確保したのかもしれない。打ち返しあう思いだけが、互いの生き直す情念をつくったであろうから。たぶんこれが、私にとって、個人が個人に向き合う一つの決着の仕方なのだ。

原発過酷事故が引き起こした事態は、一個人の過失とは全く異なる。一つの企業団体が政府の政策的支援をバックに危険な装置の中身を隠蔽しつづけ、安全神話を作り上げてきた。このために過酷事故が起こり、膨大な放射能が撒き散らされた。われわれはすべての生活を破壊されたにもかかわらず、東京電力は明確な謝罪さえおこなわない。また、生活を再建するに十分な賠償をおこなわない現在の事態を認めるわけにはいかない。私たちは、この酷薄な措置に対して「無縁」として切離すことはできない。この過酷事故によって、一個人のみか十数万人の人生と人々が暮らす土地を破壊し、さらに数十万人、数百万人の人々に危険と不安を及ぼした。東京電力は、きちんとした謝罪とその生活再建のための十全な賠償と、過酷事故が生じたことについての徹底した検証をおこなうことが、不可欠の責務である。それが為されないなら、そのような団体が存続することは許されない。謝罪と賠償、過酷事故を引き起こした過失の徹底した究明への努力なしには、消滅を期すほかないであろう。

第二の危機が「地元で生きる決意」を促した

私は、子どもの時から、学校を出たら佐須に戻って農業をやるという考え方を持たなかった。草野中学から相馬高校に行ったとき、もう、うちには戻らないつもりで、高校に行った。私は長男だったから、親の世話はしなければならない。けれども、ここでは生きていけない。開拓農村の暮らしは、それほど厳しいと感じていた。佐須の開拓農村で暮らしていく人生はないと考えていた。戦後の食糧難の時代だからこそ、親はやむを得ず開拓して来たのだろうが、親は親。私は、ここでは生きて行けない。私は私の時代を自分で生きていかなければならない。ここから脱して、ともかくも自分の歩みを創りたかった。佐須の小学校分校から、中学生で草野に通い、相馬高校に入り、叔母のところに世話になり、海岸の大きな町の、まるで違う世界をみた。

開拓農村の世界はこの広い世界にくらべて、きびしく、さびしく、貧しいものに映ったのだ。だが、思いもかけない自動車事故によって、郷里に帰ることを余儀なくされた。意識不明から回復して長い病院生活をするあいだ、現《うつつ》にも夢にも、自分はどうしたらよいかを考え続けた。大学に進学するための勉強をするには間に合わない。卒業できたとしても、浪人する余裕は家にはない。広い世界に出ていくのは諦め、うちに戻って父親が作った開拓農家の、小さく閉じたように見える世界を引き継ぐほかはない。

これは高校生だった一人の若者が精一杯に感じ、考えたことだ。あとで思えば、この時、広い世界と思ったものは別様に見えたかもしれない。しかし、その時には、自分の人生が開かれて、広がっていく思いを断念するほかなかった。私は高校時代の重傷の事故で人生の選択について断念を強いられた。飯舘村の農家の子弟の多くは、長男は、中学か高校卒業で親の元で働くか、村で就職するか、いずれかであり、長男以外の子どもたちは中学か高校卒業で都会に働きに出る者が多かった。長男で大学に進学し、他所の土地で就職した人たちも、親の求めに応じて、村に戻る人もいた。そのときには、一度、外の空気を吸っているから、自分の世界への認識もかなり違っていたかもしれない。私には、そんな思いの余幅はなかった。「佐須に帰ったら何をすべきか」を病床のなかでひたすら考えた。「農業をやるしかない、やるとしたらどうやるか」、と。

卒業して佐須の家に帰り、すぐに実行した。まず、家の前に溜池をつくった。相馬、飯舘では、絶対に溜池が必要だ。だから、溜池を造って、池では鯉や鮒を育てた。自家用に鯉を釣って食べた。鮒をとって食べた。そこから水を引いて、段々の水田をこれまでよりずっと大きくして効率化し、一枚一〇アール、一・一ヘクタールの水田を耕作した。村で構造改善事業がはじまったのは昭和四二年、私らのようなところは、飛び地だから、やれる場所じゃない。しかし、作業効率をよくするために、構造改善しなければならない。だから、自分でやってしまった。飛び地の人は、みんな自分で相当にやった。昭和四五年には政府による米の生産調整がはじまる。その頃にはすでに米余りがはじまっていた。水田だけでなく、同時に、畑も二・五ヘクタールを一団地に開墾して高原野菜を栽培した。加工用大根、たくあん大根など。

そうやって、田畑のかたちは整えていったけれど、それだけでは食っていけない。そこで当時、まだ始まったばかりの椎茸栽培技術を身につけ、村に導入しようとした。冬期の二か月間、群馬県桐生の椎茸菌の種駒をつくっている森産業の菌茸栽培研究所に研修に行った。それを終了すると、茨城県林業事務所から研究所に「指導に来てくれ」と依頼があったというので、そのまま茨城に行った。説明をするスライドを持っていって、説明してまわった。しかし、研修は学科だけだったから、自分でも実習するために、茨城県久慈郡大子町の隣の里美村（現、常陸太田市里美。福島県の矢祭町、塙町に接する）に行き、そこで実技を習得した。里美村の人たちは実際にやっていたから、そこでは私は学生。原木の切り出しから、植菌をやって寝かせて、それから、山に伏せ込むまでを全て実習して四月に飯舘に戻った。当時、森林組合はパルプ材が駄目で、椎茸の原木を売っているだけでも駄目。自分たちで椎茸栽培をやろうという時期だった。そこで、昭和四三（一九六八）年四月、一九歳で飯舘村森林組合の職員に採用され、椎茸栽培指導と出荷販売業務を担当。手が足りないから、木の伐採から運搬まで全部やった。その時に、自動車の大型免許だけでなく、クレーン車などの大型特殊免許も取得した。大木をワイヤーで結束して吊り上げるには、どうしたらバランスをくずさずに出来るかなどを全て習得した。その時の習得は今も役立っている。

そうやって一年ほど森林組合で働いていたとき、飯舘村役場が職員を募集しているのを知って応募し、二一歳で、こんどは役場の職員になり、農業委員会に配属された。森林組合より給料が良かったからだが、高卒ですぐ役場の職員になった人より、二年遅れで入ったので、その人よりは低かった。それ以降、定年までずっと村の職員として働いてきた。

昭和 40 年代、村の職員研修会、公民館にて

昭和四五年一一月、草野宮内の大久保文子と結婚。昭和五二（一九七七）年一二月、二九歳のとき、役場の仕事と両立させるのはむずかしく、農業をやめ、農地は本家に貸すことにして、父がつくった佐須の家から、飯舘村草野字大師堂の妻の実家の土地を譲り受けて新たな家を新築して転居した。翌五三年四月からは総務課総務係に配属され、村政全体にいっそう関わりをもつようになる。

一般に、家から離れた場所に新田をつくったとき、当初は通って耕作していたのが、のちに新田の近くに居を構えたような村のことを居造《いづくり》といったりする。佐須山木の開拓農地はまさしく国有林払下地に居造したような構えだったが、農業から役場職員へという仕事の転換によって、とうとう佐須から出ることになった。佐須の中心で暮らしていた本家は、わが家の開拓地を預かって田畑と採草地とし、なんとか農牧業を続けた。

三番目の危機（三八歳の時）――鼻腔の悪性腫瘍

昭和六一（一九八六）年、三八歳で総務課税務係にいたとき、鼻腔に悪性腫瘍ができた。最初、鼻水が出るので南相馬の耳鼻科に行ったが、そこで見つけてもらえなかった。歯が痛くなって、飯舘の歯医者さんで痛み止めをもらっていたけれど、一週間も二週間も飲んでいたら効かなくなって、娘が歯の矯正するためにかかっていた川俣町の大内歯医者に行って、自分も診てもらった。「先生、私も歯が痛いんだ」。「じゃ、座って。診てみるか」。虫歯は一本もなかったから、虫歯ではないし、「どれぇ、レントゲン撮っか」。レントゲン撮ったら、「ああ、菅野さん、歯は悪ぐない。鼻悪いから、医大に行け」って。新潟大学医学部出身の歯医者さんだったけれど、福島医大の特任講師をやっていた。「医大行ったほうがいい」「耳鼻科に行って、手術しなさい」って、歯医者さんに見つけてもらった。医大の耳鼻科に行ったら、たまたま部長回診、いわゆる教授の回診だった。いきなり怒られた。「こんなになって！」。「原町の耳鼻科に通ってたんですけど」「でも、歯医者さんに言われて来たんだ」って言ったら、「ああ、すばらしい歯医者さんだ。歯を抜いたらもう、だめだったな」と。「歯を抜いたら全身に回って、もうだめだ。そういうもんだ」。血液に入ったら、終わりだ。「歯を抜かれなかったから、助かった」。でも、中期だといわれた。「助からないかなあ」と思ったが、死にたくなかった。いちばん上が娘で、真ん中が男の子、三人目は娘。下の娘は三歳と一か月の幼子。死ぬわけにはいかない。この子どもたちを置いては死ねないと思った。

最初の手術は医大耳鼻科の医師が悪性腫瘍をとり、上顎の手術は歯科の医師がやった。耳鼻科と歯科の先生が、顕微鏡で見ながら、一緒に手術してくれた。最初、一回手術して放射線で治療して、再手術をして終わって退院。最初の入院は三か月。放射線治療のせいで、気持ちが悪くて、何も食べられない。すこしずつ食べられるようになって退院した。あの頃は病院がいっぱいで、ちょっと良くなって歩けるようになると、もう退院させられた。家に帰っても、それから三か月休んだので、六か月。自宅から一日おきに通院。そのほうが大変、入院したほうが楽だった。六か月休んで、職場復帰した。

それをやったあと、内側の腫瘍部をとってしまったから、頬が窪んでしまった。そこに骨を埋めるという「形成」の手術は東京の警察病院にしてもらった。警察病院の形成手術も一か月ぐらいずつ四年かけた。年ごとに安定してから、またやり直すというやり方で、計七年かかった。福島医大は、私の治療をしたために、その後、警察病院に研修医を派遣して、形成の技術を身につけ、福島医大に形成外科ができた。

それとは別に、福島医大には毎週一回は通院しつづけなくてはならない。この通院治療は、それからずっと、今も週一回は通院している。放射線をかけて、全部潰して、移植しているから、鼻腔に浄化作用がない。今も、口から鼻腔に通ずる通路が開いていて、消毒をしてもらっている。行かないと熱を持ってきて、炎症を起こす場合もある。ヨーロッパに行った時に二週間、治療を受けなかったけれど、それが限度。左上顎は全部、義歯。上に粘膜がなくて、歯の神経がモロに出ている。消毒を毎週やっていて、義歯を外したらフガフガ、話せない。外して洗浄している時に話しかけられても答えられない。

鼻腔にできた悪性腫瘍は、中年になった私のいのちを奪い去るかもしれない危機だった。五歳の時の眼の怪我は自分で起こしてしまった身体の危機、幸いに軽症だったけれど、福島の病院でなければ直せなかった。そのためにはじめて都会を見た。高校二年の最後の日に受けた自動車事故の傷害は、大学生の居眠り運転という他者の不始末によるものだったが、意識不明のままに死の間近かまで行き、いのちを取りとめた。相馬の優れた医師と東北大医学部病院の適切な治療が助けてくれたのだ。この傷害は大学生による致命的な過ちだったが、私はいのちを取りとめて生還したのだから、示談と「縁を断つ」ことで、その人が生き直す道をふさごうとはしなかった。その打ち返しによって、私は求めていた広い世界への行路を断った。断念せざるをえなかった。

私はこの断念で、村で生きる暮らしをひろげ、そこでの世界を築こうとしていた。ようやく村の職員として働き、妻を娶り、義父の所有する草野の地所を求めて自分の家を新築し、両親を引き取り、三人の子に恵まれたところで、私の築いてきた道を塞ぐ危険が、身体の異変となってあらわれた。この病いは自分の不始末ではないし、他者の不始末のせいでもない。虫歯一つない口腔のすぐそばの鼻腔に起こった致命的な異変だった。幸いなことに、川俣町の歯医者さんがこの異変に気づいてくれた。中期の悪性腫瘍でかろうじて助かったが、ここでも川俣町の歯科医と県立医大、警察病院の医師の優れた治療で生還できた。自分では対処できない身体の異変、死にまでいたる危険を救ってくれたのは、専門のお医者さんの技術と配慮のある手助けであった。

自分ではどうにもならない対処というものがあるのだ。と同時に、どんな治療にも耐えて、生き続けようとする自身の力がなかったら、この事態に対処できなかっただろう。医師の指示を信じて自分の力に換えていくのも、事態に耐えることで私が育ててきた心の力量であろう。そこでは、私という個体に他者の優しい力が与えられ、与えられた治療を受け取る力をもって、はじめて治癒の可能性が生まれる。

個体の力は、私一人のものではありえない。悪性腫瘍の危機を乗り越えることで、私は、私を襲うこととなった危害に対処しながら、みずからにも、人にも、優しさを失わずに生きる力量を握りしめたのだ。

もう一つ、この危機から得たものがあった。それは放射能のもつ威力と危険性についてだった。悪性腫瘍の根を絶つには、手術でおもな腫瘍を除去できたとしても、腫瘍の一部を取り残してしまう可能性もあった。この取り残しの可能性を狭めるために放射線治療をおこなった。局所とはいえ何百ミリベクレルにも達する放射線が鼻腔の細胞に浴びせられた。健常な細胞をふくめて、鼻腔の細胞を壊死させた。その副作用は極度の気分

昭和51年、佐須での一日。右・長女の和加、負ぶっているのは長男・栄貴

昭和45年11月、大久保文子と結婚

昭和45年11月、山津見神社社前にて、結婚記念撮影

昭和 50 年 3 月 22 日、大洗海岸にて、妻・長女と

昭和 53 年 1 月、草野に新築した家でのはじめての正月。長女と長男

昭和 52 年 4 月、妻の実家にて、長女・和加の入園式の日、妻と長男・栄貴と

昭和 62 年 3 月、草野の自宅、和加がカメラを買ってはじめて写す

昭和 59 年 5 月、草野・妻の実家の田で長男・栄貴、はじめての田植え

草野の自宅と放射能汚染土をびっしりつめこんだフレコンバッグの風景、2015 年 3 月撮影

草野地区の鎮守・綿津見神社、2015 年 3 月撮影

昭和 61 年 4 月、福島医大入院 1 回目の鼻腔手術後、次女・佳那と

昭和 61 年 7 月、福島医大退院後、福島・山田デパート前、一家 5 人と

の悪さ、食欲不振、免疫低下をもたらした。痛められた鼻腔は、浄化作用を失い、今なお週一度の消毒のための通院を必要としている。鼻腔の免疫秩序が壊されてしまったのだ。

平成一七（二〇〇五）年、住民課長となった私は、クリアセンター（生活ゴミ焼却場）の管理運営にも携わった。ゴミ焼却炉から発生するダイオキシンの危険性、使い捨てライターやカセットのガスボンベなどの残留高圧ガスの爆発に耐えられるような強度を炉《かま》そのものにつけておかなくてはならない。清掃員も危険にさらされるから、機械・設備がもつ危険性への知識と配慮がとても重要なことを思い知らされた。

許容基準を超える放射性物質をもつゴミはもちろん燃やせない。かねて原子力発電炉がもつ危険性が言われてきた。当時、原子力産業の脆弱性、いったん放たれてしまった放射能汚染は地域に惨劇をもたらすことについても、自身が放射線治療を経験したことと、焼却炉管理という職務体験から学んできた。

放射線治療にも多様な展開があり、大きな副作用を伴いつつ、その向上がはかられている。しかし、その使用は完全に制御管理されていなければならず、完全に制御された放射能が治療に役立つことはいうまでもない。しかし、制御管理が徹底できていない装置が原子力発電炉である。それは、使用済燃料の制御管理にまで及ぶ。一貫した制御管理が整わないままに、原子力平和利用が安全だとする神話の名のもとにスタートしてしまった。それが実験炉に毛の生えた程度のマークI型炉の導入であり、敷設から運転・保安管理までの全てをジェネラル・エレクトリック（GM）に委ねてきた。東京電力には原子力発電の全てを統御する能力がなかったのだ。たえず欠陥が指摘されつつ運転されてきた。福島第一原子力発電所は、チェルノブイリ原発事故と同じように過酷事故を起こす可能性がある。だが、起こることはあっても、自分の生きているあいだには無いだろう、と安易に考えてしまった。「もしかしたら、ある日、起こってしまうかもしれない」と、心の内のどこかでは思っていた。

昭和55年（1980）年11月24日、長男5歳の七五三参り、佐須、虎捕神社祭礼

昭和62年4月28日、草野地区の鎮守・綿津見神社祭礼、自宅庭で

昭和63年12月27日に中学の同窓が集まって宝舟をつくり、翌年の正月2日に草野の集落を回ったのち、宝舟を流す。数え42歳の男の厄年におこなう

昭和64年1月4日、菅野家の厄流し宝舟、友人、隣組の人との祝宴。東北地方に広がる「鹿島流し」の信仰習俗の一つであろう

三・一一の巨大地震が起こったとき、「もしかしたら」という底深い危惧が喉元まで突きあがった。そしてまさしく、過酷事故がおこったのだ。原発反対運動にかかわってきた自分の意志はまちがっていなかったと改めて思い起こしている。

飯舘村職員を定年退職（六〇歳の時）——ふたたび佐須山木の農地を再開発

平成二一（二〇〇九）年三月、六〇歳で、飯舘村職員を定年退職した。飯舘村の職員として果たすべき公務から解かれて、大きな解放感を得た。私は、一人の農民に戻ったのだ。そして、預けていた佐須の開拓農地の改造にふたたび手をつけた。本家に預けていた間の当初は草地に使われていた。その草地も七年前くらいから使われなくなっていた。自分で再開発するしかない。荒廃した土地をもう一度再生させなくてはならない。

農地は、東側の尾根と西側の尾根の間に挟まれた傾斜地、および西側の尾根のさらに西側の傾斜地に畑一・五ヘクタールをつくり、その下に道路が走り、道路下の真野川沿いに一・一ヘクタールの水田が広がっている。父は西側尾根の東側の真下に、最初の小屋をつくった。当時はまだ尾根が家の背を守る役割をもっていたが、今はその必要がない。この尾根を均してしまえば、さらに大きく広々とした畑地が得られる。このために西側の尾根を削平した。

そして、東側の尾根が上部の林でふさがるいちばん高い場所の畑地に、大分県から銀杏《ぎんなん》の苗木二三〇本を導入して植栽した。さらにそこから下の畑に、高原大根、白菜、にんじん（人参）、にんにく、玉ねぎ、長芋、食用菊、ねぎ（葱）、大豆等、数十種類の作物を栽培。さらに、畑の東側を流れる小さな水路を挟んだ土地に作業小屋兼加工食品の開発、研究をおこなう建物を立て、日本大学生物資源科学部など、数大学の調査研究に協力支援活動を行う場所とした。

阿武隈山中の標高四三〇～四四〇メートルの畑地に最適な高原野菜と加工の実験場をみずからつくり、飯舘村での農業の可能性を徹底して追究してみたいと思った。何がいちばん適切かを突きとめるために個人としてできること、初期投資を三〇〇万円くらいかけた。堆肥だけでも五〇万円くらい入れた。もちろん、尾根をつぶし、畑を整地する作業は、ブルドーザーとバックホーを借り自分で運転しておこなった。

高原野菜で、一番に作ったのが、にんにく（大蒜）とにんじん（人参）。最初の年、にんにくは三万本、にんじん六〇〇〇本をつくった。かねて村の牛肉との関係で「GINZA KOSO」と引き合いがあり、村の野菜を使ってくれることになった。箱根駅伝二〇〇回大会の弁当を一回に二〇〇〇食つくるという、量も半端じゃない。駅伝の弁当には私のにんじんを使うことになった。ところが、そのつもりで作ったものではなかったから、一回使っただけで足りなくなってしまった。平成二三年からは年間を通して出そうという計画で、「GINZA KOSO」も、ずうっと使ってくれるという。そこで、次の年は私のところでも年間分をつくろうということで、六〇アール、六反歩に作付けする計画を立てた。タキイの種屋さんから一缶一万円近くする種を二缶買い、肥料も用意。納入先も決まり、せっかく軌道に乗ってきた矢先、原発事故が起きて、全て台無しになってしまった。

銀杏の苗木を植えたのは、にんじん（人参）の生産とはまったくちがう。銀杏が実って採れるようになるには、一〇年以上かかる。これは私の世代ではなく、息子の世代になって豊かな収穫がえられる。植えた銀杏の樹は、育ったらすごい林になる。一本一万円にしたって二三〇万円、一本一〇万円の収穫があったら二三〇〇万円になる。今は馬鹿なことやっているように見えるかもしれないが、実りはじめたら大したものになる。自分が、力のあるうちに、次の世代に引き継がれるように、つくっていこうと思ってやった。

「ばっかだぁ、だあれがそれをやんだって」笑われた。「誰もやらなかったら、ここさ、住んでる人たちで、やったらいいんじゃないの？」って。「それでもいいのお？」。「いいよ。息子がやらないっつんだら、みんなで採ってえ、それを売ったらいいんでないの」つったら、「ああ、おまえは、そう言うことまで考えてんのか」。なぜかっ

大字佐須字山木、国による除染後の菅野家農地。役場退職後は「百姓」に戻り、最適な高原野菜と加工の実験場により飯舘村での農業の可能性の追究をめざしたのだが。2015 年 3 月撮影

作業小屋兼加工食品の開発、研究をおこなう建物を立て、日本大学生物資源科学部など、数大学の調査研究に協力支援活動を行う場所とした。2015 年 3 月撮影

て、あたしはあそこに住んでて、飛び出して行ったわけ。別なとこに、飛び出したわけですよ。だけど、交際は、親の代からの交際、死んだ生きたの、結婚式だ、お葬式だのって。それは、欠かせないわけです。親の代からのものだから、私の代までは。やっぱりお付き合いしてるわけです。

と、「哲、なあ、おぉめえ、あぁれえ、だれがぁやんだ?」って言う話になる。「おれ、息子が来てやれればいいけど。おれは期待してんだ」って。「やんねかったら、だれやんだ? 息子来ねえったら、どうすんだ、われぇ?」。「ほぉん時は、だれかいる人でやったらいんじゃねえの?」。「ああ、ほぉんか。んじゃ、わぁかったあ。ほういう考えか。んじゃあ、引き受けっから」。

これが、地域に溶けこむ技術。ひとつの技術。「ああ、ほうか。じゃ、任せっかんなあ」、「そんときは任せっからやれよお」って。私は、そういう社会のつくり方をしてきた。そうすれば私は、そこに行けば、すんなり、そこの人につながる。これは難しい話じゃない。難しくない、すぐつながるもの。人と人のコミュニケーションの中のひとつのポイント、それだけ。「木、植えんだけど、誰か手伝ってくんねえか?」って、五八アール、一二五〇本の檜《ひのき》を植える。「いいよお」って、三時間ぐらいで植えてしまう。そんなもの。投げておいて受けとめてもらえればいい。でもそれを強要したらだめ。人を動かすには、その気になってもらわなきゃだめ。

七．四番目の危機（六二歳の時）——放射能汚染による全村避難

退職後に心を尽くしてつくりあげた佐須の元の開拓農地は、これからという時に放射能汚染により台無しにされてしまった。この農地はいま、全て表土を剥ぎ取られ、その上に白っぽい山砂が敷きつめられている。てっぺんにある銀杏の苗樹だけは残り、あとの野菜類の緑色の野はどこにも見えない。除染作業の後である。

道路下の水田の除染は畑の除染の翌年（平成二六年）に済んだが、水路と溜池は除染されないまま、周囲の山の樹林と表土は今後とも除染されることはない。だれ一人いない山間の空地の白い山砂が、目に見えない放射線の空虚を写しだしているようだ。しかもなお、銀杏の苗樹は確実に伸び上がろうとしている。植えてあと五、六年経てば、銀杏の樹叢は緑を湛え、やがて、実をつけるだろう。硬い殻に包まれたその実は、ただちに食べられるものとなるのかどうか。

放射能雲に乗って撒き散らされた放射性物質が土地の自然にもたらした汚染は、住居地周辺と田畑の除染だけで、膨大な費用をかけて行われている。しかも、この事業は全て大手の土木業者が一次受注し、二次、三次、四次と下請けにおろされ、その度に一定の利益を天引かれていくから、末端で実際の作業をおこなう作業員の手に入る賃金はわずかに過ぎない。いったい、全費用のうち末端の作業員に入る賃金総額がどの程度の比率となるかは明らかにしておくべきだろう。膨大な費用の相当部分が元請の大手業者の手に入る。

それほどの経費をかけても、山林の除染はおこなわれず、飯舘村民にとって大切な山菜類の採集、山林でおこなう事業には手がつけられない。全村にわたる放射能汚染の状況が、除染によってどのようになるか。若者が戻ってくるのか、などを入念に踏まえれば、むしろ短期的な除染事業を断念して、長期的な村の復興を期して、避難地での飯舘村民の生活再建のために十全の賠償と政府による支援がなされるべきだと私は考えてきた。

犯された自然、土壌は時間をかけて待つしかない。待てないのは避難した住民の生活再建である。佐須の農地を銀杏の苗木を植えた時の気持のように、じっくりと待つこと、待つあいだにするべきことはした上で、じっくりと構える。その土地が甦った成果は息子の世代が受け取ればいい。息子が引き継がないのならば、この土地を引き受けた誰かが継げばよい。そうすることで、飯舘の山の大地は新たな世代のうちに、私らが考えてきた以上の思いもかけない豊かで美しい風土、景観のうちに甦るだろう。

私の世代はもはや飯舘の地に戻れないかもしれない。できることは、飯舘に近い土地で暮らせる場所を確保し、私のような農民はそこに農地をえて暮らす仕方で、ともかくも生活再建に向けて動きだすことだ。それには、東京電力と政府に全面的な責任がある放射能汚染に対する謝罪と賠償の完全な遂行を求めるとともに、それによって生活再建の費用を勝ち得なければならない。そのための活動と合わせて、私は妻と母親のためにも、農家暮らしの豊かさを保てるような地所と家の建築をはじめた。

二〇一一年の七月、空間線量が低い福島市荒井の土地を、地主に頼んで二〇アールを無償で貸してもらい、検査機関に土壌検査も依頼。木を切り、荒れ地を開墾して畑をつくり、種苗代も含めて五〇万円を出し、大根五〇〇〇本と白菜八〇〇個を育て、仮設住宅にいる飯舘の人たちを畑づくりに誘うようにした。一年後には畑は五倍の広さになり、村の人たちで賑わう共同農場となった。私の日々は、毎朝四時に起きて、まっすぐに荒井の農場に来て、作物の様子をみながら、水をやり、肥料をやり、雑草をぬき、午前一〇時くらいまでそこで過す。さらに、そこで収穫したものを仮設住宅の人たちに届けたりする。それから、村民の相続相談や土地の確保相談、賠償問題への取り組みをはじめ、しなければならない幾つもの仕事に取り組む。

この共同農場の計画を最初にやったのは、相馬市で引き受けてくれた仮設住宅の傍の農場。私は、村を退職後、相馬藩の建て直し仕法をおこなった二宮尊徳の精神を受け継ぐ相馬の報徳会の飯舘支部の役員となった。そのネットワークで、小田原の報徳会の人たちが、相馬の共同農場の資材を出してくれた。そして、東京のNPO法人「エコロジー・アーキスケープ」から一〇〇万円の支援を受けて作業小屋を建てた。百姓が仮設住宅に閉じこもって何もせずにいては、心が萎えていくばかりだ。いままで朝夕となく田畑に出て、作物を見守ってきた百姓は、そばに農園がなければやっていけない。そこに出て汗を流してほしい。そう思ってはじめた。

つぎが福島市荒井地区。荒井地区は吾妻山系の麓で、すこし西の谷合に入れば、土湯温泉がある。福島第

2011 年 7 月、空間線量が低い福島市荒井の土地を 20 アールを無償で貸してもらい、荒れ地を開墾して畑をつくり村の人たちで賑わう共同農場をつくる。2015 年 3 月撮影

新井の共同農園にて。長男栄貴の長女・真旺［まひろ］と長男・藍人［あいと］。2013年8月

一原発から北西に向かう気流に乗って流れた膨大な放射性セシウム、放射性ヨウ素等の放射性物質を抱えた放射能雲が、国道一一四号線沿いに福島市上空に入り、南向台から渡利地区の住宅街を襲った。さらに市中心部の信夫山に降りかかり、その山を越えた市街地に下り、北西に流れたところで、蔵王山系からくる北の気流に押し戻されて、南方向に折り返した。ところがそこでも吾妻山系から吹き降ろす気流に押され、放射能雲は阿武隈川沿いに南向し、二本松市、須賀川市、郡山市を襲い、さらに那須から日光山系、赤城山へと流れた。福島市荒井地区は吾妻山系の気流が幸いして、市内でも線量の低い地域となった。私はこの地区に共同農場をひとまず作り、さらに希望する人たちの小規模なかたちでよいから、避難者の農住コミュニティを創りたいと構想をつづけてきたが、これを実現できるような場所の確保が簡単には行かなかった。しかし、かなりの避難者が荒井地区周辺に土地を求めて生活再建の道をたどりつつある。

私も、共同農場での作業のかたわら、宅地と農地に適切な土地を捜し求め、ようやく土地だけは確保できた。所有者が高齢で耕作放棄した土地だが、近くの造園業者がたくさんの庭石をおいていたので、これを引き払ってもらい、まず整地からはじめた。道路よりも敷地がすこし下がっているので、ダンプトラック二百台分の埋土をもらってきて下ろしてもらい、あとは自分で均してしまった。ここでも森林組合時代にしこんだ大型運転免許と特殊大型運転免許が役に立つ。家は二〇一六年（平成二八）三月、ようやく完成した。本屋は平屋建て。倉庫は二階を設け、集会所にも使えるような部屋仕立てとし、さらに敷地内にも小屋を設え、「いいたて匠塾」の拠点とする計画だ。

私らは、私らだけでどうにでもなるから、「息子には仙台に家を建てなさい」と、建てさせた。私らは私らで、どうにでもなる。でも、佐須の土地はなくならない。一〇年後、二〇年後、三〇年後かもしれないけれど、それは次の世代のこと。私はそういうふうに思っている。そうしないと、前に進めない。いつまでもこだわっていたら、自分が重圧に押し潰され、さらに家族分断になって、ほんとうにノイローゼになる。そうじゃないようにしなければならない。

まさしく、われわれは、そうしないと、前に進めない。人生は待たない。一年一年過ぎて、一日一日過ぎていく。人生は止まらない。自分の人生を無駄にしている、仮設で人生を無駄にしている。そんな無駄な人生を何のために生きてきたんだ。今までの培ってきたものを、全て砕かれたのはくやしいが、でも自分の人生はまた一から、ここからやり直して積み重ねていく。その時、村の行政は、村民が生きる道を支援する施策をはっきりと用意すべきであった。だが、いまの村は、そんなことは少しも考えていない。

避難した村民の多くは、すでに、みずからの生活拠点となる家を福島市などに建築し、新たな生活設計に取り組んでいる。ただし、いま、避難した人たちは、どんどん高齢化している。高齢者だけの世帯にとっては、暮らしはますますきびしいものになっている。これから二年の間に、特別養護老人ホームをつくって、そこに職場をつくって、そこで働ける人をつくり、待機の人たちをまず入れる。今は待ってる、待機してるわけだから。さらに、そこに雇用の場をつくって、安定して働ける。働くことによって生活が安定する。そのことによって家族がひとつになれるようにみんなで創っていく。

あるいは、二世帯住居のように、後ろと前でもいいから、若者は後ろ、親は前でもいいから。とりあえず同じようなラインで、できるだけ行政区、今までの隣組のラインで組み立てて住めるような状況をつくっていくべき。それが私らが言っている避難村。

全村避難してもはや八年が経った。村でも、比較的に線量の低い地域では、村に戻ることを選んだ人たちもいるが、村民の多くは福島市ほか周辺都市に家を建て、みずからの力で暮らしの拠点を定めるようになった。と同時に、高齢者世帯のように、ここにきて、暮らしそのものが限界に近づいている人たちが、はっきりと浮かびあがるようになった。全村避難八年後の今は、避難村民の生き死にを分ける切実な時間である。このことを、われわれは忘れてはならないだろう。

私にとっての四番目の危機とは、まさしく福島第一原発の過酷事故によって、飯舘村の全域が放射能に汚染され、全村避難に追いこまれた事態であった。この危機は、およそ、これまでのような個体の危機とは異なる。

八．個体の危機を引き起こした者への全面的な対処

これまで書き記したように、私にとっての危機はおおよそ四度あった。このうち、一番目だけが幼児だった頃の自分のいたずらに起因する危機。結果として大したものではなかったが、それ以後自分が周囲の事物を扱う際に用心する心構えをつくった。三番目の悪性腫瘍による危機の原因は解き得ない。先々の科学がいくらかの解決を見出すかもしれない。私という個体のもつ遺伝子的な欠陥に起因するかもしれないが、逆にこの欠陥が別の力を私に与えてきたかもしれない。ともかくも、この事態については対症療法以外にはありえず、当時

の最良の医師による対症療法によって助けられたと思っているし、いま「死ぬわけにはいかない」という生への意思が療法への対処を自分のものとし得たのだ。

二番目と四番目の危機が、他者に重大な過失のある危機だったが、二番目の危機は一個の大学生の運転過失による。意識不明の重体に陥ったが、幸いに良い医師の適切な治療で、生還できた。生還したことで、謝罪と治療に要した経費その他を示談で済ませた。そこで、大学生とは縁を切った。それ以上の負荷をかけてしまえば、その人はつぶれてしまうだろう、と思ったからだ。重傷を負わせた大学生と縁を切るという意思は、外の世界に出て行こうとしていた私自身の思いを断念する意思とどこかで結びついている、と先に記した。これは、意志の動力の問題だ。吐き出しえぬ思いを殺して、意思を内に向け換えたとき、私はこの土地で生き抜く力を獲得したのだ。あるいは、そのとき、その大学生が得たよりも、もっと深く、この土地での暮らしを掘り下げ、もっと大きく羽ばたく意志をもったといえるかもしれない。また、そのエネルギーによって、人に対処する大きな力を得ようとしたのかもしれない。

四番目の危機は、全く異なる。これまでの三つの危機は、私個人に襲ってきた危機だった。ただし、私個人を襲った危機をあえて掲げたのは、大なり小なり、このような危機が誰にも起こっているはずであり、その例証としてあげた。例証とはいえ、私にとっては、かけ替えのない例証であり、私という個体の大切な証跡である。けれども、四番目の危機は、私だけの例証ではありえない。

放射能汚染によって避難させられた全ての住民にとって、この生活破壊を引き起こした暴力には、明らかな原因者がいる。そして、この原因者、東電とこれを擁護する政府とは、縁を切ろうとしても切れない。向こうは厳然とその力を保持している。謝罪を拒否し、私たちへの生活破壊に対して、十全な賠償さえ果たそうとしない。私たちの何を殺してしまったかについて、正面から対峙して知ろうとはしない。

上：震災前息子家族の帰省時に自宅で。息子の左が母（2009 年 5 月 5 日）
下：震災前の元旦、自宅で（2008 年 1 月 1 日）

上：原発事故で全村避難の夏、旅館に家族全員が集まった時の記念撮影（2011 年 8 月 14 日）
下：避難後に福島の借上げ住宅での孫全員（2012 年 1 月）

ある政府関係者が、はしなくも「要するにお金でしょう」といった。この言い方のうちに、原因者である東電およびこれを後押ししてきた政府の事態、「なあなあに処理する」本心がよくあらわれている。「原子力損害の賠償に関する法律」にもとづく「原子力損害賠償紛争審査会」の賠償基準、およびこの基準にしたがった「原子力損害賠償紛争解決センター」による「和解の仲介」という土俵は、謝罪と賠償の本質を問わず、責任をお金に変換し、そのお金も被害の実態をきちんとは踏まえずに「和解」を求める場になろうとしている。

東京電力は、「原子力損害賠償紛争解決センター」という土俵に乗るのは仕方がないからで、本当には、自分に責任があるとは思っていない。「東日本大地震が引き起こした不可避な自然災害の要因が大きい」、「全ての責任が自分にあるとは思わない」、しかし、「賠償の土俵に乗らなければ、政府の支援を受けられない」。だから、「責任の受けとめと謝罪はしないが、賠償の土俵に乗って、当初に決められた賠償（補償）金だけは支払う」と決めこんでいる。賠償（補償）基準に記された条件規定、避難生活の実態に応じて基準を見直すという条項は無視されている。政府は政府で、原子力発電の再稼動のために、既定の処理基準を加速させて賠償問題を矮小化し、福島第一原発に伴う災害の実態、その規模を見えなくし、封じこんで済まそうとしている。これらの一連の政治的処理の動向は、被災者・避難者を難民にする切捨て政策であり、放射能汚染災害に加えて、縁を切ろうとしても、向こうから追いかけてくる悪性の縁《えにし》としか言いようがない。

そうであるなら、私たちは、昔の言葉でいえば、「大一揆」をもって立ち向かうほかない。粘り強い一揆の魂をもって立ち向かわなければ、われわれの生きる力は萎えてしまうだろう。われわれの生存を萎えさせるものを許すわけにはいかない。この怒りを内向してみずからの生きる力に据えるためにも、私たちの何が殺されたのかを、われわれは明示しなければならない。

開拓農地と転居の経緯をなぜ記したか

私という個体の危機とあわせて、生まれ育った佐須の開拓農地と転居の経緯を書き記した。これもまた、飯舘農民に共通する生き方の一つの例証たりえているとおもうからだ。

どこの農家もそうであるように、本家は次男以下に農地を譲り渡すほどの余裕をもたなかったから、次男であったわが父は外に働きに出て、自立する他なかった。一度は原町や福島市で働いたがうまく行かず、海軍に入って太平洋戦争で南方戦線に送られ、終戦時はニューギニアにいたが、そこから数人で舟に乗り、脱出した。どこで大型船に助けられたか知らないが、船を乗り継いでこの国に帰ってきた。本家を開いた同じく次男の祖父は、佐須にもどった父のために、ちょうど国有林の開拓地払い下げがあったのを機に、佐須の国有林の払い下げを受けさせた。父はここに小さな小屋を立て、山林を伐り拓いてわずかな農地をつくった。私は、この小屋で生まれた。

佐須の本集落に居を構えた「既農家」と、「開拓農家」とのあいだには軋轢があった。「開墾地」、「開墾」、「おまえら開墾」と、身格好が違うからいつも言われて育った。既農家は私らの家と較べたら、やはり裕福だった。山もあり木もあり、それを売ってお金に換えられる。基盤があっから、その人たちは裕福。でも開拓者にはなあんにもない。お金もないし、一からはじめなければならなかった。私らは、本家のいとこたちのお下がりを着ていたから、そういう姿からして格差があった。そういう環境のなかで、親父の年代は闘争心が強かった。負けられないという。開拓して何をするにも隣に負けられないという闘争心が強かった。その年代を生きてきた人の感情なり意識で、「同級生はみんな敵だ」と私に繰り返し言った。

私が子どもの時に受け取ったものは、父親の感情とは違っていた。どうして、そう思ったのか、はっきりとは説明できない。総本家とのつきあいはほとんどなかったが、佐須小学校分校の右手斜め向かいにあった本家、親父の実家の庭では、学校の帰りによく遊んでいた。庭にかわはじかみ（茱）の樹があって、そこに登ってはよく食べていた。かわはじかみとか桑の実とか、こういう果実は自分の家にはない、古い家にしかなかったから、「いただきます、ごちそうさま」で、おこられたときもあったけれど、「すみませーん、ごちそうさまー」で、子どもたち同士ではそれが当たり前。「山形組」と呼ばれた豊栄開拓団の子弟だった同級生もかなりいたし、子ども同士では差別感はなく遊んでいた。大人同士の影でのいがみ合いとはちがった。

中学を出て相馬の高校に行くとき、父親は「同級生はみんな敵だと思え」と強く言った。受験して高校に行き、大学に行く。大学からさらに社会に出ていく。それは競争社会であり、敵だという。この親父の考えに、いちばん反撥した。私らの年代としての人間関係の考え方は、たしかに競争相手なんだけれど、敵という考え方はなかった。親父は次男で、開拓農民として自立した暮らしをかろうじて築いたけれども、その過酷さは子ども心にも肌で感じていた。私は、そういう親父の考え方には反撥した。自分は長男だったけれど、この家を出て、親父と同じように外に出て、だけれども親父とは違った生き方で自立したかったのかもしれない。

高校二年の最後の日、自動車居眠り運転事故で重傷を負い、かろうじて生還したとき、親父が築いた佐須の貧しい家を引き継ぐ決意をした。その頃には、山村農業の構造も、親父の時代とは異なってきていた。村の大きな耕地では圃場整備事業が始められていた。佐須の開拓農地ではまだ国の事業は始まっていなかったが、開拓農地での農業の可能性を創りだすには、自力で圃場整備を立てるほかない。だから、これをやった。しかし、それだけでは先が見えなかった。椎茸栽培の技術を率先して習得し、家の農業は親父にまかせて、森林組合に就職した。さらに役場職員へと転身を計った。これらは全て、佐須で親父とともに生きていくために必死で模索した生き方だった。

妻の父の土地を譲り受けて家を草野に移したのは、役場職員としての仕事からえる収入が主体となり、父母が老いて佐須の農地での暮らしが役割を持たなくなってきたからであった。佐須よりもはるかに便利な草野での暮らしは、妻、子どもにとっても、また、老いた両親を扶養するにも、私の役場生活にも条件が良くて、快適なものだった。こうして佐須の開拓農地は、本家の酪農の草地として預けた。草野からみれば、ずっと小さな山村である佐須集落からさらに離れた奥地の農地は、結局、当時の山村経済構造のなかでは、まだ十分な力とはなりえなかったことを示している。

六〇歳で定年退職したとき、再び農民としての自分に立ち返った。放置されてきた親父の開拓農地を甦らせたかった。時は熟していた。山奥の農地であっても、最適の高原野菜をいくつか見つけだし、これをバランスよく生産すれば、大都市の食文化と生活に直結する農業を創りだすことができる。圃場の整備、農業の機械化、自動車社会の成熟によって、山奥の農地であっても、最適種の野菜、新鮮で栄養豊かな高原野菜を提供して生きられる可能性が、この時、はじめて現実のものとなった。

私は、このために山尾根の一つをくずし、一望できる広い畑地を創りだした。この眺望は親父が山の陰に切り拓いた小さな小屋と田畑の景観とは、およそ異なるものとなった。飯舘村は川俣町から峠を上っても、南相馬から峠を上っても、天に近い高原の山国の美しさをもつが、佐須の開拓農地はさらにその奥に拓かれた美しい大地へと成り替わろうとしていた。農地のてっぺんに苗木を植えた銀杏は、やがて大叢林となり、倅の世代にはそのみごとな姿をあらわすだろう。もし、倅がこの土地を生かせなければ、地域の人々がその成果を受け取ればいい。わが家郷の大地での、人々とともに生きる夢は、福島第一原発の過酷事故による放射能汚染によって、打ち砕かれた。その夢ははるか先に見送られた。

ここに記したように、一つの村の風土、景観は、そこに暮らす住民によって絶えず創り変えられ、その営みによって築きあげられたものだ。そうして、この風土、景観は次の世代の人たちが、前代の人の営みを引き継ぎ、また新たに創造されるものでもある。

除染土を詰めこんだフレコンバッグが田畑を埋めつくしていた　2014 年 7 月 17 日撮影

そして、この創造でもっとも大切な要件は、地域の自然がもつ基底の構造に手をつけないこと、自然とのあいだに適切な均衡を保つことにある。それを超えた自然への傲慢さは、人の営みに逆襲し、これを破壊することになる。

第二編の二　飯舘村民救済申立団「申立の趣旨」

九．未曾有の原子力災害は、われわれの何を殺したのか

未曾有の原子力発電所災害は、われわれの何を殺したのか。私を含む飯舘村民の半数三〇〇〇余名の参加によって組織された「一揆」、飯舘村民救済申立団が求める個別の申立および共通の申立が掲げる謝罪、賠償要求の中に、その全てが含まれている。「原子力損害賠償紛争解決センター」に対する申立の趣旨は、下記の六項目にまとめられた。

●和解の仲介を求める事項（申立の趣旨）

（第一項）東京電力株式会社（「東京電力」）は、申立人らに対して、福島第一原子力発電所の事故を惹き起こし、放出した放射性物質により福島県相馬郡飯舘村を強度に汚染し、飯舘村民に甚大な被害を与えたことに対する法的責任を認め、申立人及び村民に対して心から謝罪せよ。

（第二項）東京電力は、申立人らに対し、放射性物質による長期間の無用な被ばくによって健康不安など精神的苦痛を与えた慰謝料として、一人金三〇〇万円を支払え。

（第三項）東京電力は、申立人らに対し、二〇一一（平成二三）年三月から、避難慰謝料として、現在の一

人月額一〇万円の慰謝料を含めて一人月額三五万円を支払え。
（第四項）東京電力は、申立人らに対し、飯舘村民としての生活を破壊し、精神的苦痛を与えた慰謝料として、一人金二〇〇〇万円を支払え。
（第五項）東京電力は、申立人らのうち、「住居確保に関する損害」を提示した者らに対し、既払額を除き、提示した「賠償上限限度額」（但し、申立人のうち、帰還困難区域以外の者については、宅地取得費用は、帰還困難区域と同額とする）までの金員を、条件を付すことなく直ちに支払え。
（第六項）東京電力は、申立人らに対し、申立人らが本件申立について支出を余儀なくされた相当な弁護士費用を支払え。

以上の事項につき、和解の仲介を求める。

（1）「法的責任と謝罪」の注解

以上の申立条項（趣旨）について、必要な注解を加えておきたい。

第一項は、東京電力（株）が明確に法的責任を認め、かつ謝罪の表明を求めるものだ。これまで裁判によって原子力災害関連死と判決が下った個人の死については、この判決を受け入れるとして東京電力（株）の幹部が遺族に謝罪に訪れることはあったが、会社として、今回の全ての原子力災害被災者に対して、明確に「法的責任」を認め、「謝罪」を表明したことは一度たりともなかった。

理由は、東日本大地震によって引き起こされた原子力災害を全面的に自己過失によるとは、未だに認めていないことによる。今回の事故は「自然災害」であり、不可避であったと考えようとしている。福島県のゴルフ場が放射能汚染のため営業できなくなった賠償の裁判で、当初、東京電力の弁護団は舞い降りた放射性物質は

「無主物」であるという弁論を展開した。東京電力の原子炉から放出されたものであっても、飛び散ってしまったものは自分のものではない、「無主物」であるというのだ。この主張にはだれもがあきれてしまったが、そのような論理を提示した弁護団を代理人として裁判所に送ったのは、東京電力の意志によることを明確にしておかなくてはならない。

また、前述のように、「原子力損害の賠償に関する法律」にもとづく「原子力損害賠償紛争審査会」の賠償基準、およびこの基準にしたがった「原子力損害賠償紛争解決センター」による「和解の仲介」という土俵は、賠償をすみやかに行うための法と機関の整備を目的としたものとされるが、別言すれば、「法的責任」を追及せず、「謝罪」も問わず、結論としての「賠償」の場に、原子力企業を引き出し、申立人との「和解」を数値によって決定させようとする。

原子力企業がこの場に現れるのは、数値となった和解案を受け入れるかどうかの場面だけにかぎられる。当初の定められた基準だけは和解案を受け入れて支払うが、これは「法的責任」を認めたことではないし、「謝罪」でもない。法が暗黙のうちに前提としている「責任」が、ここでは語られず、謝罪することもない。東京電力は、政府が決めたことだから、仕方なく対応しているだけだという、なんとも不思議な「場」がここにあらわれている。東京電力が、「原子力損害の賠償に関する法律」による賠償の場につくことは、同時に、明確な「法的責任」と「謝罪」の表明をおこなうのが当然であろう。第1項の要求は、原子力災害被災者に対する賠償行為の前提となる原因者の誠実な対応を求めるものだ。

(2) 「長期間の無用の被ばくに対する慰謝料」の注解

政府は、二〇一一年三月一一日にはじまる福島第一原発事故によって生じた放射性物質の拡散に対して、当初は二km圏、三km圏、一〇km圏、二〇km圏の住民の避難勧告ないし屋内退避勧告を出し（三月一一～一五日）、また三〇km圏の住民に対して自主避難勧告（三月二五日）をおこなったが、飯舘村を「計画的避難区域」に指定したのは四月二二日であった（半径二〇km以遠の地域において、事故発生から一年間の期間内に積算総量が二〇ミリシーベルトに達するおそれのある区域を指定。飯舘村のほか、葛尾村、浪江町、川俣町山木屋地区、南相馬市の一部）。事故発生より一か月以上にわたって、政府は飯舘村の放射能汚染が重大な事態を迎えていることに沈黙してきた。

これはのちに明白になった事実だが、スピーディの予測により、放射能雲が北西方向に流れ、二〇km圏外の北西領域に膨大な放射性物質が流れていることが予測され、また、米国国家核安全保障局が三月一七日～一九日に航空機によって行った放射能汚染地図が三月一八日と二〇日の二回にわたって外務省に提供され、外務省から文部科学省と原子力安全・保安院に伝えられていた（だが、不思議なことに、官邸と原子力安全委員会には伝えられていなかったという）。いずれにせよ、二〇km圏外の地域に高い濃度の放射性物質が流れたことを政府は知っていたのであり、そうでなければ、三月一四～一六日にかけて、スピーディの正確な予測を確認するかのように、浪江町津島地区、飯舘村、川俣町山木屋地区に調査員を派遣して測定をおこなっていた事実と齟齬《そご》をきたすこととなる。もっと明確な事実が記録に残されている。

●周辺地域より比較的空間線量率が高い三〇km圏外の地区の扱いについて

平成二三年三月二二日
原子力災害対策本部事務局
ＥＲＣ住民安全班

モニタリングポスト33付近の地区（注）については、当該モニタリングポストの観測値がここ数日は減少傾向にあることに加え、飯舘村役場から残留者に対して、蕨平地区については屋内退避の呼びかけを、それ以外の地区（長泥地区を含む。）については不要な外出を控えるよう呼びかけをしていることから、現段階で、直ちに避難指示又は屋内退避指示を出すまでの状況ではないものと考えるが、こうしたことについての原子力安全委員会の助言を頂きたい。

（注）モニタリングポスト№31及び№32の付近の地区（浪江町）の住民については、避難済。

●周辺地域より比較的空間線量率が高い三〇㎞圏外の地区の扱いについて（回答）

平成二三年三月二一日二一：三〇
原子力安全委員会事務局
（放射線班）

平成二三年三月二一日原子力災害対策本部事務局ＥＲＣ住民安全班より依頼のあった標記に関し原子力安全委員会事務局としましては、福島県において、局所的に比較的高い線量率が観測されている測定箇所が認められるものの、直ちに避難地域及び屋内退避地域の変更をする状況にはないものと考えます。

なお、以上は原子力安全委員会としての助言ではなく、原子力安全委員会事務局（放射線班）としてのコメントであることを申し添えます。

以上

この文書が指し示すものは、第一に、放射線率測定のために調査員を派遣してモニタリングポストを新たに設置などにより、原子力災害対策本部ＥＲＣ住民安全班は、浪江町および飯舘村の放射線量率が高いことを知っていた。これをどうするかについての判断が必要であった。そこで、現地の自治体、とくに飯舘村に問い合わせを行っていた。

第二に、これに対する飯舘村の菅野村長の応答は、「飯舘村役場から残留者に対して、蕨平地区については屋内退避の呼びかけを、それ以外の地区（長泥地区を含む。）については不要な外出を控えるよう呼びかけをしていることから、現段階で、直ちに避難指示又は屋内退避指示を出すまでの状況ではない」とする強い意見で応対された。そこで、のちのちの言いわけをふくめて、原子力災害対策本部ＥＲＣ住民安全班は「現段階で、直ちに避難指示又は屋内退避指示を出すまでの状況ではないものと考えるが」という前置きの示唆をふくめて、原子力安全委員会にコメントを求めた。

すると、原子力安全委員会の事務局（放射線班）は、原子力安全委員会の事務局であるにもかかわらず、この案件を委員会に上げず、事務局（放射線班）のコメントのみによって応答した。重大な事態に対する場合、原子力安全委員会委員に意見を求め、より詳しい調査をふくめた指示がなされるべきだったにもかかわらず、これをせずに回答がなされ、この段階での対処は全くなされなかった。

第三の問題として、では、飯舘村役場は、ここに回答されているように「飯舘村役場から残留者に対して、蕨平地区については屋内退避の呼びかけを、それ以外の地区（長泥地区を含む。）については不要な外出を控えるよう呼びかけをしている」というのは、事実であるかどうかが問われるだろう。事実は、私自身が役場に対して何度も全住民への被曝実態を報告するとともに、避難指示を検討するように申し入れたのにもかかわらず、これらは全くおこなわれず、屋内退避の指示や不要な外出を控えるといった指示は出されていなかった。むしろ、三月二五日に飯舘村で行われた高村昇・長崎大学教授の講演会では、「洗濯物を外に干しても大丈夫だ」といった屋内退避とは逆の日常行為が勧められた。

そして、私たち村民には知らされず後に判明したことだが、高村昇・長崎大学教授の講演が行われていた同じ日、佐藤長平・飯舘村議会議長、志賀毅・飯舘村議会副議長、大谷友孝・飯舘村議会議員（総務常任委員長）の三名が東京の原子力安全・保安院に来所、「飯舘村議会からの要望」を口頭でおこなっていたのである。

●飯舘村議会からの要望（議事録）

平成二三年三月二五日
原子力安全・保安院　小川
福島県飯舘村議会から吉田政務官に要望を伝えたいとの希望があり、来所されたため、議事録をまとめた。

（日時）
平成二三年三月二五日　一三：二五―一三：三五

（来客者）
佐藤　長平　福島県飯舘村議会議長
志賀　毅　福島県飯舘村議会副議長
大谷　友孝　飯舘村議会議員

（対応者）
吉田財務省大臣政務官
渋谷財務省政務官秘書官

原子力安全委員会　生駒氏

（要望概要）

・要望書は持ってきていない。

・面会に来た理由は三月二五日付け福島民報一面の件。

・飯舘村には避難指示をしてほしくない。希望避難をさせても半分くらいの住民は残っている（六、〇〇〇名中三、〇〇〇名が避難）。幼児がいる家庭は八割が避難している。

・避難した人も徐々に村に戻り始めている。

・金型工場があり、生産を再開したい。一度避難させてしまうと、帰ってきても村の生産性がなくなってしまう。

・農産物の補償については別途やってもらうとして、避難指示の拡大はしてほしくない。村長ともそのような話でまとまった。

（吉田政務官）→相馬でも徐々に人が戻っていると聞いている。一度戻って、また避難指示となると混乱が生じると思われる。避難指示の拡大の話は官邸から今のところないし、現地［→「現時」の誤りか］としては望ましくないと考えている。

・土壌の調査で高い放射線の値が出たが、何の情報もなく新聞に書かれる。どこでどのように計測しているのか情報がほしい。

・来月早々、種もみの種まきが始まる。どうすればよいか早く判断をしてほしい。

・牛を飼育している酪農家は本当に困っている。子牛の出荷も遅らせている。

（吉田政務官）→農産物の補償は国が全面的に行う。作付をどうするかについては協議中。土壌の調査については文科省がモニタリングを実施して公表している。

私は三月一六日に役場の職員に対して、「放射能が降り注いだのだから、水道は止めるべきだ。村民には沢水を飲まないように徹底すべきだ。すぐ村長に連絡してくれ」と助言した。この助言は全く受け入れられず、三月二〇日になって、水道水から一リットルあたり九六五ベクレルの放射性物質が確認され、翌二一日にようやく簡易水道の運用を停止し、村民に沢水を飲まないように注意が出され、ペットボトルが配布された。

しかし、後になって判明したところでは、個人で設置していた沢水利用の飲料水はヨウ素もセシウムもそのままに飲用に供されていたことを知った。こうした事態の中で、「三月二五日付け福島民報」記事などでも、三〇km圏外の浪江町津島地区、飯舘村、川俣町山木屋地区などの放射能の空間線量、土壌線量がきわめて高くなっていることが知られ、報道されるまでになった。私が役場に対処すべき助言をしていたその時に、村議会の議長・副機長は村長の意向を汲んで「全村避難の指示」を出してほしくないという要望を口頭でおこなっていたのである。なぜ口頭でなければならなかったのかは、推察するほかない。

そして、三月二九日には、「原子力災害対策本部事務局」から、「飯舘村及び浪江町への連絡の状況」なる文書がだされていたことが判明した。

●飯舘村及び浪江町への連絡の状況

平成二三年三月二九日

原子力災害対策本部事務局

本日、飯舘村「長泥・蕨平地区」及び浪江町「津島地区」について、原子力安全委員会からの助言に基づき、官房長官から、当該地域の住民はできるだけ屋内に滞在することを推奨すること、その旨を同村・町に対して連絡することについて、指示があった。

これに対して、対策本部事務局として、以下の通り対応した。

1　飯舘村（長泥・蕨平で一七八人程度）

・飯舘村菅野村長は、国が現場のことを考えずに勝手に指示は発表することは極めて不満、また、これ以上避難指示エリアを広げるのは反対、との意見。（傍点筆者）

・したがって、官房長官指示を受けて、対策本部事務局（平岡　原子力安全・保安院次長）から、菅野村長に対して連絡。当該地区への住民への周知の方法については、きめ細かな対応について相談中。

2　浪江町（津島地区全体で一二八人程度）

・浪江町については、各地区の区長が個別に確認を行い、大半の人数が自分の家屋内いることを確認（二六日現地対策本部が浪江町に確認）。

・官房長官指示を受けて、対策本部事務局（寺坂　原子力安全・保安院長）から上野副町長に対して電話にて連絡。

右の文書中、私が付した傍点の個所を見てもらいたい。政府の事態に対する対処方針がいつの場合でも適切とは言えない。もし全村避難となれば、それに伴って行わなくてはならない対策がどれだけあるか、「国が現場のことを考えずに勝手に指示は発表することは極めて不満」だと飯舘村村長は抗議し、さらに避難指示エリアを広げることへの反対を表明した。だが、この時、想像を超える危機への対処を冷静におこなうなら、まず事態がどれだけの深刻さを帯びているかの実態と、できるかぎりでの即座の対処策を実施できていなければならない。「水道は止めるべき」という私の助言もその一つだった（簡易水道の運用は三月二一日に停止したが、もっと早く停止できたはずである）。住民に事態の現状を周知し、即座の対策を一つずつ確実に実施すると同時に、村として放射能汚染の実態把握に乗り出すべきであった。結果として、全村避難が避けられない事態であることが判明したのは、外部からの調査が引き起こした衝撃としてだった。

三月二八〜二九日、京都大学原子力実験所の今中哲二氏らが二日間にわたって飯舘村の放射能汚染状況を調査、高い汚染状況を村長に説明、実態を公表すべきこと、避難すべきことを伝えたが、村長は調査結果の公表をしないように求めた。三一日、原子力安全・保安院はなお、「飯舘村は避難の必要がない」と言明しており、村長と原子力安全・保安院のスタンスは一致していて、今中報告の公表はこれに背反するものだったからである。四月四日、今中氏らは線量調査結果をインターネットで公表した（一八八頁のスライド画像参照）。この頃には、飯舘村の放射能汚染がひどい状況であることは明白となりつつあった。

四月五日、文部科学省が実施した調査で、飯舘村の土壌から一kgあたり最大五万八〇〇〇ベクレルの放射性ヨウ素131を検出したことが判明した。菅野典雄村長がいかに情報を抑えようとしても、事態が深刻さを深めるにいたったことは明らかであった。飯舘村役場は、四月七日にいたって、ようやく「妊娠中の女性や子どもを避難させる方針」を表明。四月一〇日には、ついに飯舘村を「計画的避難区域」にするとの内示があり、四月二二日、全村が「計画的避難区域」に指定された。

3月15日の夜に、放射能の雲（放射性プルーム）と雨・雪が重なった

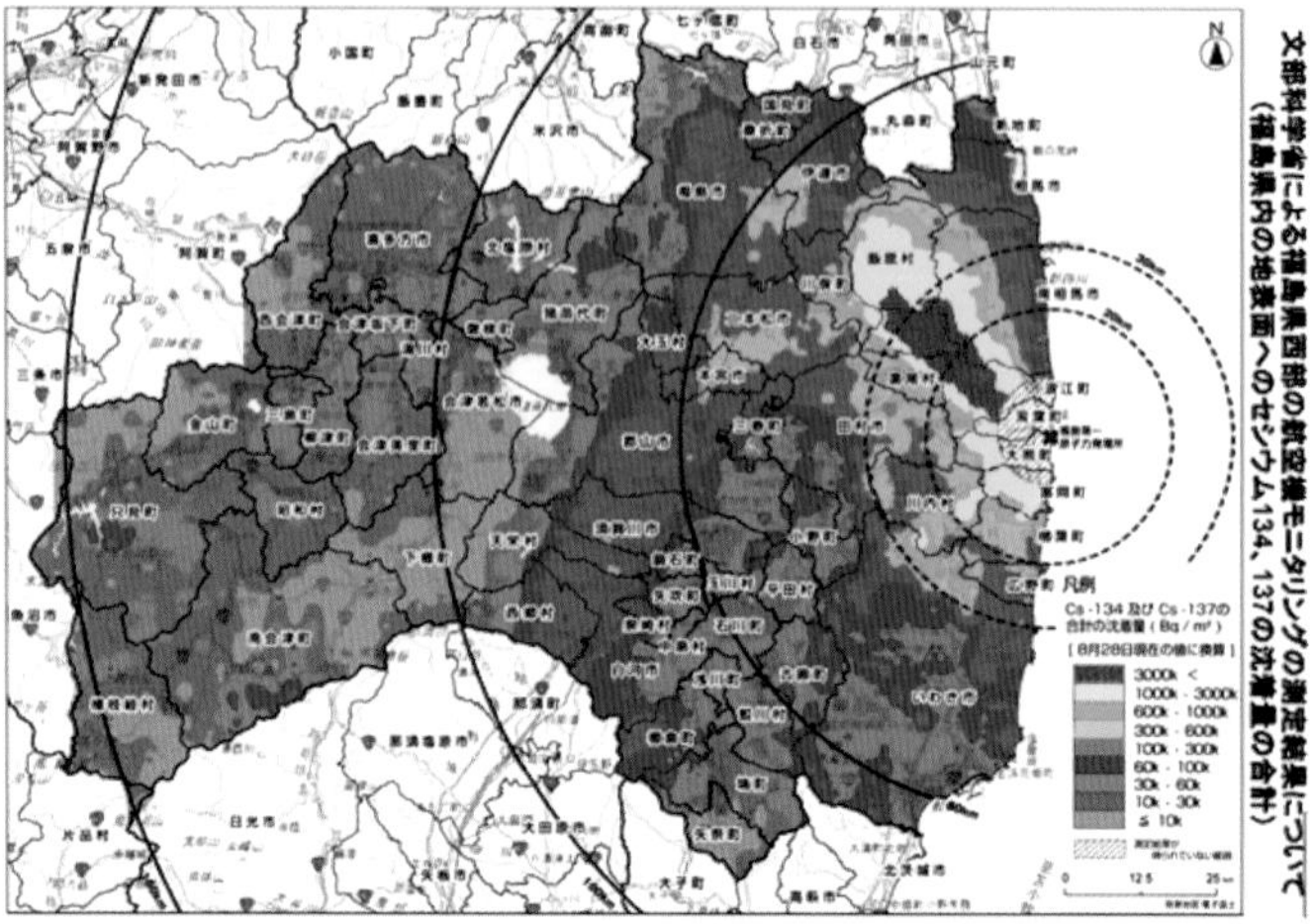

上：今中哲二「チェルノブイリ原発事故、そしてフクシマ」講演スライドより、2018.7.2、「広島発平和学」広島大学。下：今中哲二「福島の汚染と初期被曝」講演スライドより、2018.7.27、福島原発刑事訴訟支援団・第23回公判併行院内集会、参議院議員会館。

メルトダウン状態だった原子力防災システム

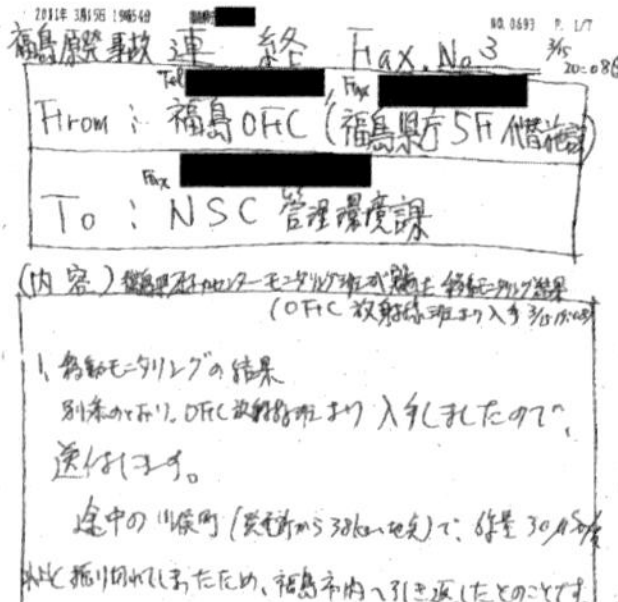
2011年 3月15日 19時54分 [redacted] NO.0693 P. 1/7
福島原発事故 連絡 Fax.No3 3/15 20:08
Tel [redacted] Fax [redacted]
From：福島OFC（福島県庁5F代替施設）
Fax [redacted]
To：NSC 管理環境課
（内容）
1. 緊急モニタリングの結果
別添のとおり、OFC放射線班より入手しましたので、送付します。

途中の川俣町（発電所から38km地点）で、線量30μSv/hと振り切れてしまったため、福島市内へ引き返したとのことです。

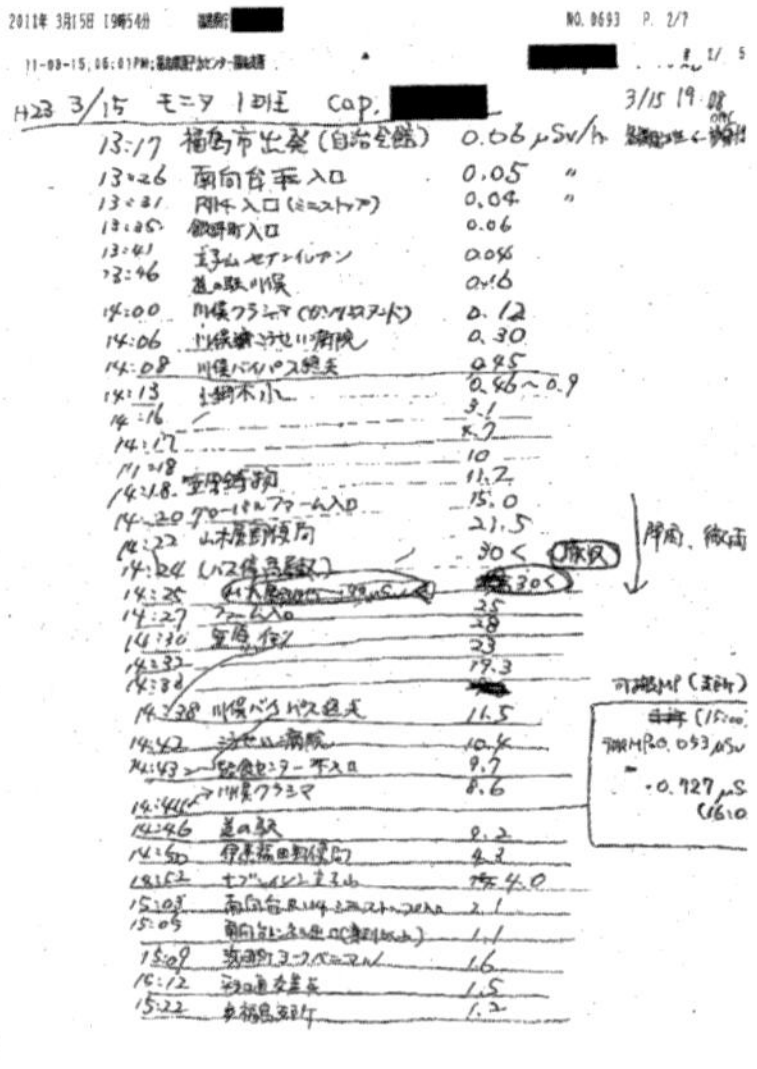
2011年 3月15日 19時54分 [redacted] NO.0693 P. 2/7
H23 3/15 モニタ 1班 Cap. [redacted] 3/15 19:08
13:17 福島市出発（自治会館） 0.06 μSv/h
13:26 0.05
13:31 0.04
0.06
13:41 0.06
13:46 0.16
14:00 0.12
14:06 0.30
14:08 0.45
14:13 0.46〜0.9
14:16 3.1
10
11.2
14:18 15.0
14:20 21.5
14:22 山木屋郵便局 30＜
14:25 25
14:27 28
14:30 23
19.3
14:38 11.5
14:42 10.4
14:43 9.7
8.6
14:46 道の駅
15:05 2.1
1.1
15:09 1.6
15:12 1.5
15:22 1.2

オフサイトセンターの調査班は、線量計が振り切れたので山木屋郵便局あたりで撤退した。しかし、その先ではまだみんなが普通に暮らしていた…

2011年3月28-29日
飯舘村放射線状況調査

＜メンバー＞
- 今中哲二
- 遠藤　暁
- 小澤祥治
- 菅井益郎

協力　飯舘村役場

飯舘村放射線サーベイチーム
2011.3.29

上・下：今中哲二「福島の汚染と初期被曝」講演スライドより、2018.7.27、福島原発刑事訴訟支援団・第23回公判併行院内集会、参議院議員会館。今中氏の講演スライドは、京都大学原子炉実験所原子力安全研究グループ http://www.rri.kyoto-u.ac.jp/NSRG/ に全て公開されている。

ホームページで調査結果を発表

2011年4月4日

3月28日と29日にかけて飯舘村周辺において実施した放射線サーベイ活動の暫定報告

飯舘村周辺放射能汚染調査チーム
今中哲二（代表）　京都大学原子炉実験所
遠藤暁　広島大学大学院工学研究院
静間清　広島大学大学院工学研究院
菅井益郎　国学院大学
小澤祥司　日本大学生物資源科学部

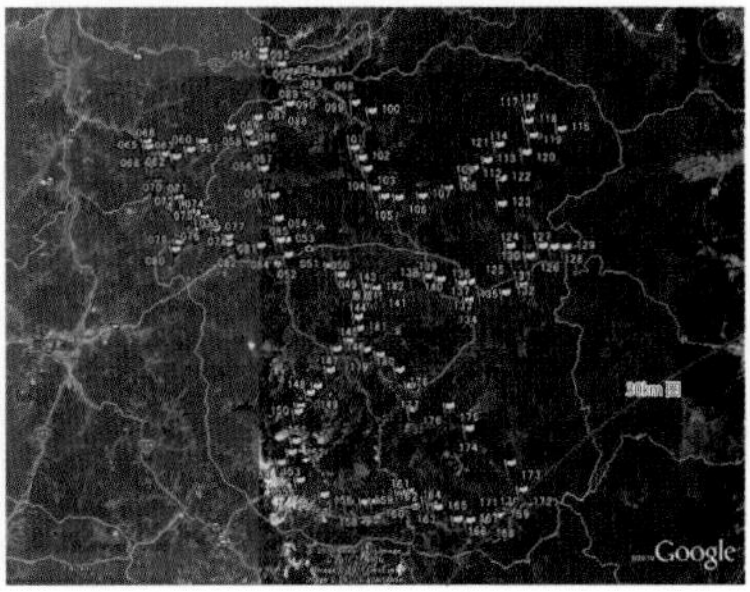

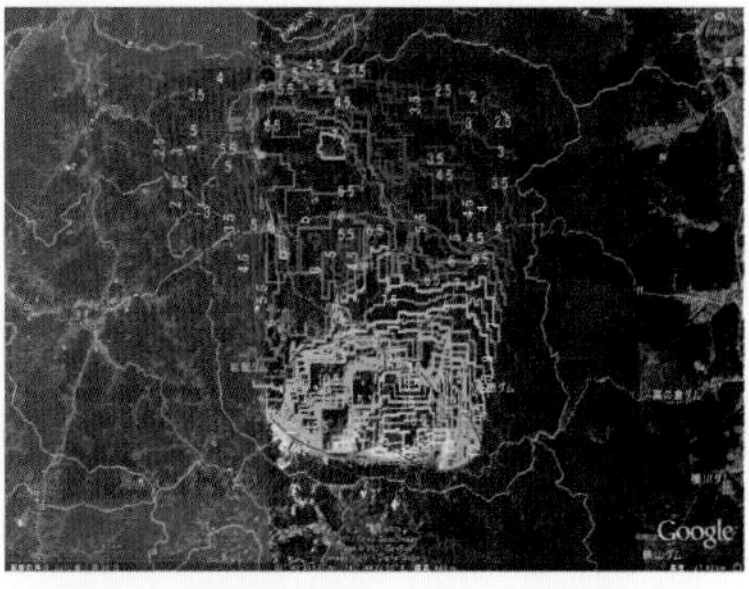

あれから５年　飯舘村のいま

2015年3月26日　今中撮影

人口6000の村の除染に毎日
7500人の作業員...

除染という名の環境破壊！

上・下：今中哲二「福島原発事故から５年」講演スライドより、2016.2.10、第 112 回原子力安全ゼミ。左頁下：2011 年 4 月 15 日と 5 月 15 日に米国 NNSA が実施した空中サーベイにより測定された飯舘村各地域のセシウム 137 沈着量と、当時の村民の行動についての聞き取り調査から、今中グループは飯舘村民の初期放射能被曝の実態を科学的にはじめてあきらかにした。

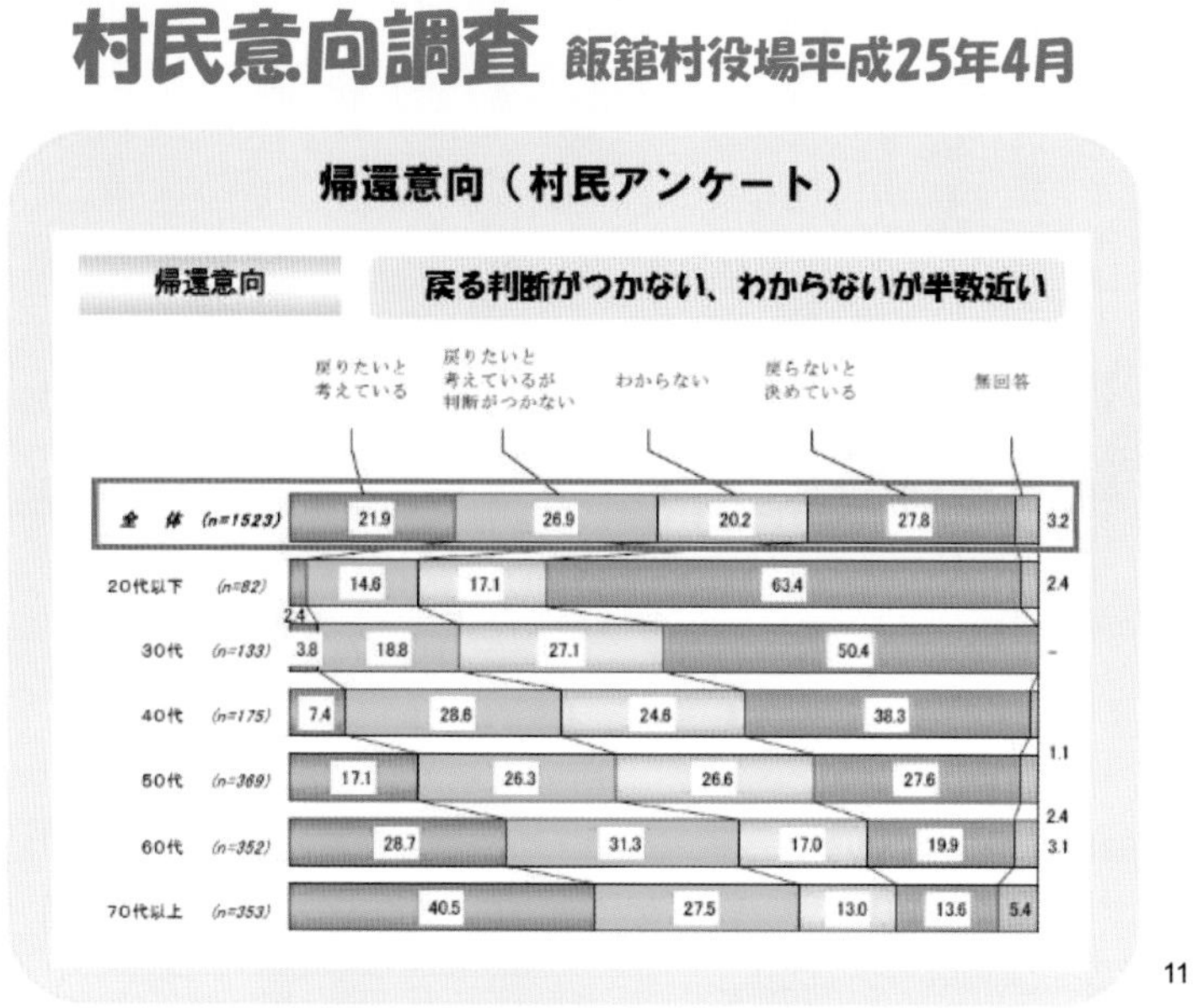

上：今中哲二「福島原発事故から５年」講演スライドより、2016.2.10、第 112 回原子力安全ゼミ。下：今中哲二「福島の汚染と初期被曝」講演スライドより、2018.7.27、福島原発刑事訴訟支援団・第 23 回公判併行院内集会、参議院議員会館。

行動データが得られた1812人の被曝量分布

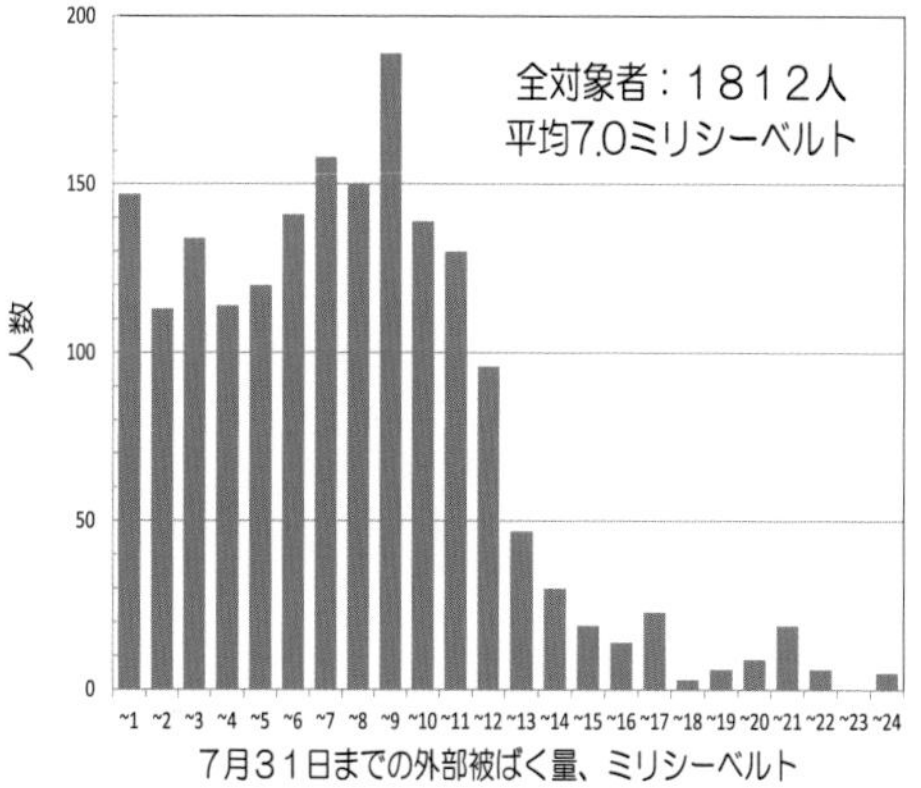

年齢区分別の平均初期外部被曝量

年齢区分	人数	平均初期外部被曝量 ミリシーベルト
10 歳未満	155	3.8
10 歳代	128	5.1
20 歳代	139	6.3
30 歳代	171	5.5
40 歳代	151	7.6
50 歳代	315	8.1
60 歳代	262	8.5
70 歳代	292	7.5
80 歳以上	194	7.3

県民健康調査の平均3.6mSvに比べ、私たちの見積もりは約２倍となった.

この間の状況をみると、政府は放射能雲（プルーム）が飯舘村を襲ったこと、その汚染状況がきびしいことを三月一五～一六日には知っていた。ところが、飯舘村当局との話し合いの中で、避難指定を避ける方向の判断が半月以上にわたって続いた。この状況を破ったのは、今中哲二氏らによる調査報告などの公表によって、深刻な実態が明らかにされてきたことによる。

われわれ飯舘村民が蒙った「無用の被曝」（飯舘村民の「無用の被曝」の実態は、今中哲二ほかによる「福島の汚染と初期被曝」調査で実証されている。一八八～一九一頁の画像ほか参照）は、政府による判断のあいまいさ、村当局によって情報が隠蔽され、政府による判断を妨害してきたことの二つが上げられるだろうが、それだけに尽きない。何よりも、この間の住民被曝は、原因者である東京電力が放出した放射性物質によるにもかかわらず、東京電力は三〇㎞圏をもはるかに超える汚染の実態について、なんの調査も実施せず、事故の避難すべき状況について、住民に対して、なんらの報告も進言もせず、むろん謝罪もしなかった。これは事態の深刻さに対処するにあたって、なによりも地域住民に対してあるべき報告を無視した、あるまじき振る舞いという他はない。確かに東京電力は福島第一原子力発電所の過酷事故をともかくも最低限度確保すべき安定状態に持ち込むことが必死の責務であった。これがなされなければ、放射線被害はさらに増大し、東日本全体に及ぶことが深刻に懸念されていた。

事故発生後まもなく、政府は「最悪シナリオの作成」を近藤駿介・原子力委員会委員長に要請、近藤委員長は、三月二五日に「福島第一原子力発電所の不測事態シナリオの素描」と題する報告を政府首脳にした。この不測事態のシナリオは、当初一般には全く伏せられていたが、一年後にあきらかとなった。シナリオでは、東京圏を含む二五〇㎞圏の住民の移転までを予測しており、この不測事態をかろうじて押さえこみえたのは、発電所に立て籠もった福島第一原発所員と抑止に向けた消防隊員など大勢の人々による必死の活動によるだろう。東京電力は不測の事態回避でせいいっぱいだった、と答えるかもしれない。しかし、不測の事態回避の努力と合わせて、地域住民の危険について最大限の報告と謝罪をする義務があった。もし、原因者がこうした危険についての調査、報告、謝罪の義務がないというのであれば、今後に生ずるかもしれない原発事故においても、原因者である原発事業者は、住民に対して、一つも義務を果たすことのない存在とみなされても仕方ないであろう。

われわれは、原因者のこのような態度を正し、その果たすべき義務を明確にするためにも、飯舘村民が長期間にわたり「無用の被曝」を受けたことによって生じた健康不安、精神的苦痛に対して、最低限の慰謝料一人あたり三〇〇〇万円を要求する。

●「平穏生活権」と「生活権の総体」

なお、「無用の被曝」によって蒙った住民一人一人の権利の侵害は、弁護団が過去の裁判所判決例を示しておこなった申立では、「平穏生活権」の侵害にあたるとしている。大阪高等裁判所による平成五年三月二五日の判例（『判例タイムズ』八二七号・195頁）では、「何人も、生命、身体の安全性を犯されることなく、平穏な生活を営む権利を有し、受忍限度を超えて違法にこれを犯された場合には、人格権に対する侵害としてその侵害の排除を求めることができる」としている。また、公害調停の裁判例でも、「身体・健康に関して重大な不安を抱かずに日常生活を送ること」を内容とする「平穏な生活を営む利益」があるとして、平穏生活権侵害に対する慰謝料の支払いを命じている（茨城県神栖市における砒素による健康被害の事案、公害等調停委員会、平成二四年五月一一日裁定、『判例時報』二一五四号・3頁）。

裁判所等による判例・裁定によって明確となった「平穏生活権」侵害の法概念はとても重要である。この概念が判決・裁定で認められているのであれば、「平穏生活権」の概念を包括する、さらに本来的な「生活権」

の概念と、「生活権」の概念が内包するいくつもの権利を明確に主張できるのは当然のことであろう。

【日本国憲法】

第十一条　国民は、すべての基本的人権の享有を妨げられない。この憲法が国民に保障する基本的人権は、侵すことのできない永久の権利として、現在及び将来の国民に与へられる。

第十二条　この憲法が国民に保障する自由及び権利は、国民の不断の努力によつて、これを保持しなければならない。又、国民は、これを濫用してはならないのであつて、常に公共の福祉のためにこれを利用する責任を負ふ。

第十三条　すべて国民は、個人として尊重される。生命、自由及び幸福追求に対する国民の権利については、公共の福祉に反しない限り、立法その他の国政の上で、最大の尊重を必要とする。

第二十五条　すべて国民は、健康で文化的な最低限度の生活を営む権利を有する。

② 国は、すべての生活部面について、社会福祉、社会保障及び公衆衛生の向上及び増進に努めなければならない。

第九十七条　この憲法が日本国民に保障する基本的人権は、人類の多年にわたる自由獲得の努力の成果であつて、これらの権利は、過去幾多の試錬に堪へ、現在及び将来の国民に対し、侵すことのできない永久の権利として信託されたものである。

第九十八条　この憲法は、国の最高法規であつて、その条規に反する法律、命令、詔勅及び国務に関するその他の行為の全部又は一部は、その効力を有しない。

【民法】

（基本原則）
第一条　私権は、公共の福祉に適合しなければならない。
2　権利の行使及び義務の履行は、信義に従い誠実に行わなければならない。
3　権利の濫用は、これを許さない。
（解釈の基準）
第二条　この法律は、個人の尊厳と両性の本質的平等を旨として、解釈しなければならない。
第五章　不法行為
（不法行為による損害賠償）
第七百九条　故意又は過失によって他人の権利又は法律上保護される利益を侵害した者は、これによって生じた損害を賠償する責任を負う。
（財産以外の損害の賠償）
第七百十条　他人の身体、自由若しくは名誉を侵害した場合又は他人の財産権を侵害した場合のいずれであるかを問わず、前条の規定により損害賠償の責任を負う者は、財産以外の損害に対しても、その賠償をしなければならない。

ここではじめて「国家の基本法」ともいわれる「日本国憲法」とともに、「社会の基本法」、あるいは「私法の基本」ともいわれる「民法」を登場させたのは、「基本人権」をめぐって「憲法」の規定と「民法」の規定とのかかわりについて、多様な法理論上の議論があることを少しだけ踏まえておくためでもある。
西洋近代に「憲法」が登場する以前の歴史をたどれば、「民法典」は西洋古代のローマ法、中世キリスト教によるカノン法のもとで、私人相互の利害を調整する法として発展してきたものという。近代の「民法典」は、この伝統の上に、個人間の関係を規律するものとして「個人の自由」の理念をかかげ、個人の自由な活動を支える財産権（物権と債権）の保護を主として実定法化されてきた。さらに、個人が所有する財産権（物権と債権）以外の精神的な所有権ともいえる「人格権」の概念も「民法典」から生まれるにいたった。

「民法典」は、本来的に、憲法とのかかわりから規定されて展開してきたものではない。個人相互の関係を規範づけるものとして、「財産権」と「人格権」の概念を確立してきたのだ。したがって、「国家の基本法である憲法」と「社会の基本法である民法典」とは、「人間の基本権」を定立するにあたりその両輪となる基本法である、という主張がなされてもきた。

憲法の人権規定は、国家が国民に対して法律によって制限する以外の基本人権を守る義務があること、守るだけではなく人権をより豊かにする義務があることを規定したものだ。これに対し、民法典の規定は、個人が個人にあい対する交渉の場でおこる相互の人権のありようを調整する私法の規定となっている。民法典は、憲法とは独自に、「財産権」だけでなく、「人格権」といった基本人権の侵害に対する賠償の規定をもつ。

この二つの「基本法」の区分は、基本人権を基礎づけるのに国民国家の介在を必要とするのか、それとも、基本人権は国民国家の介在を必要とせず、人間の個体存在相互の関わりそのものから発するとするのか、という問題群をはらんでいる。後者の考え方は、西欧思想では基本人権の源泉として「自然法」または「自然権」の存在を踏まえる。現代の憲法の多くは、民法典が規定する基本人権の中身を、憲法のうちにもとりこむようになってきた。

憲法がこのような包括性を求めるようになった理由は、国家の基本法である「憲法」が、すべての国民の諸活動を包括するという法的運動を含まずにはおれないからであろう。民事については、国家はじかには関わらないとしても、関わらないという条文を憲法にふくめておくことで、憲法は民法典をその内部にとりこむこととなる。国家は、実際には諸個人の所有権（財産権・人格権）に「法的制約」を与えることがしばしばだから、その場合の「根拠」を憲法と諸法規のうちに限定して定める必要が生ずる。民法の規定に対して、国家の特別法が優先して「民法」に制約を与えるといった国家法優位の体制へのもくろみもその内に含まれる。これに対して、民法典こそが憲法を超える基底の基本法であるという考え方を徹底すべしという考え方も当然に成り立つ。このことも、また踏まえておくべきだろう。

現代の日本の民法をみると、民法第一条「基本原則」の1は、「私権は、公共の福祉に適合しなければならない」と規定している。これは「私権」が、憲法の下での国家諸法規が定める「公共の福祉」の「制約」のもとでのみ認められると言っていることになる。

一方、民法第二条「解釈の基準」では、「この法律は、個人の尊厳と両性の本質的平等を旨として、解釈しなければばならない」という断固とした強い解釈権を規定している。ここにいう「個人の尊厳と両性の本質的平等」という言葉は、憲法では、のちに引用する「第二十四条の2項」の「婚姻と家族に関する規定」の中でのみ登場する。民法第二条のように、法文解釈権として原理的に書かれたものではない。とはいえ、この二つの条文が相互に照らしあう関係にあることは明らかだろう。

憲法と民法典は、相互に照らしあう諸規定を取りこむ必要によって、法規定としての体制を整えてきた様子がここからもうかがえる。ただし、ここで重要なことは、民法典を核に展開してきた「基本人権」思想が、「憲法」およびその下での「国家諸法規」のなかで制限され、損ねられてはならないということだ。

国家の態様は、今ではきわめて強い社会国家的性格を帯び、その社会経済政策により、諸個人の生活活動の全ての領域に大きな影響を与えるようになってきた。このことを無視して、基本人権の現在の状況を語ることはできない。

民法が対象とするのは、単に個人対個人のみではない。個人対（民間）法人、（民間）法人対（民間）法人といった利害の関係も取り扱われる。そして、この民間法人とみえるものには、じつは国家機関または国家機関から分離され、半民間となった法人といえるもの、さらには、国家の特別な承認を踏まえて存立している法人も含まれている。われわれが告発しようとする東京電力もまた、これまでは地域の発電を独占し、発電経費の上昇分に見合った電力料金の値上げを許す特殊料金の設定が認められていること、原子力発電の推進という国家要請にしたがって原子力発電を進めてきたことからも、国策的機関の一つである。また、福島原発事故以後は政府の資金注入を受けて通産省の管理下に置かれている。これらの私人・（民間）法人・半国家的法人の相互関係のありようについて、「民法典」の基本人権を核として考えるか、憲法の下での国家諸法規を核として考えるかによって、われわれの基本人権の実体は、大きな影響を受けるものとなっている。

われわれの申立に即するなら、東京電力による膨大な放射性物質の放出と汚染による「生活権侵害」は、第一義的には「民法典」での「生活権の総体」に対する侵害であり、謝罪と賠償を請求する権利がある。また、憲法によって国が守るべく義務づけられた「生活権」をふくむ「基本人権」に対する侵害であり、国はこの賠償を履行させる義務をもつ。

しかしながら、この賠償については、「原子力損害の賠償に関する法律」（一九六一年六月一七日施行）という特別法によって措置しようとしている。この法律は、原子力損害の賠償をすみやかに実効的に処理するために設けられた特別法であり、原子力事業者が損害を受けた個人・団体に対して賠償を迅速におこなうために、国が「原子力損害賠償紛争審査会」を設置し（今回の過酷事故では二〇一一年四月に設置）、さらにその下に「原子力損害賠償紛争センター」を設けて、損害を受けた個人・団体の「申立」を受け、原子力事業者とのあいだに「和解」による賠償支払いを円滑に進めるという趣旨によって制定されている。

では、この場合、「生活権」の賠償において基本法ともいうべき「民法典」はどのような位置づけとなるのだろうか。この特別法による措置が、民法典の「基本人権」の規定を豊かにするようなあり方をもつのであればよいが、実体はかえって民法典のもつ「基本人権」を損なうような「賠償・補償基準」が設定されている。われわれは、民法典が約束する「基本人権」、その中にふくまれる「人格権」の概念を改めて確認することにより、「平穏生活権」から「生活権の総体」にわたる道筋を示すこととした。

民法典における「人格権」の概念は、現行民法では第二条「解釈の基準」の「個人の尊厳と両性の本質的平等」の規定、および第七百九条・第七百十条の「損害賠償」の規定から扱われている。われわれの申立に即すなら、大阪高等裁判所による平成五年三月二五日の判決にいう「何人も、生命、身体の安全性を犯されることなく、平穏な生活を営む権利を有し、受忍限度を超えて違法にこれを犯された場合には、人格権に対する侵害としてその侵害の排除を求めることができる」という文言は、民法のこれらの条文に依拠している。

「平穏生活権（平穏な生活を営む権利）」という概念は、民法の「損害賠償」の規定から、財産についての賠償だけでなく、公害問題の増大とその多様化、個人の名誉毀損などの提訴がさかんとなるにしたがって、損害の賠償は「財産」の侵害に対する賠償では済まなくなってきた。そこで、財産侵害の賠償以外の「平穏生活権」という新たな基本権の概念にもとづく賠償の必要性が高まったことによる、とされる。

しかし、膨大な放射能汚染による「汚染地域からの避難」を余儀なくされた今回のような事態では、「財産権」賠償以外は「平穏生活権」に対する賠償で足りるというものではない。「生活の全体が破壊された」のであり、これに対する賠償は、「財産の賠償」という個人・家族に対する個別賠償とは別に、「生活権の総体」に対する賠償を提起しなければならない。

われわれは、飯舘という地域の歴史風土の上に、とりわけ、戦後の貧しい暮らしから一歩一歩と生活を築きあげ、村民の共同性によって、一つの「くに」と言ってもよいほどの村のすがたを造り上げてきた。この「固有の家郷」の富（財産）を膨大な放射能汚染によって破壊されてしまったのだ。その中には、時間をかけて造りあげられた家郷の風景もあれば、文化もある。形にはならない村民同士や人々との多様な結びつきと交流も含まれる。村民の眼に見えない結びつき、多様なネットワークの深さは大都市民の比ではない。この結びつきの深さが、村民個々の大切な財をなしてきた。その一切が破壊され、分断されてしまったのだ。これらの侵害は「存在破壊」であるとともに、その内包の大容は「生活権破壊・侵害」というしかない。これが「民法典」および「憲法」の「基本人権」の侵害の核心に位置するものだ。

「日本国憲法」は「基本的人権」について、「犯すことのできない永久の権利」（第十一条）、国民の不断の努力によって保持すべき「自由及び権利の保障」（第十二条）、「個人の尊重」と国政の上で最大の尊重を必要とする「生命、自由及び幸福の追求に対する国民の権利」（第十三条）、「健康で文化的な最低限度の生活を営む権利」（第二十五条）、「過去幾多の試錬に堪へ」「侵すことのできない永久の権利として信託された」もの（第九十七条）と明確に規定している。

憲法第二十五条第1項は「すべて国民は、健康で文化的な最低限度の生活を営む権利を有する」と記され、第2項において、「国は、すべての生活部面について、社会福祉、社会保障及び公衆衛生の向上及び増進に努めなければならない。」と規定している。第1項と第2項との関係はどのようなものであろうか。第1項は「最低限度の生活を営む権利」と規定し、第2項は国が果たすべき役割を規定している。果たすべき役割とは、「すべての生活部面」について、「社会福祉、社会保障及び公衆衛生の向上及び増進」を進めなければならないという役割である。

第1項がひとまず静的な「最低限度の生活」権の規定であるのに対して、第2項は「生活を営む権利」の不断の向上への国の義務を規定するものだ。すると、第1項の静的に見える規定は、「最低限度の」という意味合いが「相対的なもの」であることを示している。「シビルミニマム」、「ナショナルミニマム」という言葉があるが、国民・市民として享受すべき「最低限度の生活」権の水準は、時代状況によって見計らねばならないし、この水準を絶えず向上させることが国の義務とされる。「最低限度の生活」権の水準を下げるような国の施策は「第二十五条」の憲法規定に違反する。

では、ここでいう「最低限度の生活」権とはなにか。それは「すべての生活部面」にわたる権利をあらわしている。ここで前述の「平穏生活権」という概念との関わりが問われる。すぐわかることだが、「生活権」とは、人間の活動のなかでの新たな投企部分を含むけれども、それよりは新たな投企を支え、たえず反復されている生活の基盤的な「様態」をあらわしている。この生活の「様態」はたえざる反復によって生きられ、新たな「生活の再生産」の基盤となるものだ。

「生活」とは、「生活の再生産」をふくむ動的平衡であると言ってもよい。これは、生命とは「動的平衡」であるとした生命科学の結論とも等しい。もし、「生活」が、時代と社会の豊かさの水準にふさわしい「生活の恒常的かつ安定した再生産（「生命の再生産」をふくむ）」を保持しえていないならば、「最低限度の生活権」を与えられているとは言えない。「生活の再生産」を破壊する事態を引き起こした原因者は、日本国憲法が定めた「最低限度の生活権」を破壊する行為であり、これを再建するに必要な賠償が求められる。

「生活権」とは、「生活の基礎的部分」をなす「生活の恒常的かつ安定した再生産（「生命の再生産」をふくむ）」を可能にするための、時代と社会の豊かさの水準にふさわしい最低限度の「生活権」を指している。一時の「平穏さ」ではなく、「生活の基底部分が犯されていない」という「平穏さ」こそが「生活の再生産」を保持する力である。「平穏生活権」という概念は、そこに「生活の再生産をおこなう力」があることが前提となる。そこでわれわれは、「最低限度の生活権」とは、時代と社会の豊かさの水準にふさわしい「生活の恒常的かつ安定した再生産を保持する権利」をいうと規定しておこう。

これまでの憲法第二十五条の理解では、この条項は「生活権」の規定というより、「生存権」の規定とされてきた。それは、第二十五条の規定にしたがって、「生活保護法」が成立し、「生活保護法」にもとづく「最低限の生活保障」として、一定基準の生活困窮者の申請に対して国による給付がおこなわれてきたことによる。「生活保護法」による国の給付は、発足当時はきわめて低く、きびしいものだった。「朝日訴訟」としてしられる生活保護規準をめぐる憲法違反の裁判では、原告は地裁では勝訴したが、高裁では給付規準は時の厚生大臣が決めるべきことで、憲法違反ではないとの判決により敗訴した。さらに、最高裁は原告人の死亡によって、上告に対する裁定はおこなわれなかった。

これにより、生活保護費用の規準は、時々の厚生大臣の判断によって決まることとなった、という。その後、生活保護の給付規準は、高度経済成長下で上昇し、そこそこの水準に達する。時々の行政（厚生大臣）による裁量にまかせるという高等裁判所の判断への疑問が不問に付されてしまったのである。一九八〇年代末のバブル崩壊後、生活保護を受ける人の数はふたたび増大し、生活保護法制定後まもなくの二〇〇万人の規模に近づき、近年はこれを超えて、過去最大の受給者を出すようになった。この増大が国家予算を圧迫するものとされ、これまでよりさらに厳しい支給の条件が付される事態が進行している。

ここにきて明確となるのは、「生活保護法」が「憲法」第二十五条にふさわしく制定されているか否かにある。生活保護費の支給規準は、時々の厚生大臣の裁量などによるのではなく、その時代の社会にふさわしい規準でなければならず、そのための算出規準を法的に制定しておけば、最低限の生活保障の水準は確保しつづけられるだろう。それは財源の問題ではなく、憲法にもとづく国家の義務の問題である。公務員給与の規準について、行政とは独立した人事院による勧告という規定があるのを考えれば、一厚生大臣による裁量という高裁による裁定がいかにおかしなものかは推察できるだろう。

さらにもう一つ、重要な問題がある。憲法第二十五条は、「生活保護法」の必要を指定する大事な条項だが、それだけではない。これまで述べてきたように、「生活権」の侵害との関わりをも指定している。諸個人が生活権の侵害を受けたときには、侵害を受けた「生活権」の賠償の根拠となる内包が指定されなければならない。ここで指定されるべき「最低限の生活権」とは、前述したように、時代と社会の豊かさの水準にふさわしい「生活の恒常的かつ安定した再生産を保持する権利（「生命の再生産」をふくむ）」をいう。さらに、「最低限の再生産を保持する権利」とは、個々人によって異なる中身をもち、また、地域コミュニティがバラバラに壊されてしまった状況では、この総体的な紐帯の破壊そのものが「生活権」の賠償の対象となる。飯舘の山村高原で、われわれが自然の恵みを受けつつ造ってきた風土と景観、山菜などの食物をふくむ財、コミュニティがもつ文化的・精神的財からすれば、本来的にいえば、これを代替する権利の保障はありえないというべきかもしれない。われわれは、強いられた存在破壊、生活破壊に対する謝罪と最低限の賠償を「代替財」とすることで、新たな生活の再建への力としなければならない。もっといえば、謝罪と賠償の申立そのものが、われわれの「生き直しの力」そのものである。

われわれの受けた生活破壊に対する賠償請求は、民法典が規定する物的・精神的所有権（生活権）に対する侵害によって根拠をえるものだが、同時に憲法「第二十五条の1および2項」がしめす、われわれの生活圏での生活実体に即した「最低限の生活権（生活の再生産）」の破壊とこれに対する賠償によっても根拠づけられる（憲法第二十五条を根拠とする「生活保護法」に示す最低限の生活規準とは異なる）。

ただし、この条項にかぎっては、福島第一原発事故による放射能汚染で、飯舘村民は飯舘村域の深刻な汚染状況を東電および政府、また飯舘村役場によって知らされず、「無用の被曝」を浴びた。これにより、村民の「平穏生活権」が脅かされた。この「無用の被曝」に対する「平穏生活権の侵害」を、申立項目の一つとして提起した。「生活権の侵害」は、「無用の被曝」のみにとどまらない。その後に続く避難生活がもたらしたものに対する補償・賠償は、最低限の「生活の再生産」、「生活再建」にかなうものではありえなかった。それによって、われわれは「難民」となるか否かの瀬戸際に立たされつつある。これについては、第四項「飯舘村民としての生活破壊と精神的苦痛を与えたことに対する慰謝料」で改めて触れる。

（3）「避難慰謝料の増額、一人月額三五万円」の注解

強制的に、あるいは事態によって半強制的に避難を余儀なくされた住民に対する「避難慰謝料」は、本来的にいえば、避難期間中にとどまらず、避難したことによって生じた「生活の再生産」の道筋がきちんとつけられるような補償・賠償を包括していなければならない。しかし、原子力損害賠償審査会の避難にともなう「精神的損害慰謝料の基準」は、この包括的な考えを示していない。

政府による「避難指示区域」の指定によって避難させられた住民は、一定期間ののち、解除によって避難指示された区域に戻ることが、政府方針の前提となっている。解除されるまでの避難期間だけの一定基準の「避難慰謝料」を支払えば、国家の役務は完了する。これが、「措置」に対応する政府の冷徹な対応ということになる。この政府による「措置」の考え方は、いかにも官僚的論理であり、「措置」によって動かされる住民の生活上の困難を一つも考慮に入れていない。膨大な放射能汚染による長期にわたる全村避難では、避難生活に

ともなうあらゆる困難を引き受けなければならず、加えて、帰還を満たす条件（山林地をふくむ村全域にわたる十全な除染）を満たさないかぎり、安易な帰還は認められない。

住民自身の判断と政府の判断とが乖離するなかでは、当事者である住民自身による判断が優先されるべきは当然で、住民の判断に委ねた結果、短期的には帰還困難とするなら、それに見合う「避難慰謝料」を支払いつづけることが、住民の意思を尊重する最も公正なあり方であろう。「政府の判断」より、「住民の判断」が先行されるべきであり、優先する。われわれは、いつ果てるともしれぬ「長期にわたる避難期間」に対処するために、生活再建のための十全な手立てを必要とする。「避難慰謝料」は、このような準備をふくめ、生活の再建に要する時間と経費の充実をもっていなければならない。

そこで包括的補償・賠償については、「避難慰謝料の基準」の修正要求とは別個に第四項を立てることとし、第三項では「避難慰謝料の基準」を現在の月額一〇万円を月額三五万円に増額して支払うことを求めている。

現在、原子力損害賠償紛争審査会が基準として定め、東京電力が認めた「精神的慰謝料」は、月額一〇万円である。この基準は交通事故によって傷害を受け、入院した場合の最低限度の月額基準である自賠責基準に依拠している（交通事故では、治療に要した費用はもちろん別途に賠償される）。交通事故傷害といっても、最低限の傷害に対する賠償である。原子力損害賠償紛争審査会は、これを原発事故による避難生活と同等のものと見なして「避難慰謝料」の基準とした。すると、われわれが被った「避難生活」は、比較的に軽微な交通事故による入院生活に相当するものというのだろうか。原発災害による避難生活は、直後の避難では多くの人たちが五、六回以上、避難場所を転々とし、ようやく設営された仮設住宅にたどりつく。その後、借り上げ住宅への転居があり、いまようやく復興住宅への居住が進められているが、とくに仮設住宅には、十全な生活サービスも得られないままに、いまなお、多くの住民が暮らしている。どの居住形態をえても、生活の再生産の見通しも立たないままに、長期の忍耐を強いられる暮らしであり、それも、はや八年を超えて、限界に達している。

私が高校二年生の最後の日に被った大学生による居眠り運転の事故傷害では、一四日間の意識不明状態をあわせて一二〇日余の入院生活を強いられた。現在の整備された「民事交通事故訴訟損害賠償基準」（財団法人日弁連交通事故相談センター東京支部刊『民事交通事故訴訟損害賠償基準上巻〔基準編〕』、いわゆる「赤い本」）でいえば、治療費用を除いた賠償費用は、入院一月当たり五三万円という一般的基準以上の賠償を大学生に請求できたであろう。

しかし、当時はまだ、このような自動車事故の賠償基準はなく、治療費の負担以外は示談で済ませた。示談でも賠償基準はなく、話し合いによって決定し、それ以上の大きな賠償や精神的負担を与えることを避けた。また、居眠り運転は、今日では刑事罰の対象となる。しかし、私は彼の将来を考え、「縁を断つ」という意思によって対処した。これはあくまで個人の過失であり、私は幸いにも生還できたからだ。

だが、原発過酷事故が引き起こした放射能汚染被害の規模は、自動車事故による傷害の規模とは決定的に異なる。大手電力業者による巨大過失であり、原発の安全性神話を創りだしてきた政府の巨大過失でもある。すでに刑事告発されているように首脳陣は刑事罰に相当するとともに、生活の再生産の見通しもたたないままに避難生活を続けることの代償となる「避難慰謝料」は、現在のような補償額であるはずもない。

あえて、交通事故賠償に相当する額でいうなら（＊交通事故による「入院」「退院」と、避難生活を「入院」、避難指示の解除による「村への復帰」を「退院」に比定する原子力損害賠償紛争審査会の「補償・賠償基準」の論理的おかしさについては、すでに第一編の二に記した）、われわれは、本来なら「赤い本」の最高賠償額に相当する一月五三万円が妥当と判断した。交通事故では、一般的には時の経過とともに減額されることが一般的とされるが、避難生活の実態からは減額の余地はありえない。これらを勘案して、われわれは現状の「月一〇万円の避難慰謝料」を増額して、最低限度の要求として「月三五万円の慰謝料」を過去に遡って支払うよう求めている。

（4）「飯舘村民としての生活を破壊し、精神的苦痛を与えた慰謝料一人金二〇〇〇万円を支払え」の注解

第二項で示したように、人間の基本権としての「生活権」とは、「生活の恒常的かつ安定した再生産を保持する権利」だが、「最低限の生活権」を規定するについては、二つの権利を分けて規定する必要がある。一つは、国民としての「最低限の生活保障」であり、国家が対処すべき義務として、「生活保護法」が制定された。だが、現在の「生活保護規準」は明確な保障基準の算式をもたず、厚生労働大臣の裁量に依存している。このような判断の設定は憲法第二十五条の第２項に違反する。

もう一つの規定は、民法の第七百九条および第七百十条「不法行為による損害賠償」および憲法第二十五条の規定を根拠とした「生活権の侵害」に対する「最低限の生活賠償権」である。そして「最低限の生活賠償権」は、諸個人が準拠する生活背景によって大きく異なる。地域の自然の恵みを受けた風土・歴史のもとで、コミュニティが一体の生活圏として濃厚に残る中で暮らしてきた諸個人は、この生活圏が破壊され、コミュニテイがばらばらに分断されてしまえば、個人の生活を成り立たせている大切な「総体」を破壊されたに等しいものとなる。「最低限の生活賠償権」は、ここでは「生活の総体」を破壊されたことに対する最低限の「賠償要求」となるだろう。

われわれ飯舘村民は、何れの時からか、この土地で暮らしの営みを続けることとなった。その時が何れの時であったかは問わない。この土地で生まれ、育ち、生涯をすごそうとしてきた村民にとって、あるいはよその地からやってきて、ここで暮らし、この地で生涯をすごそうとしてきた村民にとって、この村が築きあげてきた経済的、文化的な豊かさは、飯舘村民に固有の「生活の恒常的かつ安定した再生産を保持しつづけてきた生

活権」をもつ場所であった。この場所からの強いられた避難・追放は、村民の暮らしの根底を破壊し、「恒常的かつ安定した再生産」を不可能とする事態に至った。この事態を回復するには、飯舘村の放射能汚染を早急に、すべて完璧に除去する以外にはないが、これは不可能だ。家族の生活の再生産を支えるのは生命の生産であり、若い世代の夫婦と子どもたちが飯舘村に戻ることだが、すこしでも放射能汚染による危険への不安があるかぎり、若い世代の帰還は望めない（「生活の再生産」の概念は、一つには「個人・家族の生活の再生産」だが、世代的にいえば「親―子（親）―孫（子）という「生命の再生産」でもあり、また、地域社会集団の再生産でもある）。

一つの土地で長年暮らし、生涯を送ろうとしてきた住民にとって、この土地での暮らしの喪失は、生活の再生産そのものが破壊されたとみなさなければならない。そして、この固有の生活権の破壊の中には、飯舘村の自治体と住民が一体となって築いてきた歴史の全てが含まれている。飯舘村は行政区住民を主体として、重要な行政判断については、行政区の了解ぬきにはなしえないという「住民による直接自治」のかたちを築いてきた。戦後の何次にもわたる総合計画は、村民の豊かさを創りだす経済的、文化的施策の積み重ねであり、それらによって達成されたものは、自治体の財産ではなく、村民の自立的な営みとあわせて、すべて村民の富、財産である。

そして、そこに村民という主体がなければ、それらの富、財産は何物でもなくなる。飯舘村の生活の破壊は、戦争によって生じた貧困と混乱の時期を超えて、村民によって成し遂げられた全ての営みの破壊である。また、飯舘村民だけがつくってきた自然の恵みの享受、村民同士の交流、都市との交流などの富の全てを喪失するものであった。また、私自身に即していえば、私という個体に刻まれた歴史は、私であるとともに、村民一人一人の個体に刻まれた歴史と同じ、村での暮らしの刻印をもつ。破壊されたのは、私という個体であり、村民一人一人の個体なのだ。

われわれは、飯舘村民として持ってきた価値の総体、富の破壊に曝されて、飯舘村民としての生活の再生産を喪失する危機に立っている。第四項に上げた申立は、これらの全ての「生活権」破壊の総体に対する慰謝料である。この慰謝料一人当たり二〇〇〇万円の請求は、飯舘村での生活の再建を当面は断念する代わりに、最低限度として総体の破壊に相当する慰謝料をえることで、飯舘村を見守りつつ、他地での生活再建を期す費用にあてる。飯舘村での生活再建を断念するという意思によって、他地での新たな生活再建に向かう意思を、私たちは、みずからの内なる生きがいとして、打ち立てる。避難生活は八年を超え、現状のままでは、われわれのうちから多くの「棄民」を生み出すことになるだろう。これは、そのような事態を回避するための必死の請求である。

飯舘村民救済申立団が掲げる第四項の申立「生活破壊慰謝料」の請求は、これまでの申立あるいは裁判では十分には提起されてこなかったが、憲法で認められた「最低限度の生活権」の破壊に対する慰謝・賠償要求として、もっとも大切なものである。これについて、申立書では、次のように書いている。

「本件事件によって、これまで積み上げられてきた飯舘村民の日々の実生活そのものが丸ごと長期にわたって深刻に破壊され、その被害は現時点で全く回復の見込みはなく、将来の展望を描けない状況に追いやられている。」

「原発事故に伴い飯舘村民としての生活を破壊されたことは、個別の財産の賠償では償いきれない人格発展に不可欠な利益の侵害に結びついているものである。申立人らの多くが飯舘への帰還をあきらめ、別の場所に生活の拠点を移さざるを得ないと考え始めている。そして、このような生活侵害は現状回復が不可能であるという意味において回復不能な損害であり、各人の今後の生活全般に深刻な影響を与え、この深刻な影響は各人の一生につきまとうものである。」

「中間指針第四次追補によれば、「長年住み慣れた住居及び地域が見通しのつかない長期間にわたって帰還不能となり、そこでの生活の断念を余儀なくされた精神的苦痛等」に対する一括賠償が提案されている。しかし、帰還が困難であるということは、1で述べたような被害の一部しか捉えていない。そのため、ベースになる金額が極めて低額になっている。しかも、中間指針の一括賠償では、これまで支払われた避難慰謝料が控除されているが、避難慰謝料は、本来、避難にともなう精神的損害に対するものであり、生活破壊に伴う精神的損害とは別物である。

「そもそも、原発事故によって、それまで定住圏の中に一体となって存在していた諸機能（自然環境、経済、文化）がバラバラに解体されるという重大な損失が発生した。その結果、村民は、そのバラバラにされてしまった機能のうちどれをとるかというきわめて困難かつ理不尽な選択に直面した。」

最後の引用にあるとおり、飯舘村民はこれまで築きあげてきた「生活の再生産」の基盤となる固有の生活の全てのありようを破壊され、バラバラに解体させられた。この全てのありようのいくつかをつなげても、生き直すための力とはなりえない。生き直すためには、破壊された村の生活総体のあるがままの復元が不可能な以上、これを当面は断念する意思と引き換えに、必要な補償・賠償をえて、新たな生活再建の力を得なければならない。謝罪と補償・賠償の要求とは、単なる金銭の問題ではない精神的な力を呼び起こすものだ。事故原因者はこのことを知っておくべきだ。（「生活破壊慰謝料」の申立については、巻末の申立準備書面3の全文を参照されたい）

（5）「避難指示区域の如何にかかわらず、住居確保に関する損害を提示した者に対する財物賠償の金額は、条件を付すことなく『賠償上限限度額』を支払え」の注解

最後に掲げる申立の第五項は、財物賠償の代替についてである。われわれは、たとえ政府方針による「避難指定地区解除」がなされたとしても、一般公衆の年間積算線量一ミリシーベルトを超えてはならないという政府が設定した「本来の基準」を満たさないかぎり、汚染地域への帰還は基本的に認めない。このような政府の帰還指示は、憲法第二十五条第2項に記す「国は、すべての生活部面について、社会福祉、社会保障及び公衆衛生の向上及び増進に努めなければならない」とする条項に反する。指示そのものが、事態を安易に見た、明らかな憲法違反であり、社会福祉、社会保障及び公衆衛生を悪化させる行為である。われわれは、安易に帰還して、平穏で不安のない生活の再生産がなしうるとは考えない。生活を破壊されたことへの謝罪と全面的な賠償をおこなおうとはしない東電および政府による帰還指示に、唯々諾々と従うような卑屈を持ち合わせていない。あるいは、われわれの中には早期の帰還を企図する者もいるかもしれないが、それは危険を覚悟した上でのぎりぎりの意思によってなされるにすぎない。われわれの多くは、早期の帰還を断念し、代替する土地をえて住宅を確保し、生活を再建する。

この住宅確保においても、われわれは切実な矛盾に直面する。飯舘村から離れての長期的な避難を踏まえて、土地を求め、住居を新築することで生活再建の一歩を踏み出す決断をする人たちが増えてきた。その場合、飯舘村にある宅地・家屋資産等を「全損」として計上しても、その時価価格は新築住居の価格に遠く及ばない。新築する地域での土地および建築の価格は、地価、資材と工賃共に上がる一方であり、この差額をいかに処理するかは、生活再建にとって切実な課題となる。

第五項の申立要求は、原子力損害賠償紛争審査会が「中間指針の第4次追補」で定めた「住宅確保にかかる損害」の規定に対する異議申立である。この追補指針は、主として、帰還困難地域および大熊町・双葉町の居住制限区域および避難指示解除準備区域の住民に対してなされたものであって、飯舘村でこの規定の第Ⅰ項に該当するのは、帰還困難区域とされた長泥地区以外にはあてはまらない。

第Ⅰ項の規定では、該当する区域の住民が別の地域に宅地および住宅を取得した場合には、住宅については元々居住していた住宅の事故前価格と新たに新築した住宅の価値との差額のうち、最大七五％を賠償する。同じく、宅地については、宅地（居住部分に限る）取得のために実際に発生した費用と、事故時に所有していた宅地の事故前価値との差額を賠償する。ただし、（a）所有していた宅地面積が四〇〇㎡を超える時には、四〇〇㎡相当分の価値を所有していた宅地の事故前価格を賠償対象とし、福島県都市部の平均宅地面積より大きい宅地を新たに取得した場合には、福島県都市部の平均宅地面積を取得した宅地面積とし、取得した宅地単価が高額な場合には、福島県都市部の平均宅地面積に、福島県都市部の平均宅地単価を乗じた額を取得した宅地価格として、差額を算出し賠償する。（b）所有していた宅地面積が福島県都市部の平均宅地面積より小さい場合には、所有していた宅地価格と、所有していた宅地面積に福島県都市部の平均宅地単価を乗じた価格の差額を補償する、また、取得に要した登記費用、消費税等の諸費用を賠償する、とされている。

飯舘村で長泥以外の地区の「住宅確保にかかる損害」の賠償は、第Ⅱ項に記されていて、第Ⅰ項以外の避難指示区域内に住居をもつ者が移住等をする場合には、この行為が「合理的であると認められる者」についてのみ、第Ⅰ項の補償額の七五％に相当する費用を賠償すべき金額と認める、と規定されている。

われわれの要求は、五年を超える避難生活の上に、政府が実施しようとしている「避難解除指示」によっては、なお帰還困難とする者が圧倒的である以上、避難区域以外に生活再建に向けて新たな宅地と住居を確保しようとする住民の意思は、当然の行為であり、この意思を阻止するような賠償の指針を認めるわけにはいかない。原因者は東電および政府にあるのだから、住民の生活再建への意思を損なうような賠償の措置が認められるはずがない。賠償をおこなうには、「合理的であると認められる者」などという、賠償者側がいかようにでも判断できるような一方的条件を付すことなく、全ての避難指示区域に住居をもつ者に対して賠償すべきであり、また、所有する住宅の価格と新たに取得する住宅価格の差額に関する条件についても、「中間指針の第4追補」が示す『賠償上限限度額』を全ての避難者に対し、最低限度として、等しく賠償すべきだ。

避難指示区域内にあるわれわれの住居は、屋敷地およびその前に広がる田畑、背後にある山林などと共に一体の生活環境をなしている。これらは私たちの生活の再生産をなす基盤となってきた生活様式であった。ところが賠償では、住居が立つ範囲にかぎられた宅地の広さを四〇〇㎡の価格に限定し、新たに取得する宅地については福島県都市部の平均宅地面積に限定するだけでなく、平均宅地面積に平均宅地価格を乗じた価格を限度とする条件を付し、その差額を賠償するものとしている。

この賠償計算は、われわれが生活再建をもとめて宅地と住居を新たに求めようとするとき、宅地の周囲に屋敷地や田畑を得ようとする意思を排除するものとなるだろう。飯舘村の農村では当たり前であった生活基盤となる環境は、新たな生活再建の場では必要がない、そこで暮らすなら、転業せよと指し示しているようなものだ。しかもなお、帰還困難地域または大熊町、双葉町以外では「合理的であると認められる者」しか、避難指示区域以外での賠償には応じられない、と条件が付されている。これは、「避難指示解除」がなされたら、ただちに「戻ってきなさい」と言っているに等しいものだ。われわれは、このような条件による賠償は、「生活の自由」、「生活の再生産」に対する侵害と考える。このために、最低限の要求として、一切の条件を付さず、「中間指針の第4追補」が示す『賠償上限限度額』を全ての避難者に対して等しく賠償すべきであるとした。

(6)「東京電力は、申立人らに対して、申立人らが本件申立について支出を余儀なくされた相当な弁護士費用を支払え」

われわれが、この申立をおこなうについては、三〇〇〇人を超える申立人の一人一人についての聞き取りを弁護士団にお願いし、膨大な申立書を用意して「原子力損害賠償紛争解決センター」に提出し、かつ、長期にわたる和解案の成立にいたるまでには、長期にわたる相当の費用を要する。この申立をしなければならなくなった原因者もまた東京電力である以上、その費用の一切を負担すべきは東京電力にある。第六項の要求は、この支払いについての要求を記したものである。

以上によって、われわれは、当面、なにより直接的な原因者である東京電力（株）に対して謝罪ならびに補償・賠償を要求するが、もう一つの原因者である政府の原子力関係責任者、および第二項に記す「長期にわたる無用の放射能被曝」に関しては、行政側に対しても、いずれその責任と罪を明らかにするつもりである。

日本国憲法は次のように記している。

第十五条　公務員を選定し、及びこれを罷免することは、国民固有の権利である。

②　すべて公務員は、全体の奉仕者であつて、一部の奉仕者ではない。

第十七条　何人も、公務員の不法行為により、損害を受けたときは、法律の定めるところにより、国又は公共団体に、その賠償を求めることができる。

第十五条第2項は、「公務員は、全体の奉仕者であつて、一部の奉仕者ではない。」と明言している。また、第十七条は「公務員の不法行為により、損害を受けたときは」「国又は公共団体に、その賠償を求めることができる」としている。今回の放射能汚染の事故原因をつくってきたのは「原子力安全神話」を掲げてきた政府の原子力政策であり、また、避難指示区域の指定を遅らせたのも、原子力災害対策本部事務局・原子力安全委員会事務局および飯舘村当局であり、五年を超える避難生活によってもなお容易には帰還しえない状況にもかかわらず、帰還政策を推し進める政府と、これを受けいれている県および村首長の責任は明らかである。なによりも重要なのは、避難者の生活再建であり、賠償問題の解決と、生活再建に必要な諸政策を進めることこそが求められている。避難者のうち、帰還したいと希求する人たちの多くは高齢者だが、高齢者の子弟の支援なしには、帰還してもその生活を支えることは困難である。高齢者の「帰還したいという希求」を人質にしたような「帰還政策」の推進はやめ、高齢者が避難指示区域の周辺地域で、家族とともにゆったりと暮らせるような住宅政策を早急に用意してもらいたい。また、放射能被曝によって、身体の不安と不全を抱えこみつつある避難者の健康、とくに子どもたちへの十全な配慮が求められる。私は、これらのことを申立の諸項とともに、ぜひとも求められるべきものとしてあげておく。

一〇．人間存在の基本権――存在権・生活権と生活価値

福島第一原発の過酷事故は未曾有の「生活破壊」を惹き起こした。われわれが積み重ねてきた営み、家のたたずまい、眼前の風景の、あそこも、ここも、到るところ、目に見えない放射性物質の粒子が舞い降りて、風景にはとつじょ何か知れぬ膜がかかった。繋いでいたものは、ぜんぶバラバラになり、ギシギシと音を立てて崩れ、凍え震えるちっぽけな身だけが残された。われわれは、身一つの守れるものから、立ちあがる。幾たびでも立ちあがらなければならない。そのとき、失ったものの大きさを見定め、回復すべきもののかたちをひたすらに見つめつづけ、破壊されたものに拮抗する規模の力を幻視しなければならない。私たちは声をあげる。この危機こそが、全てを見せてくれる。失ったものが何か、危機だからこそ、その全てが見えてくる。われわ

れは、身一つの凍え震える身だが、確かにここに生きている。そうして、ここに生きていることをみずからに証立てなければならない。それだけでなく、われわれが大切にしてきたものが、いとも安易に抛りだされている事態に気づき、抗議の声をあげる。以下にしるす「存在権」と「存在倫理」、「生活価値」についての言明は、われわれが喪失したものに賭けて書き記しておくべきことだ。

●「存在権」および「存在倫理」

国際連合が一九四八年一二月一〇日に採択した「世界人権宣言」は、イギリスの「マグナ・カルタ」(一二一五年)にはじまり、アメリカの独立宣言、フランスの人権宣言を経て、今日、民主主義にもとづく国民国家が等しく掲げている「基本人権」についての考え方をより明確に普遍化して規定した宣言として知られる。その後に締結された「ヨーロッパ人権条約」などは、ヨーロッパ諸国が、「世界人権宣言」を踏まえた諸国集団の条約として国内・国際間での基本人権の規定を具体化しようとしたもので、これにより、ヨーロッパ諸国家の上に立つ基本人権にかかわる法廷、「ヨーロッパ人権裁判所」が創設された。

西欧の歴史が創造してきた「基本人権」の概念の大容、その具体化としての人権法や独立した機関の設置は高く評価されるべきだろう。と同時に、「人権」の概念を超越的・抽象的な概念として立てるについては、すこしだけの異和を感ずる。われわれは、唯一神に根拠づけられた人間中心主義的な「尊厳」でもなく、西欧人が自然に理性や秩序を与えることで概念化した「自然法」によってでもなく、全てこの世界に現存するものの「存在」によって、「存在することとそれ自体」の価値と権利を「存在権」と規定する。存在するもの同士は、相互に害することもあり、また、相互に利益をえることもある。殺しあうこともあり、援けあうこともある。これは、私が出会った人生上の危機を経て、体験した事実そのものから考えつづけたことである。

私がここで、もっとも大切とおもうのは、存在するもの同士が不可避に向き合っているという事実だ。人と他の生き物との関係でいえば、蚊が刺しに来れば、多くの人は蚊を叩いて殺すだろう。ジャイナ教徒は蚊一匹も殺さないという。われわれが生き物を殺して、人間相互にだけは、法によって人間を殺してはいけないとするのは、人間だけが「神の似姿」をもち、「崇高」な尊厳性をもつからではない。少なくとも自分の属する家族・親族、さらには部族民相互の間だけは、「殺人」を許さないとする習俗を育み、これを拡張してきただけだ。それがやがて、「法」のかたちを生み出した。けれども、そこにはいつも例外規則があり、国法のもとで警察と軍隊には「殺傷兵器」の使用が認められ、犯罪に対する極刑として「死刑」や「無期懲役」があり、「戦争」では殺人が許される。

このような例外規則は、存在相互の一対一の状況とはおよそ異なる国や民族の規範、法によって動かされる。戦争の現場では、「戦わなければ、殺されるから、殺す」と考え、人を殺してのちに、その悲惨な事実に触れて心を病むこともあるし、「殺したのは止むを得なかった」として、忘れ去ろうとする者もいる。

われわれの意志からいえば、戦争といった民族あるいは国家同士の抗争の現われに対しては、実際に、強いられて戦いに直面する者同士の、向き合いの場から惹き起こされる体験の総体から決して眼を離さないことだけが「生の準拠」となる。この体験の総体の場所から、戦争に動員をかけるイデオロギーの位相が、大きな乖離をしていたなら、われわれはそのようなイデオロギーによる制圧に疑問を置き、あるいは拒否する。そこに、人間の「存在倫理」となるべきものがある。

●個体相互の体験の総体から眼を離さない

人間の「存在権」と「存在の倫理」は、個体の体験の総体、個体相互の、時には対抗しあって生ずる相互的な体験の総体から眼を離さず、そこから乖離する制度や観念が個体相互の生存の抑圧、圧制を生み出すときには、いつでもこれを明瞭に分離して対処する、あるいはそこから増大する「霊威」を解除する「倫理」を打ちたてる。そして、この「存在権」のもとに「生存権」と「生活権」を定礎する。このような定礎は、法的には「国家法としての憲法」の基本人権の概念よりは、私人相互の利益調整の歴史経験をふまえて造られてきた「民法典」のもつ具体的諸個人の経験から出立する立場に近い。

ただし、ヨーロッパの「民法典」の思想的根拠をなすような、「人間だけが他の生き物に対して尊厳をもつ」からではない。他の「生き物」に比して、ただ「人間」だけが過剰な集団幻想の観念と制度を創りだしてしまったからだ、と言ってもよい。また、個人主義的な観念によって、個体がそれ自体で完結した「モナド」のような尊厳をもつとも考えない。「個体の存在」が「権利」や「倫理」をもつのは、個体が「環境世界（生態的自然）」と国家、法、金融・生産＝消費、観念の制度といった「社会体制」のなかに埋めこまれており、また、たえざる他者との交渉のうちに置かれているからだ。したがって、「個体の人権」は、個体のみで完結する「尊厳」においてではなく、個体内部の自己間関係、個体相互、個体と環境世界、個体と社会体制のなかで、どのような基本となる法的定礎がなされるべきかを含まなければならない。

生き物たちは、一対の雄と雌が生涯を共に暮らし、子育ても雄雌が協力しあって暮らす動物もいれば、一頭の雄が複数の雌と交尾し、子を生ませ、ファミリー集団が縄張りをつくっていることもある。他の強い若い雄がファミリーを乗っ取れば、雌たちはこれに従ったりする。また、蟷螂の雌は交尾を終えた雄を食いつくす。人間以外の生き物は、多くの事例では、それぞれの生態環境を生き抜くための個体相互の基本的な体制をもっている。「パンツをはいたサル」である人間だけが、個体相互の体験の総体を踏み外したところで、多様な「幻想の観念と制度」を創りだしてきた。このことが、個体の「存在」のありように、大きな乖離を生み出すこととなった。

生き物の定位に近づいた、ごく自然な生き物の「存在」の態様を、人間についていうなら、決して個体相互の体験の総体をふみはずさない「存在権」と「存在の倫理」を、われわれの生存の準拠となる人権として、国際連合「世界人権宣言」、フランスの「人および市民の権利宣言」と「民法典」、「日本国憲法」に記された「基本人権」に関する規定に書きこまなければならない。

●「生活の再生産」のための価値基準

生活の再生産の形態（あるいは様式）は、住みつく場所の大地性と、生業を基盤とする生活形態（あるいは様式）によって、大きな差異を生ずる。そこでの生活価値のありようも異なる。ところが、現代の資本制にもとづく都市生活では、生活の再生産の形態（あるいは様式）の市場価値が、「時価主義」的計算に強度に傾斜している。
（一）大都市を除く地方の生活形態では、生活価値に占める大地（自然）からのあらゆる贈与性がきわめて高い。大地からの贈与による生活価値は、資本制的な生活がもたらす価値観では評価できない。これに比して、大都市での生活形態では、大地からの贈与はあるにもかかわらず、その贈与価値はただ、大都市がもつ資本制的に構築された生活形態の中で、「利便性」というかたちでのみ資本制市場の評価枠に近づいた「市場価値」の評価がなされる。この「市場価値」は、投資資金の短期的な回収を目標とした「時価主義」的計算によって制御される傾向が強い。大都市と大都市以外の地域とでは、大地（自然）が与える贈与性は、生活価値からみたとき、逆比例している。生活権の「賠償」のような事態においては、生活価値の差異がはっきりと顕在化する。
（二）したがって、大都市以外の地域での個体の生活権（生活の再生産）の再建にかかわる賠償では、資本制的な土地評価をはるかに超えた、大地からの贈与部分をふくめた生活価値を加算しなければ成り立たない。日本政府が「中山間地振興策」として「地方交付税」の比率を高めているのは、大地からの贈与価値に見合う地域の資本制的な価値が極度に低減していることに対する、資本制による補完的な価値贈与ともいえる。地域を丸ごと破壊するような「危機」では、その故にこそ、地域と地域住民がもつ諸価値の総体価値がそこに全て露わとなる。地域を丸ごと破壊した者は、この総体価値を復元するだけの賠償をしなければならない（国連は、国民勘定体系の内に、これまで含まれてこなかった環境経済勘定を入れることで、環境・経済統合を創るよう各国に求めている。これは、自然環境の破壊・保全の全体性を経済勘定に含めるこれまでにない試みであり、賠償勘定の対象としても扱えるであろう。ただし、土地に暮らす人々の自然への関与を「生活価値」として勘定の基本に置く仕方とは異なる）。

（三）大地の恵み、贈与を基盤とする生業は、狩猟・漁撈業、農業、林業、牧畜業、飼育業（生糸業、蜜蜂飼育業その他）などである。これらの生業は、比較的に境界を持たないフィールドから、各家の区画をもつフィールドまでをもつが、どちらの場合でも、自然のフィールドを占有できなければ成り立たない生業であり、大地の贈与性はきわめて高い。これらの生業にも、現代化された生業部分が次第に高まっている。たとえば、農業は「種子の資本制的な取引」により、その根幹がとりこまれつつある。また、国際資本、国家資本による世界的な「土地囲い込み」の活動が高まりつつある。そこでの生産形態の変容と生活形態の価値の変容は、「生活権（生活の再建）」の概念の切実さをいっそう高めるような、大きな影響をもたらしつつある。

（四）人間と大地との関わりには、歴史を重ねた人為による大地の改造がふくまれている。林業と山菜採集・狩猟などを主とした山間地の自然村規模の集落では、山林地が開拓される。農業がおこなわれれば、樹木は伐採され、山地の形態も改造されて、そこに耕地が営まれる。農業主体の地域および中山間地の生活形態は、絶え間のない自然の改造の歴史でもあり、それによって、人間的に階和した独特の自然景観が造りだされてきた。

長大な時間をかけて生まれた村の自然は、そこに生きる人々にとっての固有の価値であり、自然村を基盤とする人間関係とそこから創りだされた諸文化もまた、固有の価値、固有の無意識的な共同の力をもつ。これらは、共同体の成員が共有し分有する固有の価値であり、その破壊は、成員の各個体の「存在権」、「生活権」に帰属する。

もし、国または国が押し進める政策を遂行する団体によって、この共同体の生活総体、諸価値がバラバラに破壊されたなら、（1）地域に暮らす各個人は、この地域に固有の「生活権」の再建に見合う謝罪と賠償を受ける権利がある。また、（2）自治体を代表する首長は、自治体としての賠償請求と合わせ、成員個別の賠償請求を支持する義務がある。（3）国および国の支援する団体が犯した生活権侵害に対しては、ただちに謝罪と十全な賠償をおこなう義務がある。

（五）最後に、共同体の生活の総体、これを育んできた環界の自然の総体を根底から破壊するような「過酷事故」が起こった時、この事態から共同体の成員個々人、および環界の自然の価値を復元する方途がいかに困難な試練の事態に直面するか。これに対する「賠償」では、喪失したものの価値は（入院費用計算のような）表面的な価値算定ではとうてい計りえないこと。その賠償は、共同体に対する賠償よりも先に、まずもって共同体の成員に対してなされるべきだ。

この意味は、地域の「生活破壊」とはなにかに対する問いを含んでいる。危機的な放射能汚染という事態は、これまで何気なく受け取っていた自然の恵みがどれほどのものだったか、喪失してはじめてその価値に気づかされる。いいかえれば、無意識に受け取っていたふだんの生活価値の総体が、危機の中ではじめて露頭して個体的に感受される。この感受されたものの総体が賠償の対象となる。

また、はじめて意識化された、失われた価値の復元は、共同体の成員への直接的な賠償によってはじめて果たされるべきである。その理由は、喪失した生活諸価値の復元は、賠償を受ける成員の修復に向けた努力を得てはじめて実現されるものだからだ。

以上、「生活権」について、われわれの実感に即して生活権という概念が内包するものをより明確にする必要を感じ書き記した。また、「人間の尊厳」という抽象概念が基本権の現実的な地平に一つもふれないのに対して、ここでは、私自身が出会うこととなった人生上の危機にいかに対処してきたかを内省し、このような危機がだれにでも起こる普遍性をもつことを踏まえて、その現実性に見合う概念の提示を試みた。直接的な体験に根ざしたものでなければ、個体の存在権が包むものを明らかにはできない。

わたしにとっての第二の危機、高校二年の自動車事故では、脳内出血のために二週間気を失い、そののちもひどい「記憶障害」に襲われた。記憶障害のために中学二年からの教科書をすべて復習せざるをえなかった。この復習で「中学教科書」がいかにすばらしいものかに気づいた。こういう自覚は、それまでの学習ではありえなかった。たとえ、自動車事故の賠償費用をえたとしても、私の修復に向けたふだんの努力なしには、記憶障害の克服はありえなかった。

全村避難後の生活をどうするか。私は一日でも一年でも早く、農業をやる人は農業。仮設にいる人も、村で暮らしてきたこれまでのパターンを崩さない形で生活できるような環境をつくるべきだと考えた。仮設の人も花を作ったり、野菜を作ったりできる環境。あるいはゲートボール、パークゴルフ、グラウンドゴルフをやっていた人たちもできる状況を。以前の生活からまったく切り離された仮設住宅の暮らしではなく、それ以前の継続してきた毎日の暮らしができる環境を一日も早くつくる。外であっても、よそであってもやるべきだというのが私の考え方だったから、それを世話してつくっていった。その継続で畑を作り続けている。あるいは自立して避難先で新たに経営を始めた人もいっぱいいるわけだし、アグリ（椏久里珈琲）のように、福島市にきちんと店を構えて前に進んだ。それが正しいのだと私は思う。わずかばかりの賠償を得て、なにもせずに暮らすだけでは、ほんとうの生活破壊の克服にはならない。そのためのほんとうの謝罪と賠償を求めなくてはならない。

したがって、「賠償」と「謝罪」は、自治体としての「飯舘村」に対してよりも、まず直接的に飯舘村民に対して優先して「賠償」と「謝罪」を十全になされるべきである。国からの復興予算の獲得に血道をあげ、その予算を掌握して「村」の復興事業を先行させる村政策の過ちは、村民一人一人の生活再建への努力なしには、復興はありえないことへの無視を示している。

以上の主張は、今日の民法典、諸国憲法のなかでも、高い水準の内質をもつ「日本国憲法」に見合うものと考えている。直接的な体験に根ざしたものでなければ、個体の存在権が包むものを明らかにはできないからだ。

二一・自治体の「行政権力」と「公務員の基本倫理」

●税の滞納、「抵当」処分と生活権

私は、長い間、飯舘村の行政職員として働いてきた。自治体職員の使命は、「日本国憲法」の下での諸法律と各省庁が施行する政令、省令、規則、要項、さらには、飯舘村が施行した条例等に忠実に、行政をおこなうことが前提となる。このため議会を担当して、「条例・規則の整備・改正」をおこなった際に、飯舘村の行政に使いやすいような「例規集」の編集をおこなった。このときに、徹底して法令の読み取りをおこない、この国の法令の構成を自分なりに把握し尽くした。この作業によって、法制体系およびさまざまな法令のもつ欠陥についても、つぶさに思い知ることとなった。憲法、民法はさておき、これらの法律、省令、規則類は、住民、村民にとって決して十分に、公正なものとは言いがたい。これらの法制がもつ不備を補うものとして、自治体

による条例制定などがあるだろうが、もっとも大切なことは、法制が規定しない部分で、「人間の基本人権」の保全・充実にふさわしい自治体職員としての業務をおこなうことであった。

そして、自治体職員の最終的な職務は、自治体構成員の個々人の顔が見えるほどに、村民個人とその家族のすがたがわかり、全ての村民の個人・家族の生活の基本権が保全され、より豊かな生活を確保できるようにすることにある、と考え続けてきた。一つの例をあげておきたい。

平成六（一九九二）年四月、私は、飯舘村企画課振興係長に配属され、役場新庁舎の周辺環境整備、ビレッジハウスの建築、村のほんやさんの開設運営。医療福祉施設ゾーン（現在のいいたてホームの場所）の造成など、村自治の新たな基盤となるしくみをつくりだす役務の核となる場所にいた。これは四代目・斉藤長見村長（昭和六二［一九八七］年～平成八［一九九六］年、四期就任）のすぐれた執政のもとでおこなわれたものである。

ところが、平成八（一九九六）年に五代目・菅野典雄村長が就任するとともに、新村長により、企画・総務などの村政中枢からはずされ、平成九（一九九五）年四月、（財）飯舘村振興公社事務局長に配属された（四六歳）。

このとき、私は村政上、改革を要する困難な職務ばかりを引き受ける立場となった。（財）飯舘村振興公社の赤字問題を一年で解決、翌年には飯舘楽園㈱の総支配人を併任して改革をおこなうと、翌年の平成一一年四月には、住民課主任主幹兼税務係長に配属された。村税全般の担当だったが、そこでかねて問題となっていたのが、村民滞納者に対して、どのように対処して解決（現行の行政上では「処分の措置」）を行うかであった。

村税の滞納だけの場合は、悪質な事例は別として、財産差押えを通達するのが一般的だ。差押の通知をし、実際の「差押処分並びに登記」まではするが処分執行はしない。ところが、村税だけでなく、農協なり、銀行なりの貸付が大きな額となり、滞納のため、抵当権によって土地・家屋などの「処分」の要求があると、そのままではすまなくなる。そうなると、実行された個人・家族はほとんど丸裸にされてしまう。これまで維持してきた「生活権」そのものが剥奪されかねない状況にあった。

「地方自治法」の「第二条の二の16」には、「地方公共団体は、法令に違反してその事務を処理してはならない」とある。縦割りの業務上でいえば、税務担当者は滞納が限度を超えている村民に対して「処分」をおこなわなければならない。ことに他に貸付の滞納があれば、「処分」を迫られる。けれども「処分」された住民に対して、どのように住民の生活権を保全するか、そこまでは法律は何も義務づけてはいない。

一般には、滞納していて処分されるのは、「処分される人が悪い」というぐらいのものしかない。でもそうではない。一生懸命努力して、村で貢献しながら働いて生活してきたけれど、よくよく行き詰ってしまったわけだから。その人を「はいどうぞ、そうですかって、村から追い出すの？」「そんな行政ってありますか」。「その人どこにすがればいいの？ すがれるところがなくなってしまう」。それは、やっぱり行政の本来の姿ではない。

抵当権で競売するとなると、債権をもつ村と農協や銀行が「協議」をしなければならない。そこで、私は協議の場で、村民の生活権をどうするのかを考えてもらいたいと提起した。

「貢献してきた人を追い出すの？ 村営住宅が、空いていれば入れられる。空いてなければ入れられない」。「働く場所も見つけなければならない。でも、村内にいれば戒められっから嫌だ。やっぱり別天地に行きたい」。「どこに行く？」。「原町に行きたいってときは、原町の市営住宅は入れるようにして。こっちを処分して。働く場所も何とか見つけられるようにしてもらいたい」。これは、私が探したんじゃない。処分の協議で、「皆さんはこの人を追い出してどうするの？」「この人の話を聞いたの？」「この人は原町に行きたい、どっかで働きたいって言ってんだよ」。「じゃあ、みなさんが、市営住宅借りられるなり、仕事を探してやるなり、先にやりなさいよ。農協のほうが本気になって、それをやりなさい。そうすれば村も同意して処分しますから」と言った。幸いに、当時、飯舘農協はそうま農協と合併していたから、担当課長と金融課長と話をして、この申し入れを受け入れ、原町の市営住宅と職をみつけてくれたので、競売は実行された。その村民家族は、村を離れるとき会いにきて、涙ながらに感謝された。その家族は、たとえ飯舘を離れても、ふたたび生活を再建する道筋をつかむことができた。

村の自治行政のありかたは、単に法令を忠実に執行すればよいというものではない。その法令の執行が「憲法」のかかげる「基本人権」の保全ではなく、毀損や破壊に及ぶなら、これを超える手立てを考えることが、行政職員のありようであるべきだ。「憲法」だけでなく、自治体の存立根拠である「地方自治法」の理念に沿った行政をやるのが、行政本来の姿だ。時あたかも地方分権一括法による地方自治法の改正が課題となり、平成一一年七月、「地方分権の推進を図るための関係法律の整備等に関する法律」が成立、これに基づいて、翌年、地方自治法の改正がおこなわれた時であった。改正地方自治法の第一条の二にはどう書かれたか。

【地方自治法】（昭和二二年四月制定、平成一二年地方分権一括法による改正で、第一条の二の条文が明確に加えられた。）

第一条の二　地方公共団体は、住民の福祉の増進を図ることを基本として、地域における行政を自主的かつ総合的に実施する役割を広く担うものとする。

② 国は、前項の規定の趣旨を達成するため、国においては国際社会における国家としての存立にかかわる事務、全国的に統一して定めることが望ましい国民の諸活動若しくは地方自治に関する基本的な準則に関する事務又は全国的な規模で若しくは全国的な視点に立つて行わなければならない施策及び事業の実施その他の国が本来果たすべき役割を重点的に担い、住民に身近な行政はできる限り地方公共団体にゆだねることを基本として、地方公共団体との間で適切に役割を分担するとともに、地方公共団体に関する制度の策定及び施策の実施に当たつて、地方公共団体の自主性及び自立性が十分に発揮されるようにしなければならない。

「第一条の二」の条項は、平成一二年の地方分権一括法による改正において、地方公共団体は「住民の福祉の増進を図ることを基本」とすると、はじめて書き加えられた。また、国と地方公共団体の役割分担の地位については、「第一条の二の2」で、「住民に身近な行政はできる限り地方公共団体にゆだねることを基本」とするとある。基礎自治体とされる市町村の役割は、「住民に身近な行政」をおこなうことにあり、行政が責任をもってかかわる対象は、一定の地域区画を受け持つことではなく、「住民そのもの」であることが示されたのである。だから倫理に反する行政はありえない。住民のニーズに応えない行政は、行政の倫理に反する。平和憲法があって法律でそういうふうに定めていて、そこに住む自治体の住民の福祉の向上のために尽くさなければならないのが、自治体の行政である。

このような私の行政職員としての倫理観に対して、「それはわかるとしても、行政職員のあり方としては、逸脱しているんじゃないか」、「通常与えられた役務を超えた過剰な仕事を負ってしまって良いのか」とも言われた。行政職員はふだんの職務では縦割りの仕事を与えられ、その範囲でしか仕事をしていない。けれども、その縦割りの仕事の枝分かれした元をたどってみれば、みんな村民に対する業務としておこなわれている。村民に対する業務の核心はなんだといえば、村民一人一人の「基本人権」「生活権」を大切にし、その生活を豊かにしていくことにある。枝分かれした一人の職員の業務も、元はここにあるのだから、与えられた業務をしっかりとやらなければならない。

けれども同時に、もし携わっている職務の範囲でおこなう行為が、村民の生活権を剥奪するような事態になるなら、大元に戻って考える。行政の全ての仕事との関わりをたどって、この行政行為の結果を考え、村民の「生活権」を剥奪することにはならないように、救済の手立てを考えなくてはならない。

またもし、行政の全ての仕事との関わりで手立てがみつからなければ、その村民を手助けする方策がないというわけでもない。行政職員のありようの大元に帰るなら、手助けする方策はみつけなくてはならないし、また、みつかる。その人がどうにもならなくなって、「財産潰してしまって、路頭に迷う。岸壁から突き落とされてしまう」。「どうしてくれるの?」って、行政にすがってきたとすれば、「なんと応えるの」。行政っていうのは、そうなった人も救わなきゃならないわけですから。「なす術がありませんて言うの?」「そうじゃないでしょ」。「こうなったときには、しっかりと、別な自治体なり村内の住宅なり、働く場所なり、あるいは生活保護なり、そういう手段を考えるのが行政の仕事」。原町に行った人がほとんどですが、そこで市営住宅に入れる、働く場所もなんとかなる。「そこまでやった上で処分してやらないと、だぁめ」というのが、私の自治体職員としての、また、人間として対処する倫理観、私はそういう信念をもって生きてきた。

じつは税の滞納だけなら、それほど大きなものではない。農協が担保権をもって貸し付けていたお金のほうがずっと大きかった。けれども、担保権による「差押え」では「協議」をしなければならない。自治体は農協と深く結びついているから、自治体が「うん」と言わなければ、農協は「処分」に入れない。農協と関わる自治体の業務はいくつもあるわけだから、行政職員の担当業務の範囲ではむずかしいけれども、業務を水平に横断して、事に当たることを踏まえれば、農協に対してこういう「要請」はできる。それによって、財産処分されて生活権を剥奪される住民に力添えできる。

基礎自治体の権力と直接民主主義の慣行

この事例からはっきりとわかることは、「基礎自治体」もまた一つの「権力」。村民個々人がもつ力とは異なって、地域諸団体に対してある種の力を振るえる「権力」をもっている、ということだ。同時に、「基礎自治体」

のもつ権力は地域住民の「生活権」に近いところにある。権力の源泉としての「国民＝地域住民」も、眼でたしかめられるところにいる。さらに居住地域のコミュニティを限定して自然村規模の「行政区」でみるなら、そこでの権力は行政区住民の力そのものに近づく。飯舘村が、大切な行政決定は「行政区の了解」をえるという「直接民主主義の慣行」を創りだしてきたのは、「行政区」が「権力」のありようを制度的に「制御」する「抵抗体」となる、そういう場所として確保してきたからだ。

「基礎自治体の権力」は、地域住民の生活権の保全と、よりよい生活の向上にむけてなされる限りで、「権力」であることが認められる。税の徴収権もまた、その範囲にある。もし、住民一人一人の生活権が危機におちいり、破壊されたり、剥奪されたりする事態が生じた時には、一つには、この事態を惹き起こした者に対して、保持してきた最大限の権力を発動する義務があるし、二つには、事態の原因の一端に村民自身の生活行為がかかわる場合には、その人の生活権を最大限に保全するとともに、その人の「人格権」、「生活権」にかぎりなく近く「権力」の腰を低くして、あい対するべきだ。これが基礎自治体存立にかかわる倫理であり、自治体首長とその指揮下ではたらく行政職員の倫理でもある。もし、首長の判断、行為がこの基礎倫理から逸脱するところでは、地域住民はこれを認めるわけにはいかないし、自治体職員もまた、この逸脱にしたがう根拠はない。

実際に行政職員として働いた経験でいえば、行政は都合よく縛りを作りすぎている。日本の法律は縛る法律。それが法律だという人もいるが、そうではない。法律というのは常識の上に成り立つもの。人が考えているだけのもの、その柱になるものが法律だ。憲法の理念の大元からすれば、そうなるはず。法律の縛りのなかに入って、縛りの規定ばかりにこだわっていると、常識からそうだと理解されて判断できることが、うまくいかなくなる。

そして、行政がおこなったことは「常に正しい」という頑な態度を一貫して通そうとする。そんなことはありえない。行政だってまちがえることは、いくらでもある。権力の行使でまちがえることは、個人、住民がまちがえるのとは違い、責任が大きい。だからこそ、「間違いはない」と主張したがる。明らかに過失があった場合でも、では、どこにその責任があるかを明確にしない。しばしば「無責任体制」とよばれてきた日本の官僚機構の危うさは、行政体制のうちに、「責任の論理」をはっきりと組みこんでいないところにある。

私はいま、村民の税の滞納が、農協から処分の協議を求められて、「村に貢献してきた人を追い出すの？」と記した。その意味は、村民が「かつては村税を払って村に貢献してきた」のに「追い出すのか」ということにかぎらない。その村民は、この村で暮らしてきた。暮らしてきたということは、具体的にこの地域で生活してきたのであり、抽象的な納税者としてだけ村の行政体と関わっていたわけではないし、そのためにこの村に居たわけでもない。その人の暮らしの経済は、村の経済の一環であり、その人が生産して手に入れたお金や支払ったりしたお金は、村の経済を創りだしてきた一つの力だったのだ。たとえ税金を滞納しようと、農協から借金しようと、その人の活動は村の経済を創りだしてきた。このことを見失うわけにはいかない。

一二．「生活経済」の現在と、原発過酷事故に対する「賠償・訴訟」の正当性

●「生活経済」の破綻と構造変容

飯舘村のような中山間地の生活経済では、農牧複合の生産経済が重要性を増してきた。農では、米生産に傾斜した体制から、高原野菜を生産し、大都市の消費者に新鮮な産品を直接にとどける体制への転換がなされ、牧畜でもブランド牛の繁殖・飼育・出荷までの一貫した体制をつくり、これを直接に大都市の消費者に届ける形がつくられつつあった。中山間地の産地としての比較優位が生まれつつあった。村民の生活経済もそれにつれて豊かになってきた。東日本大震災と福島第一原発の過酷事故さえなければ、飯舘村の生産経済、村民の生活経済はさ

らに華開き、戦後の私たちの辛苦を乗り越えて、ささやかだけれども、豊かな暮らしのできる美しき理想郷を育みつつあった。だが、過酷事故に対処する私たちの長年月にわたる闘いが続くなかで、世界と日本全般の生活経済社会のありようは急速な変貌をとげてきた。そして、グローバルな世界経済社会の変動が、地域の生活経済にまともに影響を及ぼすようになってきたのである。いまや、地域で暮らす一人一人の生活権の存立は、日本全体の経済社会の動向にとどまらず、グローバルな世界経済社会が及ぼす強力な磁場に引き寄せられ、危機に曝されつつある（この危機の本質に触れることは、さしあたっては私の手にあまる）。

●最大の課題は、「生活価値」を市場価値のうちにいかに登場させるかにある

先に、私たちの生活の再生産の形態（あるいは様式）と、そこから生まれる生活価値は、われわれが住みつく場所の大地性と、生業を基盤とする生活形態（あるいは様式）によって質的に異なると記した。飯舘村民が全村避難によって村の生活を喪失したとき、飯舘村の暮らしで享受してきた生活が、どれほど「お金では済まされない価値」をもっているかを、まざまざと実感した。この、金銭では済まされえない、かけがいのない「価値」こそが、私たちが大切にしてきた「暮らしの価値」、「生活価値」にほかならない。

これに対して、現代の都市生活にあらわれる市場価値、被雇用者（労働者）の労働価値は、「時価主義＊」的計算によって算出される傾向が極度に高められてきた。第二編冒頭の大前研一の言葉をもう一度引くと、「ボーダレス経済の中で企業が富を創出して（＝利益を出して）生き残っていくための要諦は『世界最適化』で

＊時価主義＝従来、日本の企業会計は「簿価主義」の会計法を採用してきた。一九七〇年代から「時価主義」の主張がなされ、新株の「時価発行」を採用する方法が主流となったのを皮切りに、全ての企業活動を時価で仕切る流れが定着。被雇用者（労働者）に対しても、「年功序列型の雇用」から、年齢と雇用期間にかかわらない実力主義の雇用と、派遣労働者法の改正により、労働者の「非正規雇用」が急速に広まった。時価主義の流れは、地方経済を支えてきた地域金融機関の経営をも危機に曝しつつある。

ある」。最適化を達成するためには、設計、開発、購買、製造、営業、サービス、為替レートや賃金の上下などのすべての機能が「時間の関数」となる。「人＝社員も変数になる」。「派遣労働者を減らして正社員を増やすというのは、企業戦略から見ると、最も間違った政策なのである」、と。世界を渡り歩く金融人・経済人のまなざしは、このような「世界最適化」計算のもとで、被雇用者（労働者）の労働価値を算定する。だが、私たち個々人は、活動の実態的なありようから、労働価値を見定めようとする。両者は、全く「逆さ」なのだ。

個々人の人生は「生活の再生産」ができる暮らしの見通しがあってはじめて成り立つ。家族をもち、子を産み育てるという「生命の再生産」もそこにふくまれる。われわれの「生活価値」はこの土台にくわえて、一つの地域に根づき生きることでえられる全ての文化的価値を享受できることで豊かさを湛える。これらの全てが「生活価値」をつくる。

ところが現在、日本の全労働者に占める非正規労働者の比率は、いまや四割（二〇一八年度総務省の労働力調査で約三八％、二一五二万人）に達しようとしている。そのなかで、数百万の若者たちが生活設計の見通しを立てられないままに就業している（年収二〇〇万円未満の非正規雇用者は一六〇〇万人に達する）。また、若者だけでなく、親の年金等に依存する「中高年ひきこもり者」、「生活困窮高齢者世帯」も増大している。内閣府推計では、四〇～六四歳の「中高年ひきこもり」は全国に六一・三万人、日本総合研究所の星貴子研究員の試算では、「生活困窮高齢者世帯」は二〇一五年には二八七万世帯だが、二〇三五年には三九四万世帯、一〇〇万世帯以上増えるとしている（朝日新聞二〇一九年七月七日朝刊記事による）。これらの深刻な生活困窮の事象は、私たちの活動（労働）の価値を全てにわたって時価主義的扱ってきたこの数十年の経済社会のありようと決して無縁ではないだろう。

生活設計とは、家族が子を生み育てるという「生命の再生産」をふくんだ「生活の再生産」ができるような暮らしの見通しが立てられることを指す。そして、労働によって「生活設計」ができるようになる、「生活の再生産」の見通しが立つということは、「働くことに価値と意味が見つけられる」ということに等しい。

今日の資本の論理では、非正規労働者の存在の一方で、さして働かなくとも、巨額の資産をもつ親がおり、その子弟がいる。一方で、いくら働いても、世帯さえもてない人たちは、もはや働くことに価値と意味を見出せなくなっている。

このような事態は、福島第一原発の過酷事故によって地域での生活の全てを破壊され、避難生活をつづける私たちの身と等しいのではないか。われわれに「生活の再生産」への見通しが求められるように、非正規労働者にも「生活の再生産」「生命の再生産」への見通しが求められる。

日本というこの国の経済がもつほんとうの課題は、市場経済のうちに、私たちの「生活価値」をいかに登場させるかにある。そして、われわれの生活の全てを破壊した原発過酷事故の経験は、われわれにとって欠かせない「生活権」「生活価値」とは何かという切実な問いを呼び起こした。この問いを自覚的にとりだし得なければ、生きられないと感じたのだ。

私たちは、いまや国際投資家資本と「覇権国家」の手中にあらかた服属するデジタルな「国際金融市場」に抗して、「実経済市場」を「生活価値市場」に転化させる契機をもとめている。「生活価値市場」では、諸個人のなす多様な活動が「価値」として扱われ、生活権を支える生活諸価値が市場に登場する。価値としてあつかわれる人間の活動の幅を大きく広げ、これを正当に組み入れることで、「実経済市場」の様態は大きく位相転換する。そうでなくてはならない。そして、われわれの生活権にふくまれる「諸価値の総体」を市場に登場させる活動には、生活権の破壊に対する総体保障と賠償を求める活動が第一義的な課題として含まれている。

この総体保障と賠償のもとでは「**生活権の共通準拠** being minimum」および、地域の大地性の度合いと結びついた「**生活権のコミュニティ準拠** being community minimum」の設定が求められる。

哲学者イヴァン・イリイチは、地域の民衆が生活の自立・自存を確立する上の物質的・精神的基盤を「サブシステンス subsistence ＊」と呼び、この基盤領域は実経済市場にはあらわれない「シャドウ・エコノミー shadow economy（oiconomia 家政）」をなすと考えた。

われわれが申立をおこなっている飯舘村のコミュニティに固有な「**生活権総体の価値**（バナキュラー vernacular な価値）」の破壊に対する賠償要求は、価値市場の上に顕在化されてこなかったこうした「シャドウ・エコノミー」、「サブシステンス subsistence」の経済を明確に登場させたいと望む、私たち諸個人の切実な「**必要 necessity**（needs 需要ではない）」の要請なのだ。生活権総体の賠償要求を大切な契機として、生活諸活動の多様で豊かな創造的諸価値の「存在」が、大多数の諸個人の「必要」によって求められ、相互に承認されるようになれば、これらは、しだいに「生活価値市場」のうえにあらわれる。そうなることが、われわれの生活価値に引き寄せた「市場」の存在根拠だからだ（イヴァン・イリイチ『シャドウ・ワーク—生活のあり方を問う』玉野井芳郎・栗原彬訳、岩波現代文庫、二〇〇六年、同『生きる思想（新版）—反＝教育／技術／生命』桜井直文監訳、藤原書店、一九九九年）。

われわれは、このような切実な「市場」を登場させるためにも、放射能汚染の原因者に対して、「生活権総体破壊」への明確な謝罪と十全な賠償を要求する「権利」があるとともに「義務」がある。この権利と義務の負担に耐えられない「原因企業」は（かつて「水俣病」を起こした原因企業のように）退場を強いられるだろう。「危機」「破壊」「破綻」に正面から向き合うことこそが、人間の個体生命の新たな豊かさをつくりだす。

＊ subsistence は、英語の一般訳では「①生存・存続、②生存最低生活、生計、食糧」の意とされる。イヴァン・イリイチの用語では、このように、市場価値としてあらわれることのない生活の自立・自存を確立させている物質的・精神的基盤をあらわす。これはわれわれのいう「固有の生活権」に等しい。また、バナキュラー vernacular とは、原義的には「家庭で最初に身につける言葉」→「家庭でつくられるもの」の意だったが、イヴァン・イリイチにより「一般市場で売買されないもの」の意に用いられ、今では vernacular な価値とは「ある土地に固有の価値」といった意味に拡張されて用いられている。「固有の生活権」とは、「vernacular な価値」とも言いあらわせる。

●賠償・訴訟とはなにか

フランスの科学史家・哲学者ミッシェル・セールは、『自然契約』（及川馥・米山親能訳、法政大学出版局、一九九四年）の「訴訟の分類学」のなかで次のように言っている。

「一つの訴訟は通常、提訴された事柄について裁定や裁断が下されることによって終了する。裁判官は、法律の本文や判例を適用するわけだが、その結果今度は逆に、それらの判決が、判例を豊かにしたり法律の進展を促したりすることに寄与する。法廷の決定はそれゆえ、新しい時代を開く。漫然と過ぎ去り流れゆく時ではなく、報告され書かれるに値する時、つまり歴史を開くのである。…（中略）…歴史は訴訟によって展開するのだが、それ以上に、歴史それ自体が永遠の法廷なのである。」（p. 126）

「一つの事件が分岐を作り出し、逆に一つの分岐が事件を生み出す。ところが、一つの訴訟を終結させる判決は、多くの可能な選択肢のなかから一つの道を選ぶので、その判決は、唯一の可能性を開くがゆえに、他の多くの可能性を閉じることになる。…（中略）…こうした一連の訴訟は、分岐の総体もしくは連続を形づくっており、そこを通って歴史が流れる。つまり、そこを通ることによって、時の経過が正典化されるのだ。これこそ、諸科学の歴史が描く回路網のなかに配置された司法的な頂点もしくは結び目である。」（p. 127）

「ローマ法の最初の法学者は、草創期の論理学者もしくは集合論者であり、卜占官（筆者註＝国の占いをする祭式官）であったのだが、彼は鳥占いをする前に、自分の祭式杖で、大空の広大な場のなかに、矩形に範囲の限定をおこなったものである。法律は、現実的、具体的、形式的、言語的等々の意味での、ある空間のなかでおこなわれるべきことを記述するわけだが、上述の原初の空間の発見と分割が法律の起源そのものである。命令的なのではなく、遂行的な法律の言語は、その空間のなかにもろもろの地位や権限、場所や所有権を記述し、そのことによって、それらをその空間で権威づける。」（p. 127）

「敗者が勝つという賭のゲームにおいては、有罪を宣告された者は、もはや打ち負かされた者ではない。歴史の控訴院の前において、これらの有罪判決は、その判決を下した当の裁判官たちの方へ向きを変えるからだ。これこそわれわれの歴史である。場所や力関係に応じて、局部的な法則が勝利を収めたが、これらの判決に対する控訴の総体が、われわれの時代を創り出してきた。諸科学の歴史は、同じ意味において、これらの訴訟に対する不断の再検討をその原動力としている。これこそヘーゲル哲学の秘密である。」（p. 133）

また、フランスの哲学者シモーヌ・ヴェイユは、その遺著『根をもつこと（上）』（冨原眞弓訳、岩波文庫、二〇一〇年）で「第二部　根こぎ」で、つぎのように言っている。

「根をもつこと、それはおそらく人間の魂のもっとも重要な欲求であると同時に、もっとも無視されている欲求である」。「人間は、過去のある種の富や未来へのある種の予感を生き生きといだいて存続する集団に、自然なかたちで参与することで、根をもつ。自然なかたちでの参与とは、場所《リュー》、出生、職業、人間関係を介しておのずと実現される参与を意味する。人間は複数の根をもつことを欲する。自分が自然なかたちでかかわる複数の環境《ミリュー》を介して、道徳的・知的・霊的な生の全体性なるものをうけとりたいと欲するのである」。（p. 64）

「根こぎがもっとも深刻な病状を呈するにいたるのは、大量の強制移住がおこなわれたとき、あるいは現地の伝統がことごとく暴力的に廃されたときである」。（p. 65）

「たとえ軍事的征服がなされなくとも、金銭にもとづく権力や経済的な支配は、その土地柄になじまない影響をおよぼし、ついに根こぎの病いをひきおこす」。(p. 65)

キリスト教神秘主義の霊感に立ったヴェイユの思想には、「神への義務」にもとづく「権利」観など、「信」をめぐる深遠な思索がうかがえるが、第二次世界大戦中、ロンドンの亡命政府の元で構想した『根をもつこと』には、ナチスの暴力的侵攻とフランス全土の支配にいかに対抗するかという切実な問いにとどまらず、大戦終結後にあるべき国家＝市民像を考え尽くそうとした、おどろくほど具体的な記述と思索がうかがえる。この著作は、当初、亡命政府の依頼により、来るべきフランス国家の基本法起草の著述としてはじめられたのだ。ヴェイユは、「根をもつこと」という思想を国民国家の基本法＝憲法の根幹に書きこむことを構想した。

ここでいわれる「根こぎ」とは、人間の存在のありようの根源に触れるものだ。ヴェイユにしたがって言う。われわれは、「根」である場所、飯舘村での暮らしを「根こぎ」にされたのだ。この「根こぎ」の苦しみと悲しみを、被害を与えた当事者は「無視」し、そこに暮らしてきた者の「根こぎ」になんら責任を持とうとしない。

ミッシェル・セールは言う。訴訟こそが歴史を転回させ、その正当性を歴史の上に刻む。また、イヴァン・イリイチは言う。地域の民衆が生活の自立・自存を確立する上の物質的・精神的基盤を「サブシステンス subsistence」と呼ぶ。われわれが申立をおこなっている飯舘村のコミュニティに固有な「生活権総体の価値（バナキュラー vernacular な価値）」の破壊に対する賠償要求は、われわれの生活が根こぎに破壊されたからこそ、目覚めた「覚醒」なのだ。これは同時に、現在の価値市場の上に顕在化されてこなかった「シャドウ・エコノミー」、「サブシステンス subsistence」の経済を明確に現前させたいと望む、私たち諸個人の切実な「必要 necessity（needs 需要ではない）」の要請でもある。それゆえ、賠償・訴訟は、われわれの権利というにとどまらず、われわれが人類に果たすべき「義務」なのだ。この「権利」と「義務」はまた、われわれが生き直す力である。そして、われわれが獲得し得た賠償は、ふたたび生活市場に投入されることで、この国の市場経済の質をより深く高める。

飯舘村民救済申立団の弁護団がおこなっている「賠償申立」の論理構成は適切なものだが、第二編の2では、この論理構成を超えて、われわれにとってあるべき「人間存在の基本権—存在権・生活権と生活価値」の法的定礎を書き記そうとした。それは、憲法の制定権力とは「われわれ一人一人」にあること、このことを明治の福島人は自由民権運動でよく知っており、戦後憲法の制定に寄与した鈴木安蔵（小高町［現・南相馬市］出身）もまた福島人であったこと、そして、戦後のフランス国家の理想的な基本法を起草しようとしたシモーヌ・ヴェイユのように、私もまた明治から連綿とつづく民権の人々の思索の力を受け継いで、この未曾有の過酷事故の事態に対処して書くことを願うからである。

追記

「第二編の二」の執筆にあたっては、多くの方から私の知らなかった知識の提供を受けた。とくに、人間の存在権等についての島亨・大矢野修両氏との対話は重要な意味を担った。この対話なしには本節の思考はなしえなかったことを記して謝したい。

第三編　聞書・菅野哲

第三編の一　聞書・菅野哲

村の変革期に果たした仕事

第三編の一・二の聞書は、二〇一三年六月九〜一〇日、福島市飯坂温泉・中村屋旅館で著者にお聞きした内容を主とし、その後の対話をふくめて整理をして成ったものです。聞書の大容は、著者が関与した飯舘村の行政に触れたもので、二〇一四年の「飯舘村民救済申立団」結成までの村の状況が語られています。聞書の聞き手は、大矢野修（当時、龍谷大学教授、自治政策学）、関谷雄一（東京大学准教授、人間の安全保障、文化人類学）、言叢社・島亨、五十嵐芳子。

戦後まもなくの、国有地の払い下げ

――若き菅野さんは、居眠り運転事故に遭って、大学進学を断念して家に帰り、村で暮らす決心をされた。そこで、まず自家の農地の改造に全力を尽くした。けれども、飛び地での農業経営ではなかなか思うような農業経営はむずかしいですよね。

菅野　ともかくも、やろうと思って。菅野典雄村長も、畜産大に行って、戻ってきて酪農家になったわけです。やっぱり、どうせ農業をやるなら、大規模農業にしていかないとだめだっていうのは…みんな、そういう考え方だった。私だってどうせやるならそうしようと思って、はじめたんだけど、どうも、雲行きがね。農業のほうの、施策的な部分で、全然だめになってくる。そういう流れの中で、椎茸もやろうと思って、その技術を勉強に行ったわけです。

――その時は、椎茸技術を学んだことが菅野さんのその後の道を開くなんて思ってなかった？

菅野　なかった。でも、特産物として、国有林産物として。薪炭がだめになったでしょ？　昭和四二年ころは、国有林を伐って原木を出荷してたんです。

――おうちでもやってたんですか？

菅野　うちではやってない。山がない、炭がないから。国有林では冬になると、冬期間の所得を得るために、村の人に分担させて伐採してたんです。

――林野庁は、村の人に任せてたわけですね。

菅野　そうそう。慣行林、なんだけど。慣行で、伐採が認められていたんですよ。その地域の国有林をみんなに分担させて。林野庁がずぅっと歴代やってきた、明治の代から。その当時は、燃料ですよね。それを、収入、所得として、両方あった。薪炭は売って、枝葉、柴は、自家用。それでずうっとやってきたものが、燃料革命になって薪炭がだめになって。こんどは原木を切れってなった。原木にならないところは、パルプにして、そうやって、まわってきたわけです。

――おじいさんが、国有林の管理をやってたというのは慣行林ですか？

菅野　そうじゃなくて、国有林を管理する。国有林がいっぱいあるわけですから、山の状況を見たり、盗伐がないかとか、そういう国有林の管理をしてた。担当区があり、森林管理所もあってその手伝いをしていた。職員はいたけど、職員は人事異動で変わりますからね。それの補助です。林野庁も上手なんだよね、そういう人を置いたんだ。

――森番みたいなもんですね。

菅野　ん、森番がいたんです。

――そして、お父さんが払下げを受けた？

菅野　うちの親父が、土地を払下げてもらった。

――おじいさんがそのことを、念頭においてたとおっしゃいましたよね。

菅野　ああ、前ね。じいちゃんは、息子（菅野哲さんのお父さん）が次男だから、（外で仕事がうまく行かずに）戻ってきたときにはと確保してたんだよね、あの場所をね。佐須の地域では一番いいところなんです。（笑）

――森番として、管理人をやりながら。

菅野　目をつけてたんだろうね。うん。水も、高低差も。一番なだらかなところの、水もあるところ、なんだよな。

――大本家の、菅野典雄村長のところは、小作に出していた耕地があったわけですよね（註：今は避難のありようをめぐって大きく意見を異にする菅野典雄村長は菅野哲さんの親戚で、大本家の当主にあたる。菅野典雄村長のおじいさんの次男が分家［菅野哲家の本家］し、さらにその次男が分家した。それが菅野哲さんのお父さんにあたる。一族の話は、のちにもうすこし詳しく語られる）。

菅野　いっぱいありましたよ。それ全部、農地解放で小作はなくなりましたけどね。小作に出てた農地。何人も、小作人がいたわけですよ。これは、自作農創設特別処置法というので、全部、国が十六条で買収して三十六条で売り渡した。国がまず買って、それを小作だった家に配分した。

――そのときに、お父さんのところはあまり関係がない？

菅野　小作じゃないから。うちのところは国有地だったから、それを、払い下げで、国有地を、所属替して、国から売り渡しを受けた。

――それは昭和二〇年代に終わっているわけですね。

菅野　終わってます。昭和二六、七年には終わってます。森林組合で椎茸栽培をやった。でも、手がないから、木の伐採から運搬からやった。全部やったわけ。だけど、役場のほうが給料いいから（笑）。

村職員に就職

――一年経ったら、辞めて。給料、役場のほうがいいという(笑)。ただ、椎茸栽培の導入をやったことで、ひとつの通路もできたわけですね。森林組合に就職し、そういうことの上に、役場への奉職ということも出てきた。

菅野　まあ、できたんだよね。役場に入れたんだと思いますけど。それでも、やっぱり、高校卒業してまっすぐ入った人間とね、差がある。年食ってるから。

――そのとき幾つですか?

菅野　そんとき二一歳かな。三年過ぎてっからねえ、もう。同級生とは。

――同級生で、村の役場に入ってた人がいた?

菅野　三人。三年過ぎてっから、その人たちとも給料が違うしね、初任給。あの頃は、高度成長で、給料がどんどん上がってた時代。ところがぁ、私らは、あとから入ったからさ、相当差つきましたよ。

――同級生が、少し先輩のような形になって、先に上がってった(笑)。

菅野　そうそう。全部先輩だから。どこ行っても先輩。

――そうですね。だから、遅いということが、速いということにもなった。最初、役場に入ったときは、やさしかったですか?

菅野　私は正直な村民にはやさしいんですよ。

――いやあ、それはもう、全然、よくわかってます。ただ、椎茸みたいなものは、自分のやってきた中でちょっと違うものに関心をもった。それは、なにか物の見方に関係があるのかなって、あんまり関係ないですかね?

菅野　わかんないな。ただ、新しいことをやろうという、そういう意識があるのは確かですよね。今でもぉ、なにかをやる。

椎茸と原木

——関東の椎茸の原木栽培に福島の木が使われはじめたのは、最初に椎茸の技術を身につけられた頃以後ですか。

菅野　昭和四二から四三年ごろから原木として出した。それ以後ですね。

——いまは、放射能汚染で福島から入れてたものは、全部だめになっちゃって入れられなくなった。神奈川県の厚木の近辺は椎茸栽培が多いんですよ。その原木は福島からだった。それが全部だめになっちゃった、という。

菅野　福島の阿武隈山系の原木は、育ちが締まってるんですよ。さらに皮がきれーにはってんです。暖かいところの木は、皮が薄いんです。椎茸は木の皮が薄いと大きくやぶれて、そこからは椎茸がでない。

——いまはもう少し北のほうからかしら。

菅野　北上山地かな。

——木はなんですか。

菅野　楢の木。楢はどこにでもあるもんじゃないし。川内村なんかも楢の林がおおくて、原木伐りだしていたんですが、だめになったでしょ。会津のほうにいくと楢はないんです。ブナの木。ブナはなめこの原木。飯舘のものは、大分まで行きました。大分県は椎茸の産地ですから。乾燥椎茸なんで、太い原木まで大分に行きました。あすこは天然ものなんで。森産業（一四三ページ参照）のものもほとんど、大分。九州にいくのが多かった。鹿児島とかね。東北の原木を使った椎茸栽培は少なかった。それは、薪・炭だったから。ところが南はそうじゃなかったんですね。それが北にどんどんのぼってきて、森産業も菌の生産会社だったけど、森の菌というのは優秀だった。とくに天然ものには優秀だった。姿・形がいいしね。

農業委員会に配属。開拓耕作地の処理、減反政策、農地法の一切に携わる

——昭和四四年、村に就職して配属されたのが、農業委員会だったわけですね。履歴にあげられているところでは、

①戦後開拓者の耕作地を国有財産から耕作者に売り渡すための業務を福島県と連携して担当（自作農創設特別措置法、農地法関係）。
②農業者年金の立ち上げと加入促進。
③開拓行政の終結のため、開拓農協の総合農協への合併。開拓農家の債務整理と総合農協への移行業務。
④開拓地域内の公共用地（道水路、溜池や墓地など）の国有地から飯舘村への譲与業務。
⑤水田の減反政策に係る業務を担当。
⑥農地法に係る一切の業務を担当。

と六項目の業務が並んでいますね。

これを担当したのは、菅野さんがまだ二〇歳代の頃ですよね。もちろん上司がいて指導しているにしても、村全体の農地に関わることのかなりを、一人の若造がやっている。しかも、ひたすらにやりとげている、ということでしょうから、驚きます。逆にいえば、大変な責務を負ってまっとうしている。

この中で、①③④は関連する業務だと思いますから、そこからお聞きしたいと思います。戦後まもなくに開墾者のために国有地が払い下げられて、菅野さんのお父さんも開拓者として土地を入手された。菅野家の暮らしにも直接に関連することだった。これについては先にお聞きしたわけですが、村の開拓行政の終結が昭和四〇年代まで続いていたとは知りませんでした。外部からいえば、ちょっと驚きです。

菅野　開拓行政の終わり。終焉。そのために、全部整理をする。

――それの最後の残務整理をやった。村民にとっては、さまざまな利害関係があったでしょうね。

菅野　利害はありましたよ、いっぱい。

――どういう利害ですか？

菅野　自分のものになると思ったのがならなかったったってのが、いっぱいあるじゃないですか。

――他の人のものになっちゃったとか？

菅野　うんっ。占有されてた、みんな。土地は民法上、二〇年でだめですからね。二〇年時効ですから、いっぱいありますよ、それは。開拓農家は飯舘村の中に六〇〇余戸もあったわけですから。広大な面積の場所がいっぱいにあって、最初の払い下げでは一戸当たり二・五ヘクタールなり、三・五ヘクタールで配分したんです。

――国有地を？

菅野　そうそう。ところが、規模を拡大できるようになりましたよね。昔は、二・五ヘクタール（二五〇アール＝五〇〇〇m四方、およそ二五〇畝＝二五反＝二・五町歩）ぐらいが限度だったんじゃないですか。それが、どんどん、機械化されて、ブルドーザーで開発できるようになるってんで、増反して配分するようになった。

――払い下げる規模が違ってきた。

菅野　そう。それが、昭和四〇年代までつづいた。ところが、開拓行政も昭和五〇年に終焉し、一般農政に統合されるという話になりました。そして、昭和四八年に開拓農協が総合農協に合併してほぼ終焉を告げるわけです。

――昭和四四年に農業委員会に入って、その問題を担当して、昭和四七、八年までやられたわけですね。そのぐらいまであった。

菅野　あったんです。それでもまだ残ってたんです。開拓農協は合併させたけども、土地がまだ全部、終わってなかった。国有財産台帳っていうのが県にありましたから。県の書庫に行って、飯舘村にかかわる部分を全部洗い出したわけです。終わってない部分がいっぱいあったわけですよね。それを、個人のものと、個人のものにできない部分、溜池とか、墓地とか、道水路、そういうものは、村に譲与してもらうということをやった。

――国有地は、県が管理していたのですか。

菅野　昔の大蔵大臣の嘱託で、県知事が代行した。

――それが最初の仕事だった。

菅野　そう、最初の仕事。それを、知識として持ってんの、私しかいなくなりましたよね。先輩たちは辞めていきました。しっかりとやってたんですけど。私らの上の人たち、辞めて。結局私が一番、開拓行政に詳しくなったんで、それを終わらないうちは人事異動できない（笑）。それで、昭和五三年の三月三一日までやった。

――開拓農家は何戸ぐらいあったわけですか？

菅野　六〇〇余戸ぐらいあった。あの頃の村全体の戸数は一九〇〇戸ぐらい。個数がどんどん減ってきましたからね、今ね。一九〇〇戸のうち、農家は一五〇〇戸だったかな。開拓農家は半分近いですね。

――開拓農家の土地はかなり大きかった！

菅野　大きいんですよ。頭の中に、村の地図ん中に、開拓地はどこっていうの全部入ってます（笑）。とにかく大きいのは、たとえば曲田。このあたりが一番大きいんですよ、開拓地で。

――ほとんどは、地元の農家の、次、三男の人が。

菅野　いや、よそから来た人もいます。

――菅野さんが育った佐須の西側ですか、山形組という。

菅野　山形から入植した豊栄地区という。ここが、山形組。満州引き揚げ。私の家のところは、前は山木っていったんですけどね。今は国土調査後の字名に変わって、虎捕《とらとり》になりましたけど。国有林が虎捕山国有林。

――神社の山号と同じですね。虎捕山《とらとりさん》。

菅野　山木の反対側、ここが、「ここごみょう」という。長谷川健一さんとか花井正志さんがいる。前田字古今明。「ここんみょう」が濁って、「ここごみょう」になった。（笑）あとは、ぽつらぽつらとあるんですけど。「比曽の萱山とか。いっぱい国有林を団地化して払い下げた。こまいところいっぱいありますよ。

――飯舘村だけではなく、阿武隈山系、こういう状況はずうーっとあった？

菅野　葛尾村もそう、川内村もそうです。開拓地はいっぱいあります、阿武隈山系。南相馬市なんかは飛行場があったんですけども、その飛行場をなくして、そこに、開拓者を入れたんですから。大きな面積、軍用飛行場でしたから、そこを廃止して開拓地にして農地解放していったんです。

――これは江戸時代でいえば、相馬藩の藩領で、明治になった時に、藩領の時代に入会地だったところもあったかもしれないけど、とにかくみんな国有林になっちゃったっていうことですね。

菅野　国有林にしたの。

――明治の時にね、明治政府が。

菅野　辛うじてここ（川内村の一部）だけが、国有林にしなかった。村有林。

――おお!!

菅野　頭いい人いた！

――明治のはじめの廃藩置県と、そのあとの地租改正の際にいかに対処したかでしょうね。

菅野　川内には頭のいい人いたんだよ、明治時代に。草野心平のゆかりの地ですけどね。川内は国有林なくして村有林になった。すっごい山もってんです。

──そうなんですか。じゃ、村の財政にとっては重要ですね。

菅野　昔は凄い財政力だったですよ。ところが、飯舘村は、その地租の部分で、個人では大変だよぉ、っていう話で、全部、返してしまった＊。個人の慣行林があったわけですよ。

──入会権があった慣行林がみんなそれぞれあった。そういうのをみんな。

菅野　全部返してしまった。

──国有林にしちゃったわけ、明治の時にはね。それが戦後の時に。

菅野　解放してもらって、開墾していった。

──おもいしろいですね。

菅野　でもぉ、一部分で、慣行林で残ったところもある、入会で。

──昭和四〇年代以後でも？

＊明治初期の地租改正の際に、はじめて土地に対する「所有」が認められ、地券（土地所有証書）が発行された。それまでは田畑も屋敷地も「占有」しているに過ぎなかった（現在の中国の土地所有はこの「占有」に近く、五〇年といった年限を区切っての「占有」であって、全ての土地は国家の「所有」に帰属する。このため、省・市政府による開発によって強制的に土地を奪われ、家を壊され、転居を強いられることが今も絶えない）。この革命ともいえる制度改革を具体的に担って各戸への地券発行とこれに依拠した地租（税）改正を調停し確定したのは当時の名主層だった。確定に際して、入会権をもつ山林を放棄すれば地租がかからなかったため、各戸でこれを放棄することがおこなわれた。入会権を保持しようとしたところは入会組合をつくり、各戸は入会株を所持することになった。「慣行権を持ってた人」（二五〇頁七行目）というのは、この入会株を所有していた各戸の家を指す。旧村有の入会山林とは、旧村の全戸が入会権をもっているということではなく、入会株をもつ各戸の権利をあらわしている。また、地券発行と地租を調停し確定した名主層が全て「公正に」処理にあたったかどうかには疑問がある。地租改正に対して農民一揆が起こっているし、放棄された山林の入会権や山林所有がこの時期に誰の所有や権利となったかには多くの問題が介在している。山林地についていえば、そこで先に鉱山権を申請し、鉱山開発などが行われれば、大きな利権がそこにあらわれもした。（編集部註）

菅野　真野ダムのほうの、大倉っていうところと、草野と飯樋といった旧村には、少しずつ入会があった。偉い人がいて、残した人もいたんだよね。

――（笑）なるほどね。

菅野　うん、いたんですよ。この草野は、草野村っていう昔の村なんですけど、大倉村とか、あと、飯樋村。

――それぞれの村で、そういう旧村の村有林があったわけですね。

菅野　うん、昔の旧村ですから。そのところであったんですよ。佐須にはなかった。こっちのほうにもなかった。偉い人がいたところは、頭のいい人がいたところは、あった。で、入会林野整備法で、個人に再配分しましたけど。でもその時は慣行権を持ってた人にしか配分されなかった。

――それは何年ごろ？

菅野　入会林野整備法がはじまったのも昭和四〇年代ですね。国土調査もやってましたから。国土調査でやると、どうしても共有林にならざるを得ないじゃないですか。共同慣行林ですから、それを、個人に再配分することによって、所有権を持たせる、という。国が法整備をして、測量をして、配分したんだよね、ここは誰、ここは誰って、所有権を持たせた。

――戦後の農地解放で、森林は農地のようには配分されなかったですね。

菅野　されなかった。個人有の山林もありますが、国有地や村有地で、入会林のように使われているところもたくさんあった。それを個人有にすることによって、植林を振興させるという意味あいがあって、入会林を、再配分してきたんですね。結局そうすると、個人ごとに、植林をしたりなんかして、山も育林されていきますから。同時に林業構造改善事業で植林を進める。

米から畜産、野菜へ、農業者年金の立ち上げ

――農業のありようが変わって、米作の減反政策が打ち出されてくる。この政策にも現場で関わられたわけですね。農地利用を多角化せざるをえなくなってきた。

菅野　畜産の導入もはじまって、昭和四五年から国の減反政策がはじまりました。その減反の確認業務を、田一枚一枚の実測までやりました。日中に実測やって、その日のうちに面積を計測して、また次の日実測してというふうに、毎日やりました。日々のリミットがきまってますから、別な農政担当者と一緒になってその作業をやり、牛・豚・鳥の防疫を獣医さんと一緒に予防注射業務もやってました。

――減反のための実測も容易ではないですね。これも、農地の全てを一つ一つやらなければならなかったんですね。

菅野　減反は農業の奨励ではなく、減らすということですから。やらなければ、減反の政策そのものが遂行できませんし、そこにも利害がからみますから、容易ではない。そして、昭和四五年には農業者年金制度もできたんですよね。農業者の年金加入促進、それがはじめてのものでしたから、このときは夢があったんですよね。農業者年金制度ができた、これは大きな夢があった。

――今はどうなったんですか。

菅野　今は縮小されました。農業主がどんどん減っていってまかないきれなくなった。厚生年金に加入しているひとは、農業者年金に加入できないから、加入者が制限されて、入れなくなるから、給付だけでしょ。一括請求してもらった人もいるし、年金だけど。

結局日本の農業をつぶしたがために、農業者の夢の年金をつぶしてしまった。そのために後継者も減ってしまった。戦後の増産、増産から二〇年すぎたら、一転して減反、減反でしょ。減反の最初が昭和四五年です。

昭和四七年が高度経済成長の一段落した時期で、消費経済に変わる境目のころです。麦の輸入で米食文化の変わり目だった。それで、畜産の和牛に力をいれた。

——そのころはまだ高原野菜は、飯舘ではやってなかったんですか。

菅野　一部はやりはじめてたの。高原ダイコンなどが市場で高値で取引されるようになってたの。農協を通さないで、福島市場・いわき市場に出してたの。農協も神田市場にだすようになった。大根がよかったんだねえ。高冷地だからね。いつのまにか大根が有名になったし、そのうちインゲンも作った。高齢者でもできっから。農協がそれを扱うようになって、東京市場の先取りになった。平行して野菜には堆肥が必要だった。家畜の堆肥が絶対必要だったんです。化学肥料だけでは絶対だめだから。畜産にももちろん力をいれて、繁殖から肥育まで一貫してやる。それをやるために、村は放牧体制から肥育体制をつくって、財団法人の飯舘村振興公社を昭和五三年につくった。振興公社で肥育の実証を始め、そこで技術を確立し、それを各農家でやった。公社は、村と農協と商工会と森林組合で出資しあって立ち上げた。生産は農協、販売は農協・商工会でやった。森林組合はたんなるオブザーバーだったですけど。そこからずーっと肥育をはじめて、やってきた。「飯舘ブランド牛」としてやってきた。だれかがやらなきゃ始まれないから。村の計画を作っていく段階で職員が計画を作っていった。

農業者の出稼ぎ慰問

——以前にうかがった話で、関東圏を回っているとおっしゃいましたよね。飯舘村の人たちが冬の出稼ぎをした。その関東圏の職場をまわった、と。

菅野　出稼ぎ先へ行ったのは、農業委員会の頃です。昭和四八年からだ。四八年度から五二年度まで。

——なんていう名称の業務になるんですか?

菅野　出稼ぎ先の慰問事業なんです。それね、国の補助金ついてたんだよね。国の補助事業で、出稼ぎ先に、情報伝達も含めた情報収集と、出稼ぎ者と経営者とのコンセンサスをしっかりとってもらう。そういうことで事業主にもご挨拶、さらに、働いてる村民にも話しかけて、村の情報を伝達して。あとは要望を聞いたり。そういうことをやった。

――このときまだ若いですね。

菅野　若いですよ。二六、七歳かな。その補助事業に応募したのも、私のときにやった。情報が入ってきたんで。じゃあ、やろう、ということで。参加してもらって、回った。村が、予算をつくって、農協とも話していて、やろう、っていうことで。農協の組合長と、農業委員会長と、事務局は私。

――で、回ったわけですか？

菅野　そう。東京の地下鉄乗りこなしましたよ。相模原も、八王子も行きましたよ。

――日産の相模原工場？いまはないですけれど。

菅野　ああ、そうそう。

――主にどういうとこへ行ったんですか？

菅野　いや、いろぉんなところにいましたから。多かったのは奥村組。下水道。地下道。東京、船橋、この方面だ。あとは、東鉄とかね。鉄道の枕木の維持作業。夜ぅ、やるんだよね。高低差を調整すんでしょ。ああいう仕事。

――かなり土木関係が多かった。

菅野　土木が多かったですよ、土木建築。でぇ、六ヵ月以上働けた人は、会社ん中に入った人です。製造業に行った人。何人かはいましたね。日産自動車なんかもそうですよね。で、それっきり、勤めてしまった人もいます（笑）。うちの人たちに、田畑の管理は任せて。で、お盆に帰ってきて、あと秋の稲刈り。また冬はずーっと行って。そういう人もいましたね。そういう人のほうがうちを新しく建て替えてます。（笑）行けなくて農業だけでやってた人のほうが、苦しかったです。そうやって長く行ってた人は、こんどは厚生年金もらえるからね。

――村だけじゃなくて、村民がかかわってるそういうところを見て回ることで、社会の大きな動きも、見えてくるっていう。

菅野　ん、見えてきますね。さらに、働いている人が、東京に行ってくることによって、やっぱりグローバルな考えになります、村民が。行ってきた人の話も聞けば、その人も、ある程度、変わってきます。家族も変わる。考え方がやっぱり、違うんですよ。ずうーっと土着してた人と、（笑）そうでない人の考え方っていうのは、変わってきますから。

――出稼ぎというのは、思いのほか大きな意味を持ってたんですね。

農業委員会から総務課へ、草野に引越し・新築

――農業委員会の開拓業務がほぼ整理がついたところで、ようやく総務課に移ることができた。

菅野　年金加入促進をやって、ほぼあら方の人が農業者年金に入って、開拓地の整理も終わった段階で、昭和五三年四月から総務課に移った。

――その前に家を新築して草野のほうに引越してきたわけですね。佐須の土地は貸したわけですか。

菅野　土地は昭和四八年に貸したの。もうできなかった。二足のわらじというのは難しかった。やってた人もいたけど、俺はやめる、行政一本でやるということに決めて、上の娘が学校に上がるというんで、じゃやっぱ

り家を建てよう、できるだけ学校のそばにということで。土地は昭和四八年に本家の栄夫に貸してたから。そん時伯父の一男は出稼ぎしてたの、もう六〇歳過ぎて出稼ぎというなら、俺も農業やめっから俺の分まで使ってと言って、じゃなにをやるっていうんで、酪農やってたから、規模を拡大する。栄子のだんな、栄夫というんだけど、じゃそうするというんで、牛飼いを手伝うということにした、それで全部貸してしまった。

昭和五二年の暮れの長い休みを利用して、一二月二八日に引越してきた。そして、昭和五三年四月一日から総務課に配属。そのときに仕事はなにっていったら、条例・規則の改正、いわゆる議案をつくる。議案をつくるためには、それまでの条例・規則の全体が整理されていて、把握してないとできないよね。たまたまこんときに、三年前からの担当者が条例・規則の追録をやっていなかったの。それが一番最初にどーんと山のようにきた。整理する際に関連する条例や法令の引用などを調整しなきゃならない。そこで、分冊して分類しなおそうと考え、編集しなおした。教育は教育分野にまとめる、総務は総務、厚生は厚生に、建設は建設に、農政は農政に……、というふうに分類ごとに分けようと編集し直しをして、新たにつくり直した。あの時で七〇〇万円だったかな。整理とゲラの段階をまとめてやらなきゃ出版社に出せない。それで、「第一法規」と「ぎょうせい」に見積ってもらって、五〇〇万円に落として第一法規に外注。それからがまた大変。そのゲラをぜーんぶ法令の条文とつきあわせて何度も何度も校正するの。おかげさまで、ここの時に法律、勉強させてもらった。

――そこまでやると、法令の体系がいったいどういうものか、法令、条例・規則とはなにかということがイメージできますね。

菅野　たぶん六法と判例集をもってたのは私と先輩のもう一人ぐらいかなあ。給料一か月分だったもの。憲法だけで一冊どーんとありますし、判例集が三五冊ありますから。家内に怒られて。でもおかげさまで、条例・規則までやって、この二〇代の若い時代に勉強さしてもらったのは大きかったなあ。そのあと財政・税関係を全部やったから、この年代にこれだけ勉強やったのは、私は幸せなんですね。

総務課税務係

――昭和五三年に総務課に配属されて条例・規則の改正をやり、議会事務局と選挙管理委員会も兼任された。四年後の昭和五七年には総務課税務係に配属、さらに七年後の平成元年には住民課住民係に配属されてますね。住民係では国民年金業務、老人医療を担当している。国の中央官庁でいえば、キャリア組が要所々々の大事なところを順に廻って、官僚機構を上がっていくわけですが、それと似ているようで違いますね。要所々々を確かに廻っているんですが、そこで最も大切な仕事を実際に自分で手がけて、なし遂げている。と同時に、村役場の職員の仕事とはなにかについてもつねに考えられている。

国の法令を熟知しておかなければ、村の条例・規則も作れないわけですよね。その整理をすることで、村の法制を確かなものにするのは、村行政の根幹をつくる大切な仕事ですよね。そして同時に、法制を確認することは、行政職員に与えられた業務の幅がどのくらいあるかを知ることでもある。

実際にある問題に直面したとき、条例・規則が与えている制約のなかで、住民にどのような選択や判断の余地があるかを行政職員は知っておかなければならない。そして、そのことをきちんと住民に伝えることが大切ですね。その意味で菅野さんは条例・規則のもつ意味を理解されたわけですね。そして、税務をやり、さらに住民係をやられた。そこが面白いですね。

菅野　税が住民との接触では大きかったですよね。具体的で、一番憎まれがちで。

――税というのはどういう感じですか。

菅野　確定申告の時期がくると、最初のころは、「哲のところ皆知ってっから、いくなよ」といわれたもの。

ところが来た人には、「税の経費の対象がもっとあるんじゃないの」と、出してないものを引き出したから。たとえば、「電気代とか、あるんじゃないの」「それも該当すんの」なんていう話だから。「事務室がないんだから、自宅の一部を事務所の経費として見たらいい、電話料の一〇%は経費としてみましょね」っていって。

――家族の家計の部分と、業務の部分の分け方にそういう部分がありますよ、といってあげるわけですね。

萱野　結局教えてもらって、「こうだったんだ」ということになって、しだいに、自分のところに人が並ぶようになった。おもしろかったよー。「なんでも知られているあそこさいくんだー」っていう話になる。「こうやって教えてもらったー」「哲さんとこさ待ってんだー」という。やっぱり村は、おもしろいんですよ。みんな知る人だしさ。

「税は多く納める必要はないんだ」「正しく納めるものであって、少なければいいってものでもない」。「少ないってことは、所得も少ないから、ぜったい暮らしがよくならないんだぞ」って、「税を納めるぐらいの人は暮らしは楽なはずだ」、「やー、とってもとっても金がない」っていうけど、それは「金は使い方次第で、金の使い方をきちんとやらないと、入ってくるものみな使えるもんだとおもったらそうじゃないぞ、しっかり計算してかかる経費があるんだから、ストックしておかなければ、残ったあまりのものが所得なんだから、それを使うしかない」。「それを生活設計のなかで、事業設計のなかでしっかりやらないと、しまいに税金も納められないということになるんだよ」、と。おもしろかったなあ。

――萱野さんの税に対する考え方と税の実際に対する考え方は、村職員の公務として最も幅のある妥当なものかもしれませんね。法制をきちんと理解して、同時に村の暮らしのありようもきちんと理解して対処しているのが、なるほどと感嘆させられます。村民の申告内容をそのまま受理するのではなく、こうすればもっと税負担がちがってくるということが、村の生活を知っているからこそ言えるわけですよね。全ての税務担当者は是非そうであってほしいものです。

納税組合について

——ちょっと話を変えますが、もう二〇年以上も前になりますが、千葉県の吉浜に移住した知人の招きで遊びに行ったとき、その知人がいうには、ここに移り住んでびっくりしたというのです。というのは、隣組の組長さんがいて、その組長さんが知人の納税書を持ってきたというのです。納税書を持ってきたということは、知人の所得までおよそわかるわけで、そんなことがあってよいものかというのです。へえ、と思って、他の土地でも聞いてみると、そこでも最近までは組長が納税書をもってきていたが、今は止めているといった話を聞きました。ということは、隣組が役所の末端の仕事をしているわけで、それでは戦前とあまり変わらないではないかと思いました。要するに、隣組、班とか組といった地縁の組織がお役所の末端の役務をしている。都会ではわからないことが、農村ではなんでもないように行われていて、変だなあと思いました。

菅野　それはほんとうは「隣組」ではなくて「納税組合」なんです。納税組合に入っていれば、税の規模で収入もわかりますよ。

——そうなんですか。うーん。都会じゃ考えられないですよね。

菅野　それを国税庁はなくせ、といってきてたんだよね。違法だからといって。正確に言えば違法なんだけど、ただ任意ですからね。任意で組合でということだから。奨励金を自治体がだしていたんですよ。それはその地域の大きな財源ですよね。たとえば一％とか二％とか、還元する、還流するわけです、組合に。そうすると、組合で、そのお金を使ってお花見会をやるとか、できたわけですよね。自分の出したお金がかえってくるわけですから、都合のいいことにはなってたんですよ。ところが違法のものに税からお金を出すこと自体もまた違法だ、ということになって。徐々に全国でやめる方向になってきているんです。

――そういう問題なんですね。そんなこと社会学の調査に、書いてないなあ、と思って。

菅野　任意で行政が都合よくはじめたことなんだよね。滞納が多くて、納税を促進するためにはじめたことなんです。

――村では納めるべき税金も、言ってこなければ納めない人が多いんだよねって、誰かが言ってましたね。

菅野　市町村民税が無税の人がいっぱいいますよ。均等割も納めない人が。納める必要のない人が。それだけ貧しいんです。所得が少ないって。本来ならば、税を納められるくらいの収入規模にしていくのが行政の役割だし、努力もしてもらわなければならないんですけど。むずかしいですよね。

――でも、これだけの業務にかかわったというのは。

菅野　大きかったですね。

――もうちょっとおおきな役場にいくと、ありえないでしょう。

菅野　市なんていくと、仕事としては主任主査クラスでしょ。

――しかも、菅野さんは、村のそれぞれの家がほぼ全部わかります、みえるとおっしゃっていましたよね。適切な規模の村だと言っても、村の家全部のことがわかる、という実感には驚きますね。

菅野　おかげさまで。（笑）

――見えるというところで、行政ができるというのは、すごく大きいことですね。

菅野　あすこはどうやればいいのか、ということが見えてきますからね。かといってそれをすぐに生かしてもらえるかどうかというのは、相手の判断と私の判断がちがいますから。

――見えるところが、都市部とはちがう村の特質なのでしょうね。しかし、都市部であっても、統計その他の調査や、なによりも経験で、見える努力をすれば見えてくることがあるわけですから、公務員一人一人は、自分の仕事の全体が見えていることが大切ですよね。大きな都市の職員であっても、どうしたら見えるかを考える、そうすれば少なくとも見えるものがあるはずですね。

菅野　村では見えないと、やれない。私らは新採用になった職員には、休みがあればとりあえず若い者に、村をひと回りして来なさい、村民と会ってきなさい、村民の話をきいてきなさい、村を知らないと仕事にならないんだぞ、といいますね。村を知らない村の職員なんていらないんだから。住民の心を知れ、と。

――基本的に重要なことですよね。

菅野　私自身はそういう仕事ができて幸せだった。

――当時の世帯数は

菅野　一九〇〇世帯ぐらい。

企画振興係長、役場新庁舎の周辺環境整備

――平成三年に住民課住民係から、建設課建設係に配属されて、公共用地取得、道路管理、水道施設維持管理業務を担当、続いて、平成六年に企画課振興係長になっていますね。はじめてここで係長。市クラスならば、主幹とか課長にあたるでしょうか。このときはちょうど役場新庁舎が建設され、周辺環境の整備を担当されたわけですね。ハードと同時にソフトまでの整備。ビレッジハウスの建設、「村のほんやさん」の開設運営。医療福祉施設ゾーンの造成、石の彫刻創作設置などによる石材振興、それから新庁舎周囲の整備とは異なりますが、上山競馬場外発売所の設置などをやられた。はじめて村役場に行きその周囲をみたときは、びっくりしました。とくに村が「ほんやさん」を開設するなんて、見たことも聞いたこともなかった。子どもの頃に本に触

れることで、一挙に世界がひろがった、その経験もそこにふくまれているのかも……。

新庁舎の周辺は飯舘村の風景の中でも際立っていますね。これは北の大舘村と南の飯曽村が合併したとき、新しい村としての村民意識を一つにするためには、二つの村の真ん中に新庁舎とその周辺の公共ゾーンを造る必要があって造られたと聞いています。そのあたりから、まずお話しください。

菅野　そもそも合併後の旧村意識の軋轢を解除する、なくす。そのためには、何をやればいいか。まず、じゃあ、人をひとつにするしかない。中学校を新しくつくって。大舘村にあった草野中学校と飯曽村にあった飯樋中学校と、二つの中学校があったんですけど、それを一つにする。教育の現場でまず一つにして、飯舘村の卒業生という形に。人をまず、次の世代で一つにしてしまう。こっちはこっち、こっちはこっちの卒業では、どうしてもだめ。一つにしろ、と。場所はどうする、ということで、じゃあ、飯舘村の真ん中にゾーンをつくって、そこを公共ゾーンにして、両方からの人が集まる。公共施設をひとつにまとめる。

――一九五六年に大舘村と飯曽村が合併して飯舘村になった。そのとき中学校は旧村の単位で二つあった。

菅野　合併したあと、本庁と支所ができた。飯曽村に支所がある、診療所もある、学校もある、野球場も。同じく大舘村の草野にもあった。それを、そんな不合理な、無意味なことをやらないで一つにしよう。一つになるにしても、どっかにひとつのエリアをつくらないと、ということで、エリアをつくって、学校を一つにして、ということではじまった。やっと、それでスタートした。

――それがずーっと合併後の懸案事項だったんですね。けれども、これほど立派な施設をどうやってつくれたのか。

菅野　これは剰余金の積み立てでやった。前の斉藤長見村長は八年務めましたけど、その間に積み立てて、足りない部分は起債して借金した。役場建設には五億円を積み立て、その段階で建設がはじまって二年かかりました。平成六年の一月一日に引っ越した。行ってすぐ企画振興係長として、ビレッジハウスを建てて「村のほんやさん」をつくったり、前庭の造成したり、モニュメントつくったり、特別養護老人ホームのあるところ、あそこにもとは、三〇mくらいの一つの山があって、見渡せなかった。それを造成して右かたに崩してって段階になおし、敷地を造った。あそこはゴミ処分場だったんですよ。昔っからの。それをなくして、盛り土して敷地を造った。

福祉ゾーンだったので、診療所つくろうか、ということだったんだけど、前の村長のときに、特別養護老人ホームをつくってくれ、という村民の要求が大きかったので、それじゃとりあえず三〇床の特別養護老人ホームを作ろうという計画をもってて、建設計画したときに五〇床になり、いまの村長のときに、もう五〇床ふやして一〇〇床になったんですけど。最初の五〇床のときに、痴呆の高齢者を介護する施設を一〇人分作る予定だったんですけど、徘徊するから隔離する、という話が担当課長からでた。それはならんでしょ、人権侵害だ、ありえない。「管理できない」というけど、それは方法を考えればいくらでもある。その方法を考えないで、隔離の話はないでしょということで、やりあった。最後に何いったかというと、「県がそういう方針だ」という。よしわかった、ということで、いわきの設計事務所の担当者（弟が県の振興局局長）に、「それはないでしょ、県がそういってんの」「いやそうではないんです」という。設計の段階で、それは、入所者全員がそれを介護するような形にできないの。真ん中につくれないか。まわりのひとたちが痴呆の人を介護していく、人が人、似たような人たちがお互いに介護しあう、共助するような施設にならないか。そしたら相談します。県にいったら、それは可能です。市町村の考え方しだいです。という。

——特別養護老人ホームの中身にまで工夫をこらしてつくった。

前の斉藤長見村長時代の人材育成、「外の世界をみろ」

――ところで、いまの菅野村長が就任したのは。

菅野　平成八年の一〇月。

――前の村長（斉藤長見）さんが今の菅野典雄村長を育てたと聞いていますが。

菅野　菅野典雄村長は帯広畜産大学出だから、酪農専門家だったけれど、酪農は斜陽化してたし、酪農やりながら嘱託の公民館長をということで、前の村長が採用した。次の世代を育てなきゃならないというんで、人材育成のひとつだった。さらには今の飯舘村社会福祉協議会会長の小山茂氏も教育委員にして、育ててきた。人材育成ではすごかった。

お前ら中にいてはだめだ、外にでてこい、といわれて。もちろん私らは、ずっと若いときから、諸国をみて勉強しないと、よそを参考にするというのは大きな意味がありますから。一晩で福井あたりまで行った。夜八時ごろにでれば、朝四時ごろにつきますから。朝、仮眠して、九時ごろ行って、午後から帰りについて夜中にもどる。行きましたよ、青森なんか朝四時にでれば、九時につくんですから。

――これは車社会、全国の高速道の整備で、農村の閉じた部分が開いて、他の地域を視察して良いところは取り入れ発展させる契機をつくったわけですね。

菅野　六ヶ所村にもいったし、横浜や長野県には先駆的なものがありましたから、ずいぶん歩きましたからね。飯山にも行ったし、群馬では片品にも行ったし、川場村、沼田、静岡県の駿東、ずーっとあの辺は歩きました。いろんなとこにはいろんな人がいっぱいいるんですから、ネットワーク。そういうことから、自分は企画課に行ってものすごくそういう人の力が助かった。

――企画振興係というのは、上から言われてじゃなく、自分たちでそういうことを計画してやってたんですか。

菅野　前の村長がそうでしたから、お前らが主体なんだから、自分がしたいことは、お前たちにも伝える。これから村をつくっていくのはお前たちなんだから。やり方が違った。「村のほんやさん」つくったときに取材に対して、おれではない、おれは決定権はもってっけど、こいつらがつくったんだ、と。人の使い方がまったく上手だった。ほんとうの政治家なんだよね。自分を鼻にかけない、職員をたてる。

――前の村長さんは、村長になる前は何をしてたひとですか。

菅野　斉藤長見さんは、役場で収入役をやって、それから村長になった。そもそも合併で飯舘村ができた時に最初に村の条例を作り整理した人です（昭和三一［一九五六］年に、北部の大舘村と南部の飯曽村が合併して飯舘村となった。斉藤長見氏は四代目村長で、昭和六二年から平成八年まで二期八年、村長を務めた）。

法律も詳しかったし、文学者だったたです。すごいひとだった。私が飯舘村自治労の委員長をやってたとき、福島のグリーンパレスの運営をする市町村職員共済組合の理事会があるんですが、首長が一〇人、職員が一〇人、たまたま理事長職務代理者が村長、私が相双（相馬郡・双葉郡市町村職員共済組合）の代表で一緒になった。あの時、須賀川の高木市長が理事長だったのだけれど、病気で急に亡くなったのね。斉藤村長が職務代理で理事長やったりしたんだけど、そのときも人を育てていくコツをもってた。勉強しろ、勉強するには、人のネットワークをつくれ、そのためには外に行って来い、外国に行ってこい、目でみてこい、というのが口癖でしたね。職員を派遣する予算をつけて、私は一番先に手をあげて、フランスとドイツに行ってきました。平成三年、一九人のツアーで欧州のグリーンツーリズムの視察に行った。北海道から九州まで、いまでもそのネットワークがつづいています。私はグリーンツーリズムをずっと考えていたので、ドイツとフランスに行ったんです。

――グリーンツーリズムの推進に向けて、都市住民の農家宿泊体験を国土庁（当時）の事業で三年間実施というのが、それですね。

菅野　企画に行ってから、村長にやりたいと言ったら、財源がない。国土庁に行って、何か予算ないの、一日ねばって、一〇〇万円もらってきたの（笑）。それで、グリーンツーリズムということで、都市住民の人が農家に泊まる体験をやって、三年間続けた。それをやったから、その人たちのネットワークもできた。村民も都市住民のニーズというものを摑み取る。都市のひとたちは、農家というものの体験をして帰る。続けてほしかったんですが、私が替わったら、平成九年の予算つけてきたんだけど、やれませんでした。

企画から外に出された

――企画部門というのは、自治体では村の全体計画にかかわる中枢の部署ですよね。そこで大きな仕事をやれば、村の職員としては相当な力をもつことになりますね。

菅野　やー、忙しかったです。そして、平成九年から庁外に行きました。

――平成八年の秋に今の菅野典雄村長になった。その翌年の四月に外に出された。やりすぎた？（笑い）

菅野　考え方もちがいますし。当然指示もちがいますから。やっぱり企画部門というのはそうなります。

――企画部門から外にだされて、（財）飯舘村振興公社の事務局長になって、飯舘楽園の総支配人併任。

菅野　これは、飯舘村振興公社が二億一五〇〇万の負債をかかえて、にっちもさっちもいかなくなった。やめるかとなって、でも肥育をやってましたし、受精卵で品種改良してたんですよ。それをつぶすわけにはいかない、なんとか立て直せ、ということで命を受けた。そんときに、財務会計を整理して、社員の整理をして業務の見直しをして、さらには仕入れの値段の見直しをする。農協一本でやってきた仕入れを競争入札にした。二億円の売り上げしかないところで、飼料代に三〇〇〇万、四〇〇〇万円もかけられない、で見直しして、七社をいれた。そのとき農協は勝てないというから、勝てるところをさがせ、といった。で、それまでは二〇kg

の袋にはいった餌を買って、それを混合機にばらしていれて、餌を自分で混合してたわけです。人件費もたいへんでしょ、動かす機械の経費もかかる、そんなことやってられない。とにかく指示した餌の配合メニューで収めろ。それで、一週間に一回ずつトラックで運んできて、ストックする。両側に畜舎が九棟あるんです。それぞれの棟の前のタンクに補給する。それで全部の成分検査をしてから収める。そういうふうにして入札した。そしたらかろうじて農協がとれたんだけど、一kg一円差だった。でも農協がとれた。それは釜石で港から上がってそこでミックスしてつくって、で、農協は電話一本でいれるだけですから。いままで、農協は三％の手数料とってた。一〇〇万円でしょ。あんたら、電話一本で一〇〇万とんなきゃなんないのか、一％にしろ。農協はそのとき合併してましたから、本店通すとまた二％の手数料。それなら本店通さないで、直接いれろ。そうしたら本店から常務がきましたよ。真壁さん。「それはないだろ」「自分たちでそれやろうとして農協を切って、あんたらでやっていけんのか、涙をみることになるぞ」という。「そんときはつぶれるだけだ。いまつぶすか、存続させるかだから、それはみててくれ」「農協が関わらないわけじゃないだろう、大きな目でエリアで物事考えてくれ」、と。飯舘農協がかかわって始まった。一円違っても大きいんですよ。一か月、牛は一万円食うんですよ。三〇〇頭で三〇〇万ですから。職員も減らしていって、一人で間に合う。ボブキャットで、餌をすくってきて、配るだけですから。あとは、個体管理だけですから。堆肥をかたずけて、全部電動ですから。水の供給だって水道水だし。一人残して、二人は村に派遣。休みのローテーションがあるから、臨時職員として二人採用した。なんとかきりもりして、一年に一億五〇〇万かな、返した。

そしたら、村のステーキハウスの「飯舘楽園」(株)が四〇〇〇万の負債でまた村に施設を返す、という話になった。商工会が中心になって、株式会社商法法人なんで、村に返す、資本金の一〇〇〇万をくいつぶしてしまった。どうにもならない。平成九年四月二五日で、連休の前で村もあたふたして、臨時議会を開いて、村の直営でやると決めて、村も仕方なく職員を派遣して、直営で一年やった。途中で私に楽園のほうの財務会計をやってくれということで、二日かけて全部洗いなおしをして、平成九年度の予算を、複式会計だからね、貸借対照表をつくらなきゃならない。大変な作業だった。

――菅野さん、複式会計ができるんですか。

菅野　ん、全部やってたからつくれるから、それやって、直営でとにかく一年、係長クラスを派遣して、楽園の職員はそのままにして、とりあえず四月二八日からはじめた。でもなかなかうまくいかなかったんだよね。役所がやるってのはなかなかうまくいかないんですよ。平成一〇年四月一日に、楽園のほうも併任しろ、三年でやれ、といわれた。私の人生、そんなに長くいられない、一年で終わらせたい。助役を社長にして、農協を副社長にして、それぞれ民間から募ってましたから取締役を置いて、三月三一日の決算だから、二ヵ月で法人にして税務報告して、六月一日から新たにスタートして、一年で黒字に転換させました。

やったのが、福島市内での飯舘牛のパーティ。いままで東京の三笠会館でやってたんだけど、マスコミはなにもとりあげてくれない。で、福島市内で牛肉パーティをやったのね。村長に「金もないのに一〇〇万もかけるやつがいるか」って言われて、「一〇〇万ぐらいかけなきゃ、一〇〇〇万の利益はあがらない」と言ってやった。テレビ各社・全国新聞・スポーツ新聞まで取り上げてくれた。近場のお客さんがきてくれなきゃだめだ。商工会議所に行って、なんとか福島市内でやらせてくれ。場所をなんとか世話してくれ、と。パセオ通りの真ん中に駐車場の屋上を借りて、一回で五〇〇人ずつ三回やった。〆て三〇万円のマイナスでしたけど、赤字背負って怒られたけど、必ずかえってくるからって。一〇月三一日、一一月一日・二日と三連休。一日で六〇〇人、三日間で一八〇〇人きた。一〇〇万儲かった。

やっぱり事業やるってそういうことで、おもいっきり資本投資しないと、かえってこないです。それをないからって、使わないと、いつまでたってももどってこない。その年は黒字で、四〇〇〇万かえして三〇〇万以上の黒字で、資本金に一〇〇万円積み増して、後の残りは社員に還元して、食器類はディナーやるのに、ステーキの皿を一万円ぐらいの価値のある皿をつかわないと、ディナーにならないんですよ。三〇何枚かを買った。宿泊体験館「きこり」もブラインドをとっぱらってカーテンにして、客室に座椅子を入れて、ゆったり感が必要だった。厨房の人たちもよろこんだし、板前さんが一番喜びましたね。見た目でも喜ばしい形にした。結局は赤字にしないでゼロに近い数字で。税は少しは納めるくらいにしたけど、前年が赤字だから繰越してますから、収める必要はなかったですけど。

ふたたび戻って、住民課主任主幹兼税務係長

――良かれと思ってつくった外郭団体が負債で追いこまれている。俗な言い方でいえば、再建屋をやらされた。それをなんとかクリアしたら、急に戻された。

菅野　とたんに戻れ、といわれた。何やるんだ、と思ったら「税やれ」と。滞納整理。

――こんどは内部で引き伸ばしにしていた問題の処理をやらされたわけですね。主任主幹になったけれど、ほんとうの仕事は税務の滞納処理。

菅野　一億八〇〇〇万ぐらいあったかな。大体一年の税収分の滞納があったわけだから、徴収しろというわけね。でも滞納整理というのは、そうはいかないんですよ。

あるならば、納めてもらえる。ないものは、納められない。ならばどうするか。債権保全しかないんですよ。差し押さえしかない。五年で時効ですから、時効になる前に差し押さえ、債権保全をはかる、それをやらないとだめだ。また村長が「差し押さえするな」という。為政者はそれやりたくないんです、わかるんです。「村長、

それはいけませんよ。時効になったら、村長が責任をとらされますよ」「税法では、できる規定は村になんにもないんです。税法上でできる規定は、減免だけなんです。減免は首長の判断で条例をつくってできることなんです。それが国の指定ならば、交付税措置もできるけど、国の指定がなくて村独自で減免すれば、それは村の財源の中でやらなきゃならない。逆転しますからね。入る金がはいらない、ということはマイナスすることだから。それはできないんですよ。やらなければならないという法律なんだから、差し押さえはやらなきゃならないし、債権保全しなければならない。債権保全しないと、欠損になるんです。欠損は村長が負担するんですか。そうはいかないでしょ。だからやらなければならない。説得して、差し押さえして、債権保全して、差し押さえされたくない人は納めてください。農協で借りても、銀行にかりても、一時的には納めればまぬがれるから、そうしてください。農協でも協力してくれよ。ところがそういう措置は、農協にもあるんです。農協も負債が残ってるわけです。できない人がいるんです、貸すことができない。

それじゃどうするか。その家のこれからの生活設計を立てるしかない。返せるだけの財力があるかどうか。どうしても財力がなければ、農協の利子払いだけでも大変だろう。だったら処分しろ。で農協が処分した。ほんとは農協は処分したくないんです。村のほうが差し押さえが早いから、農協に入る金が少ないんです。村は一〇〇%入るから。でもやむをえず農協は処分して、そのかわり、その人の住居と職業はしっかり準備しなさい。私も本人に「あなたは、職業をもう農業からやめて、あらたな職業みつけなさい。でどこにするのか」。どこにする。南相馬なら南相馬に職をさがしなさい。南相馬で職をさがしたら、じゃ南相馬の市営住宅を農協が準備してやりなさい、住むところがなければ暮らせないんだから、そうしなさい。その土地を親戚のだれかが求められるようにしてやりなさい。で親戚のだれかがもっていれば、その人が、村に戻るというときには、そこを求められるようにって。

――えー、そういう対応をする人がいるんですね。

菅野　ん、農協にはそうやって、やってもらったけど。農協も債務整理ができるわけですから。不納欠損はできますよ。不納欠損できても、いつまでも入らない金を待ってたってしょうがないんですよ、でいつまでも借金を背負っているその人の人生もまた狂うんです。だったら見切りをつけて、次の人生設計をつくりなさい。親の代からのそういう重荷を背負う必要はないだろうと。

――そういう当事者に物を申してあげる局面は、菅野さんがやるんですね。

菅野　ん、本人に。もちろんやるしかない。それしかない。胸が痛いですよ。

――へたをすると、怨みもかいますよね。

菅野　ま、ほとんど喜ばれましたけどね。だって返せるあてもないのにひきずってくわけだから。何軒かですけどね、喜ばれましたよ。でも財力のある人は全部差し押さえましたけど。差し押さえますけど、いずれは納めなければならないんだから、税法上こうなってんだから、やむをえないんだよ。でも聞かない人もいましたよ。うれしいはずはないんだから。最後まで残るわけですから、登記簿上ね。次の世代に、登記簿とったときに、なぜ家は差し押さえなんかなったんだろう、ということがあるわけだから。そうやって軽くしてやることをね。で、かなり古い部分で時効になってたものが、それはもう時効で不納欠損にしましょう。年に何百万という整理をするために、不納欠損で落としましたけど。議会からは騒がれましたよ。そりゃ村長の責任だ。何年もやらないできたこと自体がおかしいんだから。前の課長に言ったら、村長が差し押さえするなというからやらなかったというから、それはあなたの職務怠慢だ、そうじゃないよ、と。で、四年で整理したのかな。税務の機械化もしました。

社会福祉協議会

——つぎは平成一五年、社会福祉協議会の事務局長に転出。組織と業務の改善を図り、無料職業紹介業務の導入をはかる、とありますね。

菅野　四年で整理したら、こんどは社協にいけと、また、出された。社会福祉協議会。どうも組織と業務がまずい、そんとき村長が理事長だから、なんとかしろと。どうもあの人はなんでもかんでももちたがるんで、今も特別養護老人ホームの福祉会法人の理事長を村長がやってるけど、社協は理事長を変えました。組織の定款や何かを全部見直して、組織を見直しした。社協の理事としての人選をどっから入れるかを見直して、社協は何をやるかという役割をしっかり明記したんです。いままで介護もなにもやってたんだけど、別に福祉会ができて介護の部分は向こうにいってるので、介護の役割はなくなった。これから社協は何をやるの、あらたにハローワークとの連携でやれるだろ、ということで導入を果たしてきた。夏までに終わったんだね。

——半年で組織と業務の見直し、改善をしてしまった。短期間でよくできましたね。

南相馬合併協議会のこと

菅野　社協の改革をほぼやり終えたら、村長がいきなり「明日から合併協議会に行け」という。命令ですから、平成一五年の九月から、南相馬合併協議会に出向しました。旧原町市の助役・三瓶博文(県の企画業務をながくやっていた切れ者でした。合併まえの原町の町づくりに大きな力になった。今、富岡の副町長をやっている)さんに頼まれ、県の相双地方振興局の局長・鈴木和夫(現・白河市長)さんからも激励されて、総務班長としてまとめ役を務めて「南相馬市建設計画」を作った。最初は原町市と鹿島町と飯舘村の三つではじまった。小高町は浪江町と合併協議会をやっていた。浪江はダムがあって、その負担は同じなので。けれど浪江町は合併しないとなって小高がはずれたわけね。で、小高も入ることになって、三つから四つになった。仕切り直した。総務班長として、小高町の参加を歓迎しました。役場職員のひとたちともあらたに協議にはいるようになりました。対等合併でしたから、地域自治区、旧市町村による自治区を設けようと、それに関しては、みな賛成してくれました。とくに小高はそれが一番のネックだったから。つまり、原町市に吸収されてやられるんじゃないか、という思いがつよかったから。

ところが平成一六年の一〇月に村長選挙があって、選挙直前に村長は「飯舘村は合併しない」と宣言。任期は一〇月一九日だったかな。その一週くらい前だったと思う。で、議会も騒ぐ、住民も騒ぐ。最初は合併するという方向でずーっとやってきたのに、選挙直前に「合併しない」と宣言してしまった。

実際は選挙の一か月前くらいから「合併しない」という方向で、村のなかで話してたんだよね。その話は、私もつかんでた。あー、村はまた離脱する、とおもった。で、合併協議会の説明会のとき、私は合併後の建設計画について話していた。ところが村長は村の中で合併しないというニュアンスの話をはじめた。どうもおかしい。選挙の前一か月くらいから合併しないような方向になってきて、議会も騒ぐ、住民も騒ぐ。これはだめだ、となって、対立候補をたてなきゃならない。でも一か月前ですから、でたのは。大差にはなりませんでしたけど、負けました。前の前の村長（山田健一村長、昭和四七年～昭和六二年、四期一六年）の息子だったのね、私と同級生だったんだけどね。副議長やってた。期間が一か月でしょ、浸透しないわね。合併したくない人もいるわけだから。

結局は、合併しない方向にいって、村長が当選して、合併はしない、離脱をするということになり、すぐ合併協議会を開いて、「合併からの離脱」ということを協議会で認めてしまいました。

そうするとまた三つに作り直さなきゃならない。四つでできあがったところだったんですから、「ひばり野市」という、相馬野馬追いの「ひばりが原」の伝統的な地名なので、それにしようということで。ほとんどが旧相馬藩（六つのうちの四つの地域）ですけど。ほぼ建設計画ができあがったものを説明したときでしたから。どうもおかしい。困りました。南相馬市も原町も鹿島でも小高でも、「とにかく班長にもう一回しきり直して作ってもらわなきゃならない」と「今戻られちゃ困る」ということで、一一月いっぱいで、三つの各班長それぞれ仕切り直し、作り直しをして、まとめをやって、一一月三〇日で合併協議会から戻って、一二月一日に村に復帰した。

合併と自治

――村長は何て言ったんでしょうか？

菅野　平成一五年八月三一日の午後一時に村長室によばれて、明日から合併協議会へ行ってくれないか、でしたから。社会福祉協議会の方はほぼ整理をおわってたからね。無料職業相談業務を導入することで、職員態勢をとったところだった。私も無料職業相談員の資格もってたんですよ。で、九月一日に、いきなり明日から行けだもの、ひどい話だよね。

平成九年から退職する二一年までのあいだに、辞令を一二枚だかもらったんです。主任、事務局長、主幹、課長、参事、いろいろもらった。

――ここで村長に対して、初めて信頼がくずれたんですね。これは大きいですね。

菅野　うん、くずれたよね。もともと村長は広域圏の中で、相馬六市町村一緒に合併すべきだ、と口出しをしてっから。

――相馬藩全部。

菅野　「ほんとに合併するの？」。あの人の考え方からすれば、合併したくない意向は前もってわかっていたからね。でも広域圏のなかで、それを口にだしていたのもわかっていたから、ほんとに合併すんのかなあと思ってはいた。確認してたんですよ、そのときは。「ほんとうに村長は合併する考え方があるの」って。「や、条件さえ整えば合併する」という。それは何が条件かといえば、「地域自治」なんだね。「地域自治」という考えはそのまま引き継いでもっていった。そういう方向でやろうと。時代の流れでもあったんだよね。関西学院大の小西先生に頼んで、原町も鹿島も飯舘も住民懇談会開催して、そういう方向での話をするわけですよ。

　飯舘村では地域ごとのそういうミニ自治組織をつくってのミニ自治制度をやってたけど、ほかの市や町は経験がないんです。でもそれがなかなか理解しづらいんですよね。でもそれぞれの市や町も、旧町村単位で文化も生きてるし、ある程度そういう動きというのはあるんですよ、あるいは財産区ももってるわけだから。原町市でも、ああなるほど旧町村単位でやればいいのかな、小高・鹿島でも行政区単位でやればいいのか、という動きが生まれてきていましたから、時間はかかっても飯舘のような組織になっていくんじゃないのかな、という思いはあった。

　けれど職員自体がまだ理解ができてないんです、そういう仕組みがわからない。で職員の研修を小西先生にやってもらって、勉強会をひらいていった。そうとう飛躍的な合併の方針であり、建設計画だったんですよ。会津のほうからも問い合わせがあって研修にきていましたし、相馬市も新地町も見習って同じ方向でやろうかみたいな話があった。会津美里町も合併しましたけど。旧村単位の自治区ということになりましたから。あれがモデルになったんですね。

　合併ってシビアな部分があって、非常にむずかしい。首長の駆け引きだけでもむずかしい。すっごい軋轢ですよ。合併ってのはそんな簡単なものではないですよ。かたっぽよしとすれば、かたっぽの首長がおこるわけですから。

中山間地域、自治、財源は一割

――お話をうかがっていて、全住民の暮らしについて、一人の職員が見ようと思えば見える、という環境がある。葛尾村もおなじようですね。

菅野　葛尾はもっと小さいですよ。隣組みたいなものだから。六〇〇世帯ぐらい、一五〇〇人ぐらいかな。だから、避難のときも観光バスに乗ってくぞー、っていうぐらいですから。

――しかも合併しないで残った。

菅野　葛尾は合併しなかった。

――それには、なにがあるんですか。

菅野　財政規模でしょ。合併してくれるところがない。だから浪江町も原発を作りたかった。やめましたけど、やっぱり財政規模なんですよ。自治体の駆け引きもそうなんだ。

――その中で葛尾村はよくやっていけるんだ。

菅野　やっていけますよ。交付税制度がありますから。自治体はまかなえるんです。ただ、大きな事業はできないということです。学校つくるんだって財政支援がありますし、中山間地域だから、それなりの交付税措置があります。飯舘村だってそうでしょ。交付税措置があるから成り立ってっけど。交付税措置がなかったら成り立たない。自主財源は一割自治ですよ。

――えっ、九割が交付税ということですか。そんなに大きいんだ。

菅野　飯野町なんかは、中山間地域じゃないから、それがなかったんだ。企業なりの固定資産税がおおきいから、財政規模も何割かはもってますし、あとは交付税で対応してます。飯野町は、大きなエリアのなかで、福島市飯野町という大きなブランドのなかで勝負しようとおもって合併したんでしょ。川俣町は残った。

——三春町は今回最も濃度の高い放射性物質が降った時に、安定ヨウ素剤を町民にくばってますね。学校教育環境などユニークな町づくりをしている。町の規模としてはけっこううまくいっているんでしょうか。

菅野　あそこは郡山のベッドタウンでもありますから、雇用促進住宅をどんどんつくったり、観光地でもあるでしょ。工業団地をもってますし。やっぱり地域をつくるというのは、バランスを考えて、人口規模が増えていかないと、だめなんです。だって地域経済をうるおすものがない。地域経済をうるおさないと、自治体財源もうるおわない。

——町の行政という意味では、村民全体が見渡せるという規模としては、飯舘は理想的と思いますが。

菅野　財政がともなえばね。ただ山村地域であり、僻地であり、その二つの大きな要素があったので、補助金なり、交付金が大きかった。さらに補助金もうけやすい。

——それでも一割自治というのは、とてもきびしいですね。交付税などが九割を占めるということは、それだけ国の財源に頼らざるを得ないことになります。ここをどうするか。中山間地域のなかでも、めざましいモデルとなるような自治体を創っていけば、省庁としても誇りにできるから予算をつけてくれる。いままでの飯舘村はいわば優等生。けれども、こんどのような事態となれば、言うことを聞け、ということにもなりそうですね。

合併協議会からの帰還、農業委員会事務局長

——村としては合併協議会から離脱したのに、菅野さんは総務班長として、合併計画のまとめを最後までやらざるを得なかった。それを成しとげて、戻った。

菅野　合併協議会から、また村にもどって、もどるにしても、私の椅子がなかったの。それで、農業委員会の事務局長をあけて着任した。農業委員会組織も古い時代のものをひきずってきてたんで、新たな時代の組織ができていなかった。業務の見直しをして、全国農業会議所の会長が、県農業会議会長で県選出参議院議員の太田豊秋さんでしたから、飯舘村の新しい農業委員会をどういうふうにしていこう、業務方法を改正して、見直ししていかなければというんで、まず役割分担して組織を変えていった。

住民課長

――つづいて、平成一七年に、住民課に戻って、課長になった。住民福祉、税務行政全般を担当し、さらにクリアセンター（生活ゴミ焼却場）の管理運営にあたった。

菅野　当然四月一日にはかわるだろうとおもっていたから。住民課長。また税務だからね。組織改正したんです。住民課と税務課がひとつになって。住民福祉係長と税務係長、さらにクリアセンターでごみ焼却場の管理もやらなきゃならなくて、ここんとこで、放射性物質やダイオキシンのことを勉強させてもらった。現在の放射能汚染とも、からんでいますね。

――菅野さんは、放射性物質についても勉強されていた。

菅野　この時の知識が生きたんですよ。やっぱり放射性物質は燃やせませんからね。私らの畑（福島市荒井地区の共同農場）なんかは通常と変わらない線量までさがってますからね。もともと土が汚染されてなかったから。ただ天気によって線量が上がったり、下がったりする。どうしても南風や東風が吹くと空間線量が上がるんです。地面も上も同じなんですよ。国は空気中に浮遊してないっていうけど、うそだ、っていうんですよ。埃と一緒になって、とんでくんですよ。大風が吹けばかぶる。雨がふれば、当然空気中のものも流されますからきれいになります。だから雨上がりというのは、線量がすごく下がるんですよ。そういうふうに違うんです。

化学物質も、爆発物もそうですし、生活ゴミというけど、相当神経使わないと、あぶないんですよ。焼却場というけどそんなに簡単なものじゃない。一番困るのは、ライターとかね。

——ライターはどうするんですか。

菅野　もうゴミにまざってますから、中で爆発します。だから耐えられる強度を窯自体つくらなきゃならない。あとは、ガスボンベ。カセットの。あれはこわいんです。あれはそうとうの火力もってますから。ガスボンベの半分ぐらい残っていると、すっごいんですよ、窯こわすんですから。でもみて燃やすわけじゃないんで、まぜられるとどうにもならない。ありますよ、年に何回か。こころない人がいる。

それから税務では、このときに納税相談を一か所にした。本屋さんが入っているところのビレッジハウスに。職員はうごかないで済みますが、そのかわりに何を改善したのかというと、毎週金曜日の夜、八時まで業務をやるようにした。それで、働いてる人も便利になった。

——菅野さんの仕事の仕方を見ていると、業務上、ひとつこれをどうしてもやらなければならないとすると、その補いを全部考えてやるんですね。ひとつなにかを変えたら、変えたことの欠陥がでてくる。その欠陥に対して、どう補いをするかを考えている。

菅野　村民は不便になるから。不便でない方法をとらなきゃならない。ということは、夜ならば働いてる人もこれるだろう、休まなくてもいい。

参事兼産業振興課長

菅野　二年やって、平成一九年の四月一日から産業振興課。農政課と建設課をひとつに合体した。農林業、商工業、土地改良から建設土木、上下水道、公営住宅、さらに第三セクターの振興公社・飯舘楽園（株）と二つの運営を全部担当した。

――ぜんぶ統括するんですか。振興課長として。たいへんですね。

菅野　それに「森の駅まごころ」を開設した。初めての運営ですから。

――産業振興課というのは何人ぐらいの組織ですか。

菅野　私を入れて一六人。あと第三セクターが一〇何人ありますからね。やめた年のつぎの課長は「よくやっていた」とびっくりしてた。たいへんなんで、平成二一年に退職する時には、上下水道と第三セクターを担当する管理職をひとり置いたほうがいいよ、と置き土産にしました。そして、めでたく平成二一年三月三一日に開放されました。

定年退職、農業に復帰

――やめて、農業にもどって、すごい体力ですよね。二・五ヘクタールを再開発して。

菅野　だってライフプランがありますもの。貸してた田畑が七年ぐらい前に栄夫らが酪農やめてもう使わなくなってしまったから、私が再開発するしかない。なにをやろうかということで、銀杏《ぎんなん》を植えよう、とおもって、大分県から苗を導入して。で、あと高原野菜ね。一番はにんにくと人参をつくろう。にんにく三万本までふやしたの。人参は六〇〇〇本最初つくったんだけど、箱根駅伝の弁当に提供した。何が一番適するかを突きとめようとしてからやろうとしてたんで、いろいろつくってみました。堆肥だけでも五〇万円はいれたんで、初期投資として、三〇〇万ぐらいかかりました。かかっても回収できるとおもってたから。

――息子さんも農業を継ぐ予定？

菅野　いいや。やらないよ。それは息子が定年で退職したころに私も朽ちるんで、そのとき渡せばいい、とおもって（笑）。銀杏は、そのころになってようやく一人前の働きをする。そのころはもう手入れをする必要はない。

菅野　植林は娘が生まれた記念に昭和四七年から始めた。山木（大字佐須字山木）の道路から歩いて三〇分、前山の頂上に近いあたりの国有林の中に親父がもらった山林があった。荒れ地で、手つかずで荒れていたから、そこを伐採して、運び出せないから、そのまま地ごしらえに敷き混んで、スギ六〇〇本を植えた。退職した年に間伐して一五〇本にした。でっかい木になって残っている。

――四分の一になったのですね。

菅野　もう一か所、道路下の水田の先に川があるでしょう。その川の向こう側にも国有林に隣接して持ち山があった。勤めていっから働けなくて。荒れ地だったから、切ってくれって言って、原木はくれてやりました。平成一八年に、このあたりの地権者四人で共同して一二〇万円をかけて川向こうに渡るコンクリート橋を造って、ヒノキ一二〇〇本を植えた。今は小さいのでも四メートル、大きいので六メートルくらいはある。あと、三〇年くらいで間伐すると、三〇〇本くらいになる。

――放射能被曝して、伐採できるのは……。

菅野　百年の計で。誰が使おうがいいんですよ。やっぱり育てないと、木は。手入れしないと木は育たないいんだから、銀杏もそうなんだけど、まず植えることから始めなければならない。いまの経済の考え方とは全く逆、百年の計でなければ、山林の経営はできない。跡継ぎはあっても、工場に勤めている人なんかは、やらない人はやらない。山は今は価値がないから。今回、政府は山林の除染をやらないと言った時に、除染をそこまでやることはない、それよりも育林の事業をやったほうがいい、手入れをしたほうがいいんです。日本中、山林が放置されている。育林の事業をやって、五十年後、百年後に飯舘村の山林が生き生きしているような景観をつくることで、村の魅力が残っていくだろうと思っている。たぶん農地は相当荒れていくでしょうけれど、山林を育林することで維持していけるのではないか。

——古い寺社では、これから必要になる木材のために江戸時代くらいに植林したものがあって、その伐採を考慮して、また百年先のために苗木を植えていると……。

菅野　退職した平成二一年、家内の実家が一二〇年ぐらい前の家屋なんですよ。萱ぶきで、鉄板をかけてるんですけど、そのまま残ってて。ただ床と床下の部分が朽ちてだめだったんですよ。じゃ改修しよう。で、家の後ろの「いぐね」(屋敷林)を七本伐って、大木。それを伐って、板を挽いて、柱を挽いて、裏通り(家の後側)は全部柱交換して、大黒柱は下が朽ちてたから、下を伐って接いで。欅だったから、柱も接いで全部直したの。昔の家は大引きと吊りで、一二間が二本上にとおっていて、それでもってるんですよ。下が腐っても家はつぶれない。上でもってんです。どっちかに傾いても下を持ち上げてくれればなおる。ジャッキでレベルをとって、一〇トンジャッキ何台も使って、全部あげて。むかしは基礎が飛び石ですから、動いてるものもあって直して、動かないように、足して、あげて、つないで。一か月以上かかったかな。外側が壁でしたから、「いぐね」を使って、二四ミリの板張りにして。きれいですよ。

——手間賃はそうとうかかるでしょうね。

菅野　五〇〇万円近くかかったかなー。

——材料があれば、そのくらいですむんですね。すごいですね。

菅野　目の積んだ木だったしね。いいものになりました。床下と壁に断熱材いれて。

——でも奥さんの実家にそれだけのことをしてあげられたってのは、たいしたものですね。

菅野　もったいなかったんだけど、今はもう放射能汚染で住めないやねぇ。一番は床の間のかざり。綿津見神社（草野地区）の奥にあるんですけど。古い家なんですよ。もったいないんだ、あの家。帯戸のある家ですからね。重いけど。敷居が減ってんだよね、それでも残したほうがいいということで建てつけを直して。チョウナ削りで鉋かけたんだそうです。墨を塗って手鋸でひいたそうですよ。三年かかったそうです。昔は天井なかったんで、天井いれて、土間だったところは茶の間にしましたからね。文化財的なものですよね。明治の建物だもの。

――萱はそのまま？

菅野　煤くってますから。

――住みたかったですね。

菅野　せっかく直したのに、昔の家だから、賠償の査定で一〇〇万ぐらいの価値しかないなんていわれたら、あばれますよねー。

――こんなことになるとおもってないから、意外と領収書なんかとってないでしょう。

菅野　これから東電との交渉でね。

身体が認知している環境世界が広い

――お聞きしていて感じたことは、町場に住んでいる人は環境が抱えている時間の深さを頭では分かるけれど、体の中に入っていないから、環境というものがすごく狭い。村の生活では身体が認知している環境が広いだろうなと。そこをわかってもらえることが大切ですね。五十年後百年後という言葉は出てきても、例えば村が存続して五十年百年をイメージするのと、村が存続しないで山地を五十年育林して景観を保っていくことが大事だと言った場合の意識とは、ずいぶん違うという感じがします。元々自分のからだに蓄えていた環境というか、あの山の向こうまで、あるいは国有林の中にポツンと育林してきた土地が、ずっと伸びているわけですよね、イメージとして。そのことをきちんと定着できると。ずいぶん違うのだろうと思います。

水を扱っている人、漁師さんはまた違った水のイメージが身体に伸びている。山で冬仕事、炭を焼いていたお父さんの時代の環境がからだに入っているイメージと、菅野さんの時代の山場と低地の間を広げた時に感じる感じ方とは、やっぱり少し違いますよね、きっと。

菅野　違います。それは当然です。ましてや私が子どもの頃の景観と今の景観では、変わってきていますから。やっぱり、何ていうんだろう、水田だって圃場整備されて規格化されている。そういう景観だし。そういうのを考えれば、またそれが元に戻っていくのかもしれないですけれど、元に戻ったとしても原風景になったとしてもそれを維持していく、それが景観なり環境なり、当然大切なことなんだ。

昭和四五、六年までは国有林も含めて輪伐がされていたから、何十年かに一回輪伐する。輪伐で山がきれいになって育林されていた。だけどもそれが燃料革命でなくなってしまって、造林されても植林されても、それが林業・木材の低迷で放置されてきている。だから現状、山が荒れ放題になってしまった。

――全てを時価計算主義の感覚で考えることをしてしまったら、時間の深さと空間の広がりを感じとっている身体の感覚がひどく狭くなってしまう。これは生きることをとても貧しくしてしまいますね。むかし、山里を歩いていると、じつに悠々としていて、うつくしい顔立ちの人たちに出会った記憶があります。それは、そういう人の心は、からだから伸びていく時間の深さや空間の広さと結びついているのだとおもいますね。

種のこと

――タキイ種苗っていうのは、しっかりした力を持ってるんですね。

菅野　意外とぉ、タキイの種はいいね。ものによりますけどね。やっぱり、研究してるし、開発されてて。信頼できる種よね。ホームセンターの種はだめよ。

——だめですか?

菅野　同じタキイでもね。

——ああ、そうですか、同じタキイでもだめ。

菅野　いっぱいあるんですよ。たとえば、米だって、広げれば、いい粒と、あるじゃないですか。いい粒だけは、本店で扱います。残ったものだって売らなきゃならないから。それをこんど、町の種屋さんとか、あとはホームセンター。

——タキイの種で一番きしっとしたものは本店。

菅野　自分のところの、もちろんそう。(笑)誰でもそうでしょう。

——じゃあ、本店から買うわけですね。

菅野　ん、そうそう。ただし、昔っからの取り引き、種物屋さんていうのは、そういう、いいものを置いて。引き合い、信頼関係がありますからね。福島でも、今川屋(種苗店)さんて、種屋さんあるんですけど、あそこの種はやっぱりいいですね。にんにくはあそこで頼んでます。青森県でやってるんです。

——タキイさんは、引き取ってくれた時は、だいたい同じ値段で?

菅野　同じ値段で。

——すごいですね。

菅野　で、いろんな情報も流してくれる。今も、タキイから買ってる。

みつめながら「耕す視線」

――今もシルバー人材センターの役員をされているそうですね。

菅野　役場を退職してから、会員の村民に託されて相馬広域シルバー人材センターの役員を勤めている。で、シルバー人材センターに二〇数人、村の人がいるんですけど。「じゃあ、あなたは何できる?」「このことできる」。「いや、こんなのできねぇって」。「なあにできんの?」「ほんじゃ仕事無いよ」。「すうぐ、蹴っぽるの」。「ん。やありたいんでしょ?」って。「じゃあ、あと、なあにできるのよ?」「ん。んじゃぁ、草刈はできる」。「ほんじゃ、草刈機」「資格ないよ」って。「じゃあ、勉強して受けなよっ」。「センターで、勉強会の日に来て、勉強、来なさいよ。資格取りなさいよ」。で、「やればいいんだよな。やあっぱりね」「腰が悪い、足が悪いって、なんだよ」。庭の草取りってありますよねえ。「ああいうのいっぱい頼まれんだよ。じゃあ、ローラーついた椅子を買ってきなさいよ」「あれ九八〇円よ」って。「あぁれで、腰下ろしてやってみなさいよ!」「一日のうちの二時間分で済むんだから」って。「あとつづくのよっ」。「(一度買っておけば)死ぬまで間に合う。買ってきなさい」。「そうすればいいんだよ」って。

――税を徴収する場合も、徴収できるような状態に置くようにしてあげればいいわけだ。

菅野　ん、そう。できるようにしてやればいいんです。そうしないと、やっぱりだめなんだ。震災後、村から離れてしまった、相馬だから。福島に来れば――飯舘はもちろん仕事ないから――相馬の仕事はあるんだけど。今は、もう人材センターの会員辞めるっていう人が出てきたの。ちょっと待てよって。今、補償の話があんだよ。待てよって。全部とめた。仕事できないからって。春だったからね、今年はもう仕事できねえから、会費払うの、大変だから辞めっからっていう話。

私は副理事長(二〇一七年から理事長)だから、「ちょっと待て!　待てよ」って。で、どうするっていうから私は、「被災…したんだから。とにかく、仕事ができるような状況になんない、相馬には来れないし、飯舘も仕事できないんだから」。「じゃあ、会費、保留するって、理事会で諮って、会費保留した。会費は払わなくてもいいようにして。でも籍だけは置く。その上で、東電と協議して、働けなくなった人の補償をしろって。月五万。年間六〇万の補償を全部にやった。みんなびっくりしてさ。でもっ、「期待所得ってあんだからな」って（笑）。今年は仕事あったかもしんねぇんだよ。それだけもらったんだから、もらっときなって、四年分、全部もらって。

「ああ、じゃー、おらあ、哲さんに世話になってなあ」って、みんな？　だからさあ。おらの、うちの家内なんて、「哲さんに世話になってなて、なんだべえ？」って、きょとんとしてるわけだ。「なぁんだかわからねっ」って、きょとぉんとして。「なあにー？」なんて。おれは、絶対、言わねえから、家内には。「そんなことしたからって、特別なことでねえんだから」って。「もしぃ、そうやって言われたら、『ああ、そうなのお』、『では、よかったな』って言っとけよ」って、言っといた。

だから私は「鼻を高くしたり、そういうものではなぁいよ」って。役職もらったから、やってるだけのことであって、「今まで生きてこれて、勤めてこれたのも、村民のみなさんにぃ、いろぉいろ教えてもらって勉強させてもらって、勤められたから、できたんだから」。家内にも、そう言うふうに、「自分が鼻を高くしたりするなよ」って。そんなのは、驕りだからって。

――土地に根ざした人と人との結びつきのあり方、菅野さんの、これがこの人の思想だといえるお話には、すくなからず、ショックを受けました。

土地の上に何を置くか。置いて耕す。役場の仕事を全うし、帰農して畑を耕す。福島市に避難していても荒井地区で共同農場を耕して、畑の作物をつくる。そこで、何をつくるか。その作物の特性、やったことないものを、また試してみるという形でやりますよね。これまで役場の業務をしてきた菅野さんの仕事ぶりを聞いていて、ふと、「これ、全部、耕してるんじゃないかって」。役場の仕事が生業だったから、その仕事のうちにどういう視線を盛りこんでいくかっていう、そこに「みつめながら耕す」視線と意思があったんじゃないかって。単に頭上で考えて計画を立てているのではなく、実際に具体の場で耕していく。「ぎんなん」を植えるっていうことと、それが、自分の収入として還ってくるかもしれないけど。還ってこなかったら、それでもいいや、と。それはまた、世話になった同じ村の誰かが享受してくれればいい。だから、まず大事なのは何か、それは植えること、土地の上に据えること。植えたものが、どうなるかは、場合によって変わるから。それはそれでいいんだ。だから、ぽーんと置いておくことが大事だって、という。

誰も、たぶん生業っていうのは、そうやっているに違いないんでしょうけれども。だけどその具体の手触りをわかりたいために、ちょっとそういうふうに言ってみると、もしかして、少しはわかるかもしれないと思って。

3・11事故直後、家族の避難

――せっかく帰農して、土地を耕す営みを計画し、これからという時に、福島第一原発事故が起きて、避難せざるを得なかった。村が汚染されて避難される前後の菅野さんとご家族の行動についてお話しください。

菅野　私らは、村内に嫁いで居た娘家族を（平成二三年〔二〇一一年〕）三月一五日朝はやく福島市に避難させて、その後鹿沼（栃木県）に家族七人全部で避難させました。娘は四月一日に飯舘の保育所を開園するから戻れといわれて、やむなく福島市（飯坂）にもどして、娘だけが飯舘に通った。飯坂温泉の中村屋の奥さんに頼んで、次男の方の家を空けてもらって、次男の方は旅館に移ってもらって、私らが借りたの。鍋釜の類を全部借りて、布団は旅館から貸してもらった。息子の嫁さんが飯舘の保健婦さんとして役場に勤めてんですよ。中村屋さんとは前からおつきあいがあって、上司だったから、結婚式にも呼ばれて。

中村屋さんの建物は文化財ですけど、文化庁から金もらえないから、今回の地震でだいぶ痛んで、中村屋すごかったの。一〇〇年以上昔の建物だから、やっーぱり大変だったの。でも今回手を入れて、前よりもよくなった。風呂もよくなったし。

娘たちを中村屋さんから貸してもらった家において、家内も孫の子守をして、娘婿も一緒にもどしたから、飯舘にはもう戻れないんだから、福島に職を求めろということで、ハローワークに三日間通ったかな、「福島乳業」に職が決まり、四月の五日だか六日から働くようになった。職が見つかったの一番早かったんじゃないかな。

――娘さんは職業とはいえ飯舘に通わざるをえなかった。

菅野　四月一九日まで通ったかな。もうやめろ、息子が仕事決まったから、一人の働きでともかく暮すようにしてやめさせた。いつまでも飯坂に世話になってもいられないし、福島に家を探そうということで、落ち着かせて。福島市内は狭いから、じいちゃん、ばあちゃんは別に部屋を借りて、子ども二人の四人家族で、もう福島の人になってしまったけど。

決断しないといつまでたってもできないから。娘はやめて、休業になったから、東電に休業補償の請求をしたが、もらえなかった。子どもも小学校一年生になったし下も幼稚園にはいったし、だんだんおおきくなってくれば、自分で働けばいいし。自分で子ども育てろ、って。親が育てるのと、じいちゃんばあちゃんが育てるのとは、ちがうから。やっぱり親だから。ばあちゃんが最初みてたんだけど、余震がしょっちゅうあった。子どもはおびえるんだよね。親とはちがうんですよ。情緒不安定になって。親がいないから。やめさせて、決断はよかったとおもってます。

――娘さん自身の不安定さもあったでしょうねえ。

菅野　飯舘で新しく家を建てて、一か月しかたってなかったから。ローンどうしようって。銀行と話して、とりあえず、償還停止してくれよと頼んで、銀行はみとめてくれました。あぶくま信用金庫ですけど。支店長に電話して。早かったですよ。若いもんは行けないから、私が行って手続きして、一年止めてもらって。いまは利子払いだけです。そうでないと、利子だけふえるから。元本停止で。あとは賠償請求してもらうべきだ、と。

――村はそういう相談業務を担わないいんですか。これだって当面処理することが必要だとおもいますけどね。ほかの村はどうなんですか。

菅野　それは東電と国の仕事だから、そちらで相談しなさいって。ほかの村とはちがうんです。本来の行政って何よ。私は、懇談会で村は行政として何をすべきなのか、しっかりと検討してほしい。除染は国が責任をもって行うものだろう。本来の地方自治の精神からすれば、村は村民の福祉向上のために、利益向上のために、命と健康のために行政を行うのが自治体でしょ、と言った。

――いまの状況では、生活をどう再建するかが、最大ですよね。

菅野　人がいて初めて自治体なんだ、自治体というのは飯舘村という場所じゃないんだ、人でしょ、人がいなかったら、自治体は存続しない。地方自治法をしっかり見てくださいよって。だけど除染をして戻る。そのために除染係をもうけて、除染係なんて村の組織のなかに必要なのか、国の除染の窓口になって、現実に先頭に立ってやってるわけですからね。除染は確かに必要なんですけど。でも除染をする前にまず生活再建をしっかりとやらないと、今一年、あと一年、三年、五年となると、とてもじゃないですけど、ほんとに生活再建なんてできないでしょ。いまやらないと。

だから、この前も福島の復興庁に来ていた亀岡政務官にも話をしてきたんだけど、とにかくいま、今年なんとかしないと、飯舘村の人々の生活再建は成り立たないから、はっきりと姿勢をしめしてくれ。さらに時期を示して、いつになれば本当に安心して村に住めるような状況に国はできるのか。できないんだったら、その間の生活再建をしていく場所なり施設なり、あるいは賠償なりをしっかりと確定して、村民にしめすべきだ。

――それを言いに行かれたんですか。

菅野　亀岡政務官に、時間をとってもらって、お願いをしてきたんです。飯舘村長については村に戻すという考え方しかないから、戻れない人の生活再建を国としてどうするか、ということをはっきり示してほしい、戻る人はもどってもいい、戻れない人、若い子どもを抱えたそういう世帯を、飯舘村として生活再建をきちんとしてやらないと、その人たちは飯舘村を見捨てるぞ、さらには、日本の国というものも見捨てられっぞ、といいました。

――それに対して、政務官はなんとこたえたのですか。

菅野　「それは、わかっている。でも村長はその方向にならないもんな」というから、「それは、あなたがそう思うんであれば、国のいうことを聞いてもらうようにすればいいんじゃないですか。国が政策的にそうするんなら、首長の意向だけということじゃなくて、国の方針としてははっきり示すべきだ」、と。

国は全部村長の意向に基づいてといっているのは、全部逃げですよ。戻りたいといっているから、もどす方向にやる方が国は楽ですよ。それは国が自己責任で政策をやらなきゃならないことを放棄している。指定したところだけやって、それを戻すということしか考えていない。いくら政府が除染は完了しましたから、避難指示は解除します。戻ってくださいと言ったって、徹底した除染ができているわけじゃない。子どもや孫たちもいっしょに戻るなんで、現状ではとうてい考えられない。いま考えられるのは、帰還ではなく、飯舘村に近くて線量が少ない都市部に近い場所に、大きな一軒家を買って、家族みんなで暮らすのがいちばん。それが、私たちが昔からやってきた暮らし方だ。実際にそうした人もいます。いままでの財物賠償や事業賠償などあわせて、そうした人もいます。それは賢明だと思います。ただ問題は、財政的にも厳しい、なにも財物など持っていない若い人です。子どもにも金がかかる、教育にもこれから金がかかる、どちらかが働けない、一人の収入でいくら賠償もらおうが、全てが買いづくしの都市部で暮らすのは二人で一〇万円を超えるわけですよ。そうしたら暮らせないですよ。そのためには公営住宅をしっかりと整備して、そこに安定して住まわせて、そうすれば村からこういう風にしてもらったという思いがありますから、われわれ若い者を見捨てなかった、飯舘という思いがのこっていくんですよ。

——村として対処ができていれば、それこそが、村を残すということになるということですね。

菅野　一〇年後にもどれたとなると、そのときに文化を復活させるにも、いままで培ってきたものをもってるから、祭り事を復活するにしても、おれたちもいってやるよとなるけど、見放されたとなると、傍観はするけど、好きにやればいいんじゃないの、ということになる。

戦後開墾、開墾の精神

——菅野さんの土地に対する考え方、耕すことについての考え方はとても興味深いものと思いますが、その考え方の根っこというのは、土着の農の人の考え方に近いようでいて、すこし違うところがあるように思います。それはどこから来ているか、といったら、開墾農家の子どもだったというところにあるように思うんですが。

菅野　菅野典雄村長と同じ佐須の出ですから、出はおなじかもしれませんけど、少しずつ変わってきますからね。村長の親の親の親、私で五代前の大本家。うちの親は末っ子、その親も末っ子で、分家してきましたから。

――土地で暮らすところでは、長男か次男以下かというのは大きいんですね。戦後のなかで、開墾の土地がえられるのは格別の幸運でもあったでしょうけれど、哲さんは、末っ子で分家した開墾者の二代目。開墾者の二代目という人が、今回のように、避難させられたときに、避難したその場所に腰を据えるという力は、数世代にわたってその土地で暮らしてきた人とは、異なる選択が容易にできるんじゃないでしょうか。

菅野　ん、開拓精神をもっていますから。私の考え方と、「既農家」の考え方とは違います。私らは、親が開拓したところに生まれ住んだけど、新たに昭和五二年に住居を私自身が構えて、私の時代が始まっている。それがまた崩されたわけだから、それならまた、別に開拓すればいい、という新たな意志がありますけど、何代目だか分からない住宅におさまって、しっぽりと浸かってきた人もいるわけですよ。その人はなかなかお尻が離れないわけですよね。そこが違います。私らだっておしいですけど、どうにもならないことは、しっかり現実を受け止めて、次の人生プランをつくっていけばいい、基礎を築いていけばいい、と思う気持は強いです。だけど人生は待っていない。魚屋さんやってて、スーパーに勤めた人もいますし。それは当たり前のことだし。

――その土地を含んだ営みのなかでもそれはできるんだ、ということですね。土地の所有についても、たぶんお父さんはようやく手に入れた土地を失ってしまったら、嘆き悲しむかもしれませんが、開墾者の二代目は違っていて、土地そのものについても、距離をもってみることができている。だから、私有でもなく、共有でもないけれど、そこに土地が保留されていれば、だれかがそれを耕したり、そこに実っているものを享受して、新たな暮らしがそこに生まれればいい、といった思想を持たれた。

とても興味深いお話しをありがとうございました。

第三編の二　聞書・菅野哲

全村避難と村の自治

第二編の一の聞書に続き、二〇一三年六月九〜一〇日、福島市飯坂温泉・中村屋旅館にておこなった座談です。

――菅野さんは、飯舘村に行政職員という仕事の場をえて、せいいっぱいの力を発揮して生きてこられた。教育委員会関係以外の村の業務に多方面にわたり関わってこられたわけですね。第二編の一で、村での仕事を中心にうかがいましたが、ここでは、村と村民、自治体としての村行政でいちばん大切な事柄について、さらにお話しいただきたいとおもいます。

村の自治のありよう――振興計画と行政区改革

――まず、村民の自治にとって大切な「行政区」のありようについて。飯舘村は「行政区」を自治のための重要な場所と位置づけてきたのですね。こういう位置づけがはっきりとしてきたのは、昭和五八年（一九八三年）に第三次総合計画が策定されますが、このあたりが画期になっているのではないか。この計画で、いわゆる「住民参加型」あるいは「職員参加型」の村政のかたちが生まれたように思いますが、ただし菅野さんは、「住民参加型」といっても、「いわゆる」というようなタイプ化されたものとは、違うとおっしゃっている。

菅野　昭和五八年の第三次総合計画をはじめた山田健一村長の時代から、住民参加型に変えようって。で、具体的に、しっかりやってきたのが斉藤長見村長の時代になってから。

――昭和五八年。この頃は、地方自治法において市町村に総合計画の「基本構想」の策定が義務づけされていました。

菅野　飯舘村総合計画は、振興計画書が第一次・第二次。第三次は総合計画。第一次の振興計画書はガリ版刷り。第二次からは活版になりました。第一次・第二次はハードで、農業振興策としての圃場整備に、道路整備、それが基本。それから、畜産振興のために、草地造成をやり、さらに家畜の導入事業を、やってきた。それが第一次・第二次。これにたいして、第三次計画は、ソフトの計画を取り入れる時代になってきた。

県内の市町村でも、第一次振興計画書をつくったのは、飯舘村は早いほう。他より一〇年早いんだ。飯舘村は、第五次が今終わり、今度は第六次です。早いんです。村で計画書をつくって、事業計画を立てて、補助事業を行うっていうの、早かった。そもそもはじまったのが積雪寒冷地整備事業で、雪寒事業て言ったんですけど。それが一番先で、水田の圃場整備をはじめてきた。早いんです飯舘村は、ほんっとに。昭和三八、九年からはじまりましたから。

――昭和五八年（一九八三年）に第三次総合計画がつくられた時に、「職員参加型」がかなり積極的に取り入れられたということで、その時に菅野さんは、総務課総務係で条例・規則の改正をやって税務係に移った頃ですね。総合計画には、どう関わられたのでしょうか。

菅野　総合計画は、全職員がかかわってます。

――計画書を見ると、職員個人として委員になったという、そういう制度を設けたって書いてあるんですが、一般的な総合計画のつくり方では、まず、それぞれ所管課ないし係ごとに計画を立てて、そこから上にあげていく。それらを基本構想の柱に添って調整しながら、企画部門がこれをまとめて総合計画案ができあがる。けれども、第三次総合計画では、自分の仕事を離れて、職責を離れて、一人の個人として、計画に参画することがあった、ということですか。

菅野　はい。審議会がありますよね、それは、一般住民も入り、研究者も入り、審議します。でぇ、最終的に決定するのは議会ですよね。その前、審議会の前に職員だけで検討委員会をつくって、原案づくりをした。そこで職員間で、職員の知恵・知識で検討していった。そこでの時間をたくさんとった。そののちに審議会に案を出して議論して、それを議会に出した。

——菅野さんも、その検討委員会のメンバーに入っていた？

菅野　入ってましたよ。その時点で、地区別の計画を、住民自治の関わりのなかで検討していく、そういうものを、職員間の検討委員会の中でつくった。編み出していったんだ。

——つまり、セクションごとの、縦割り的なものじゃなくて……。

菅野　全体的な、総合的な計画をつくっていくに当たって、それぞれ分野ごとの知識を持ってる職員がいっぱいいるわけですから、それで基礎をつくって、審議会のほうに諮る。で、そんときの方向性は、住民自治の方向性ですから。その時に「行政区」の組織づくりからはじめなきゃなんないということになった。そのためにどうするか。そのためには、コミュニティごとに、行政区ごとに、担当職員を配置していこう、と。

——住民自治のためには、そういう仕組みを制度的にやればいいということになった。

菅野　そう。そういう方向でつくっていった。飯舘村は二〇の行政区。大きいとこだと二〇〇戸、小さいところで四〇戸くらい。いわゆる大字。それは、もともとの旧村なんだ。

——江戸時代からの自然村ですね。

菅野　自然村レベルの旧村集落。それが元々、二〇集落あった。草野村が二つに分かれてますし、飯樋村が四つに分かれてる。分かれてますけど、もともとは一つの村でしたから。

――各行政区を担当する職員は、他の自治体でいうと「地区担当制」というのがありますね。それにわりと近いかなという印象を計画書を読んでいて感じたんです。菅野さんは、草野地区に居住されていて、その場合、地区担当というのはだいたい草野居住の職員が配置されるわけですか?

菅野　まあ、ほぼそうなんですけど、そうばかりもいかない。違うところにも入ります。最初に私は、五つの行政区を持った。職員全員が担当をもつという形じゃなかったから、最初は二人で、草野と伊丹沢、関沢、宮内、佐須の五つを持った。コミュニティ担当。辞令をもらって。

――一つの行政区の担当というのは、一人ではないわけですね。

菅野　最初二〇人が担当になったんだけど、一行政区を二人で担当したところもあったし、三人のところもあった。私とこは二人で、五つ持った。スタートした当初はね。そのあとこんどは正副の二人で、二〇の行政区に対して職員を四〇人配した。で、その四〇人の上に管理職が全部入って、いわゆる顧問相談役。

――自治体の仕事は縦割りですが、それとは別に地域単位に横断的な組織をつくった。

菅野　別の組織として、行政区ごとに担当職員をはりつけて、行政区の会議もする。いろんな情報の交換もする。地域の中での自治組織のトップが行政区長ですから、そこでまつりごとがなされてきた。それぞれの自治区が二〇ある。行政の決定権は、たとえば一つそこに何かを作る場合、まず行政区で決めてください。たとえば道路を作るにしても、その路線に貴重な遺産があったらそれを迂回したり、というふうに役割を担ってもらう。また、行政区がやらなきゃならないこと、たとえば、集団検診など、村との橋渡しの役目をする。もっといえば、村や行政区がどうしてもこうやりたい、といっても、行政区の住民がいや駄目だということもありうる。

――そういう例があったんですか。

菅野　最近の話でいえば、平成六年の「上の山競馬場の場外発売所」の設置で、行政区では賛成、しかし、村民の多くが反対した。場所は上飯樋でした。雇用も生まれる、道路整備もされる、にぎやかになる、商売もよくなる、という思惑があるわけです。区全体としては賛成だけど、父兄たち、子どもを持つ親たちは反対した。山形の競馬場ですけれど、村に打診があったわけです。議会に諮って村にも売り上げの一％が交付金として入るし、経済活性化になる、ということで、ほぼ導入することをよしとした。ところが子どもによくない、ということで、教育関係者から相当反対されました。村は矢面に立たされて、つらかったですけどね。（笑）でも地元地権者、行政区全体として賛成しましたので、できましたけど。

――結局できたんですね。

菅野　私の段階ではできなかったですが、平成九年には建設がはじまりました。反対されましたから、時間かかりましたけどね。

――行政区担当の仕組みは誰が構想したんですかね。

菅野　職員検討会議の中でつくった。その頃、住民の要求も多くなってきた。そうなってくると、全てに行政が応えることができなくなります。そうなる前に、地域の問題は、地域住民の力で興すという、そういう発想に変えていった。第三次総合計画は、日本総研がコンサルタントで入っていたんですよ。でも、コンサルは「まとめ」だけ。構想をつくるのは、私らでつくって、審議会に諮って、まとめと編集だけを日本総研にまかせた。

――原案は、独自でつくった。自治体においては、コンサルタントに丸投げする場合もありますね。

菅野　全部、コンサルに任せる、シナリオつくらせる、っていうんじゃなくて、自分たちで作った。

――町村レベルで、そこまで、やったっていうのは、そう多くはないですね。

菅野　そのあと、第四次・第五次は、コンサルは止めてしまった。日本大学の青木志郎先生（学際的な農村計画学の創設に貢献された。第一編の一、四二頁、第二編の一、一二七～八頁も参照）に入ってもらって、いろいろと協力してもらいながら、自分たちで、編集もやれば、全部やってきた。コンサルは、入れない。
――市町村の総合計画（基本構想＋基本計画＋実施計画＝自治省モデル）が定着するのは、一九六九年に地方自治法で市町村に「基本構想」が義務化されて以降のことである。しかし、一九六〇年代後半以降、多数の革新市長が登場し、「地域民主主義」「自治体改革」をかかげて、参加と公開を基調とする総合計画づくりがはじまる。総合計画をどういう発想でつくるか。それに職員を積極的に入れるという。コンサルタント頼みの企画部門だけでやるんじゃなくて、職員参加型でやる。しかも、地域コミュニティの課題を汲み上げる横の組織を別につくった。こういう村行政のかたちをつくっていった当時の山田村長さんは偉かったのでしょうね。

自治体職員が相対しているのは、行政職員の縦のラインではなく、地域と地域の全住民です。これに自覚的に対処するためには、地域と地域住民のすがたが、ある意味で、見えていなければならない。菅野さんが飯舘村の全ての村民の暮らしが見えていると断言されているのには、いささか驚きを禁じえませんでしたが、自治体職員もまた一人の地域住民であり、「自分の現状」が見えているのと同じ度合で、「住民の現状」が見えていなくてはならない。そして、この「見える」ありようを制度化することがとても重要になりますね。「行政区」の横断的な組織に職員がはりつく、というのは、よくできた一つのかたちだとおもいます。
菅野　まあ、前のトップ（斉藤長見《おさみ》・四代村長）、その前のトップ（山田健一・三代村長）は、職員の使い方上手だったの。気合もかけましたけど、職員のパワーを引き出すことは上手だったんですよ。だから、完了した時には、やったのはおれじゃないという話をするんです。
――斉藤長見《おさみ》村長の時代に、今の菅野典雄村長を公民館長に起用した。そして第一回の「若妻の翼」旅行団の団長になった、と聞いていますが。（笑）
菅野　斉藤さんは、人材育成に力を入れた人だから。

――若妻の場合は村民ですけども、職員にも積極的に研修の旅に出したわけですね。

菅野　私も、ずいぶん外国に行かしてもらいましたけど。

――それは、定期的に募って？　毎年、希望者を募って？　村で、海外にだしたっていうのは、あんまり聞いたことないですね。凄いですね。

菅野　希望者がいれば予算化して、五〇万までしか出しませんけど。五〇万あれば、行けましたもん。ま、小遣いがかかるのは仕方がない。

――自分が、企画を提案するわけですか？　どこに、どういうテーマで行きたいって。

菅野　私は一二〇万、かかったんですけど、村からは、その負担金が三〇万だったんです。で、九〇万円は財団の企画で、行けたんです。赤坂の森ビルの中に、活性化センターとか財団がいくつもあって、見学ツアーの募集があったんで応募したんです。それが当たった。ドイツとフランス。

――それがグリーンツーリズムの見学だった。

菅野　そうそう。平成三年に行きました。

――平成三年は、グリーンツーリズムでは早いほうですね。言われはじめていた頃。

菅野　言われはじめていましたよ。私らと同じ自治体職員が、何人もいました。その時に、会津の三島町長だった斉藤茂樹さんも一緒に行った。彼も、私と一緒。私らは、五〇万が限度だから、五〇万の範囲の中で、いかに行けるか、もっと行けるには財源を探さなきゃなんなくて、いろんなデータを見て。見つけて出したら合格だったんだよね。(笑)自分でレポートを出さなきゃなんない。レポート出して、そのレポートが合ったんでしょうね。全国の人が行きましたよ、沖縄から北海道までの人たちが。商工会の人たちもいましたし。団長で行ったのが、秋田県立大学短期大学部の山崎光博先生（グリーンツーリズムの神様といわれた）。今は亡くなりました。その先生が団長で行った。グリーンツーリズムのいろんな研究をしてきた先生で。だから、行ってきてからもつながりを長くもってやらせてもらいました。

——何歳ぐらいのときですか？

菅野　四二、三歳の頃かな。

中山間地域の特定交付金の活用

——総合計画書の中に、交付金をもらって、事業をやるときに、工夫して、二分の一以上は、集落の共同活動にうまく使う。行政区を地域として高めていくために、全部をそこに使うんじゃなくて、ストックとして溜めこんでおくことができるという。なかなかの知恵ですが、これは特定の交付金にあたりますか。

菅野　そう。交付金です。溜めこんでも最後の年まで、五年間のうちには使ってしまわなきゃならなかったんですけど。（笑）大変なんです。

——単年度で使うんじゃなくて、五年の中で、うまく重点的に、どっかに集中的に使う。

菅野　そう。行政区連携事業にも使う。たとえば、そばを刈るコンバイン、汎用コンバインなんですけど、それは、どっかの行政区で一つ買ってしまったら、そこだけになってしまって、どうにもならない。二〇の行政区が買ってしまうのではなく、それはやっぱり共同で使わなきゃなんないんですけど、こっちの行政区だけで買ってしまえば共同では使えない。よしっ、じゃあ、それを農協に置いて、それで村内全部をこなせっ、というふうにして、「そば組合」をつくって、機械を農協に置いてというやり方をした。

——それぞれの行政地区がいろいろな必要にあわせて、横につながりながら地域の共同性を組み立てていく、そういうやり方。

菅野　それをやるために協議会をつくる。二〇人の委員が各行政区から一人ずつ集まって、二〇人で協議会をつくって、ここで全体について協議をして、こっちでトラクターほしいって言っても、ここに必要なのかどうかって、二〇人で協議するわけ。で、必要だったら、ここの二〇の行政区に許可しましょう、というふうなやり方で、全体のお金、何千万ていう金ですからね。それを使う。村の都合だけでやるんでなくて、二〇の行政区の了解のもとにやっていくというやり方に変えていったからね。

――お金の使い方について、行政区の連携がとてもうまくいっている例ですね。

ふるさと創生資金の使い方

――同じような国からの資金として、一九八八年、竹下登内閣のときに始まった「ふるさと創生事業」で各市町村に一億円が配られた。多くの自治体が十分な計画を立てないままに一億円を浪費してしまいましたが、飯舘村はそうではなかった。この基金をどう使うか。村の人材育成や地域の自治力を高めるために有効に使った。その使いの工夫で、村は大きく飛躍したと聞きました。これについてお話しください。

菅野　ふるさと創生事業の一億円をどうするかっていう職員の会議の中で、基金で積み立てると決まってきた。

――職員の中で？

菅野　ん。それは使っちまうのは簡単。最初は「ふるさと創生基金」飯舘楽園基金というのを積み立てた。その利子が六〇〇万円ぐらいありましたから、その利息だけ使う、ということになった。一億円は基金として積んでて、運用益を使っていこうと。それが「若妻の翼」の海外派遣事業になった。次の年も地方交付税の中に含まれてくるっていうのは、その頃、わかんなかったんですよね。でも次の年からまた来ましたから、あとからは四〇〇〇万円とか、交付税の上積みとしてはいってきた。予期しないお金だったですね。あれを基金に積んでて正解だったって思いましたけどね。原資は、新たな村づくりのお金として、その後何年も入ってきたものを積み立てていった。

——原資は基金として積み立てて、その利子の一部を村民を含めた人材育成に投資をしたっていうことですね。これは優れた企画でしたね。

菅野　職員の海外派遣もやる、また「若妻の翼」も飛ばす。国内研修にも出す。そうやって使っていった。次の年からまた、地方交付税で来るようになったんで、毎年。

——ふるさと創生事業はその年だけのものかと思っていましたが。

菅野　ああ、一億円だけじゃないのね。それは最初の呼び水で。どこの市町村も、大きいところも小さいところも一億だったんですよ。平等に一億円。翌年からは交付税の中に含んで算定されてきたから、その部分は、同じく積み立てる。で、六億円くらいまで積み立てたのかな。

——凄いですね。

菅野　そう。最後は行政区のために取り崩しました。次の年から地方交付税のなかに算定されて来てるんで、それをどうしようか。こんどは各行政区に一〇〇万ずつ配ろう、と。二〇の行政区で一〇〇万円ずつ二〇〇〇万円を割りふった。自由につかってください、それで、地域づくりに活用してください、と。さあどうして使ったらいいか、ワークショップをやって考えていったわけです。生ゴミを堆肥にするコンポスト、それを全戸に配ったりとか。佐須では、古い学校があって地域の拠り所ですから、そこを改装して、囲炉裏を囲って人が集まり談話ができるようにした。炭火ですから、串焼きしたりして、菊の展覧会やったり、子どもとの交流をやったり、いろんなふうにつかえるようになった。地区の菅野次男さんが藁座布団、ワラボッチ編んでくれたり、ということがあった。蕨平なんかは、温泉じゃないんだけどお風呂つくって、ゲートボール場をつくったりとか。ほかでは、お知らせ無線をいれたりとか、広報誌を年に何回もつくったりとか、祭りを復活したりとか、伝統芸能復活だね。いろんな地域の知恵がでてきて、地域の行政区の輝きというものがでてきて、隠れていたものが芽をだしてきた。大きな一〇〇万でした。自分たちの行政区は自分たちの力で興さなきゃいけない、という意識づくりができた、というのは大きな効果があった。

――これは行政区で、住民が決めてやったわけですね。

菅野　そうそう。

――最近は、そういうことをやり始めた自治体もありますが、当時は少なかったでしょうね。

菅野　そのあと、こんどは一千万まで出しますよって。一〇年間で一千万使ってください。一千万までは、出しますよ、と。それでも使わない行政区ができてきましたから、行政区連携で使える事業を起こした。原町―川俣線沿いの行政区の流れとか、比曽川の流れ、真野川の流れ、新田川の流れ、といった合併前の旧村の流れ（ここでは、街道や河川に沿った旧村単位の行政区のまとまりを「流れ」という言葉であらわしている）。そういう流れの中で連携して使ってくださいと。それでまた、いろんな事業を起こして、案内標識をつくったり、野手上山《のでがみやま》の観光登山道整備したりとかね。あるいは塩の道は行政区がまたがってますから、連携して整備をしたりとか。いろいろやってきました。今は避難してますので、新たな自治会までいかなくても、グループがあれば、そのグループで事業をやる。研修会、勉強会なり、そういうものをやった部分については、お金出しますからと言ってやってます。一万二千幾らまでだったかな、一泊で泊まってもいいですよ。それが、去年（平成二四年）、鬼頭秀一先生（東京大学大学院新領域創成科学研究科）に頼んで、私のとこ（草野）で、土湯温泉の旅館で勉強会やりましたけど。行政区や行政区が連携する事業に資金が出されてきた。

――住民からすれば、今バラバラになってしまったけれども、行政区内あるいは住民同士で話し合う、議論するっていうのは、かなり慣れてるわけですね。

菅野　そうそう。もう住民はワークショップやったり、そういう部分は住民はできてる。簡単にやりますから。そこまで行ってるんです。

――菅野さんたちが、福島市域で、避難してる人たちを横につなごうというのは、やろうと思えばできるわけですね。

菅野　ワークショップやるのも、住民は慣れてます。

合併と地域連合

――ところで、南相馬合併協議会で飯舘村だけが、菅野典雄村長の村長選挙直前の方針変更で離脱をしてしまった。その時に典雄村長の命で派遣されていた菅野さんは、離脱をした後も合併協議会の総務班長として残り、原町市、鹿島町、小高町の合併協議をまとめあげたわけですね。典雄村長には突然に梯子をはずされてしまった。協議会に出向する前に、村長はほんとうに合併をしようと思っているのか、何度も確かめたうえだったのに、このような目にあってしまった。その時の菅野さんの気持には、いたたまれないものがあったと思います。しかし、その時から時間が流れて、情勢も変わってしまいましたね。いま、この合併についてどういう感想をもっていますか。そのときは推進に汗を流されたわけですが＊。

＊平成一六年一〇月二六日、第一一回合併協議会で、飯舘村菅野典雄村長が脱退を表明。一一月一五日、各市町村議会で構成を飯舘村、小高町、鹿島町及び原町市から小高町、鹿島町及び原町市へ変更する規約変更（飯舘村脱退）。一一月二五日、第一四回合併協議会・飯舘村脱退にともなう協定項目の確認。

平成一七年三月二三日、江井績小高町長、中野一徳鹿島町長及び渡辺一成原町市長が、佐藤栄佐久福島県知事に合併申請書を提出。小高町、鹿島町、原町市を廃止し、その区域を合わせて「南相馬市」とするもので、平成一八年一月一日をもって「南相馬市」が誕生した。南相馬合併協議会 http://www.city.minamisoma.lg.jp/etc/gappei/choin/index_s.htm

菅野　むずかしいですね。やっぱり、住民自治ができなかったもんな。

住民による自治ができるのは、旧村（飯舘村でいえば、二〇の行政区が旧村の集落に近い）、かつての自然村規模くらいのコミュニティでやるのがいちばんではないかと思いますよ。飯舘村の行政区では、そういう自治のあり方をみんなでつくりあげてきた。ワークショップをやり、議論をして積み上げた経験があった。この自治の経験を他の町は積み上げてこなかったのね。だから、そういうところが最後のところで理解されてこなかった。

合併の協議では話し合われたけれど、結局は生かされなかった。そういう失敗の経験からいえば、行政区の制度的なあり方について、飯舘村でも今後はきちんと明文化しておかなければならない。そして、住民自治とはなにか、自治体の自治とはどこまでのものか、もっとはっきりさせておかなくてはならない。

村の行政と法の改正、その運用のむずかしさ

――議会事務局に配属されて、条例・規則の整備・改正に関わっていますね。それ以後のことも含めて、国の法が変わるごとに、村の行政に影響がありますね。そういう場合に、納得がいかないっていう法令もあり得ますね？

菅野　あり得る。（笑）

――国から法令の改正が降ろされてくる、そういうときに、菅野さんが、では、こうあったほうがいいと思いながら、法令が変わってしまい、これは違うと思いながら、行政としてはやらざるを得ない。そういうときにどういうふうに考えるんでしょうか。行政担当者として。

菅野　それはあねえ、やっぱり、国に上申してやるしかないんで。あとは政治の力しかなぁいんですよね。だから、私ら行政マンとしては、国のいうとおりにやらざるを得ない。

――やらざるを得ないですね。

菅野　ないんですよ。それは、やっぱり、涙をのんで、やらなければならないことは、やらなきゃなんないんで、やっては来たんです。ただ、違う部分は、上申をしていく。そういうものは、政治家である首長が働きかけをしていくしかない。

――菅野さんのお話をうかがって感嘆したのは、行政上、村民の一部の人たちが不利になることを、業務として執行せざるをえない。しかし、そこでの菅野さんのやり方は、業務執行にともなうマイナスの作用をできるだけ抑えるような行動をなさっている。そこがとても際立っていますね。とくに税の場合は、裁量の余地がありませんからね。相当に厳しいですよね。

菅野　厳しいです。税法上に、「できる規定」はないんです。しなけりゃならない規定しかないんです。できる規定は、災害とか、そういうときの免除規定、軽減規定。あとは、こうしていいという規定、裁量権はなぁいんです。

法令はだれが管理しているのか

――平成二四（二〇一二）年六月にできた「原発事故子ども・被災者生活支援法」（正確には「東京電力原子力事故により被災した子どもをはじめとする住民等の生活を守り支えるための被災者の生活支援等に関する施策の推進に関する法律」）が衆参両院で全員一致で成立しました。しかし法律ができても、放置されたままになっている。ようやく、施行法ができても、実際にはほとんど機能していない。こんな事態があるものかとわたしたちは思いますが、それだけではない。

菅野　日本の法律はザル法が多いんです。日本の法律の恐さってのは、そこにある。本法がありますよね。本法はそうなるべきはずなのに、たとえば租税特別措置法っていう特別措置の法律があって、そっから出し抜く。みぃんな、そう。特に税がそうだ。税法の中から、全部、簡単に特別措置法でぼんぼんぼんぼんザルにしていく。そうすると、最後には政治家自身もわからなくなっていく。（笑）

——政治家はそういうことは、全部わかんないでしょ。

菅野　わかんないと思いますよ。

——ということは、エリートの行政マンが全部知ってる。それをよく知っていじくれる人の場所に、権力があるということになりますね。

菅野　政治家は法律をつくれないんだもん。政治家で法律つくれるったら最高ですが、つくっているのは官僚です。

——そういうことは、下から見てもよく見えますか？

菅野　ん。

——これだけの業務をやってこられると、そこまで見えますか。

菅野　ん。法律勉強するとおもしろいんですよ。租税の問題とか、政治家からすれば、商店街とかに減免してやりたい。そういう要望を出すから票がもらえる、票ほしいから、そういう措置をやる。そうするとそれに伴う特別措置法の改正がなされる。それで票を獲得する。そういうのが、いっぱい出てくる。となると、法全体がどういうものか、さっぱりわからなくなる。それは、法令は官僚たちが管理している。

法律を整理することはほとんどないから、次から次に足していく。それを、整っているように見せかけている。屁理屈の世界。官僚がこうですよって言えば、ああそうかって。「解釈」を官僚がやって、それを議員さん「こうですから」「こういう理屈ですから」とご指南をする。だから！　官僚内閣制ですよ。

――なるほどね。

菅野　物品税あったでしょ。記憶あるでしょ、八パーセント物品税。何に対しても物品税がかかったと思っているかもしれないけれど、クルーには、物品税がかけられてなかったんですよ。そおぉいうのが、あるんですから。これが現実。

――クルー？

菅野　あぁんなに、豪華なものがさ、ヨットだの。かかんないんですよ、あれ。

――なんでだろう？

菅野　や、外してんの。誰かが理屈をつけて、都合よく外したんだ？　消費税になったら、物品税なくなりましたけどね。

――そうだったんですか。

菅野　誰もわかんないでしょ。いかにも豪華な、贅沢品でさ。なあぜぇ、物品税かけないで、一般的に必要なものにかけている。

――不思議ですね。

菅野　日本の法律ってのは、国民の知らないところで、骨抜きにされて。

――いじくられてる。そんなの知らないよね。

行政職員は「雇われ人」なのか

――飯舘村の職員についてうかがいたいんですが、菅野さんが就職された頃は「高卒」で入られましたよね。当時、「大卒」はおりましたか。

菅野　高卒で採用試験しましたけど、大卒の人もいましたよ。今はほとんど大卒です。
――経歴を拝見しますと、平成の時代に入ってから、村が抱えいてる課題の処理に大きく関わっていますね。
菅野　そういう時期でしたし、私の年齢でもあったんですよね。そういう時代、背景と年齢が重なってますから。中核的にやんないとならない。歴史もありましたから。
――振興公社とか、債務をいかに処理するかといった課題を引き受けざるを得なかった。
菅野　もう四〇歳を過ぎてますから、そういう時代に入ってるし、時代の変化もありましたし。
――バブルがはじけて、景気が悪くなって税収が落ち込み、財政が厳しくなってきた。どこの自治体も直面した課題です。
菅野　非常に厳しい時ですから。地方交付税が減る、財政基盤が崩れかかる。財源をどうする、という時代に入ってしまった。ただ住民の要望というのは、どんどん増して来てますからね。一番が福祉の分野に金をつぎこまなければならない時期になったにもかかわらず、財政難に陥って。そういう時代に入ってしまった。財源確保ってのが、いちばん苦労した時代。最後の一〇年間が、私は一番ハードで、厳しい時代だったと思ってますけど。五〇歳代になって、辞令を何枚ももらって。(笑)
――そういうことを、実務的にこなせる職員がなかなかいなかった。だから頼りにされたんでしょうね。
菅野　年齢的に、そういう時代でもあったし、それなりの経験をそれぞれ踏んできたっていうのもあった。
――しかも、今の村長に足元を外されながら。
菅野　やらざるを得ない、やる人がいない状況だったんでしょうね。
――どこの自治体でもそうですが、高齢社会になって、税収はそう伸びないのに、福祉を中心にした行政需要が増えてくる。都市部では、ハード系の整備はどこもほぼやり終わっているわけですが、箱物もそうだけども、

平成５年、飯舘村職員労働組合委員長としてストを指揮

地下に埋もれてる水道管とか下水道管、その辺が全部、劣化しはじめてくる。これからは生活インフラの維持補修が大変になってくる。一方、税収は伸びないわけですから、行財政の運営をいかに計画的にやっていくかが行政の最大の課題、市町村の課題になってきますね。

菅野　私らが管理職やってるときは、議論しましたよ。やらなければならないことは、やらなきゃなんないです。私らの年代の管理職は組合の執行委員をやってます。おれたちでやらないとならないっていう信念をみんな持ってたわけですよ。じゃあどうする、誰がやる。役割分担もある。知恵も出し合う。それはだめだよって、議論というか、批評し合う。そういう環境で仕事をこなしてきた。この部分をどうするって議論するわけですよ。一人だけの考えではないから。ああ、じゃっ、そのほうがいいかって、こうしようって、結論づけていく。そういう仕組みだったんですよね。トップは、マスコミなりに、取り上げられますけど。本音のところでは「いや、おれでねえんだ」って、「こいつらがやった」って話になるんです。（笑）

――今日の全村避難の状況では、飯舘村の職員はきついでしょうね。立場上、村長についていかざるを得ないけれども、うまく状況を打開する方向が見えないと。職員も、何が問題なのかわかってるんでしょうし。

菅野　いや、前からわかってますよ。(笑)彼らだって前からわかってます。わかってますけど雇われ人です。

――そうすると彼らの士気だって下がってくる。

菅野　辞めてった人もいますし、早期退職した人もいます。若くても辞めて、避難していった人もいますね。職員は「雇われ人」ですから。私らの年代の職員は、「雇われ人」じゃなかったんです。やっぱり、「雇われ人」やってたら、村興せなかった。だからぁ、私らの年代は競って住民とともに村を興してきた。ところが今は、それが出来上がってしまって、その人たちが辞めてしまった。ついてきたはずなんだけど、今の村長のあのやり方だから、従わざるを得ないわけですよ。それを突き抜けるだけの力のある職員がいないのかなぁ。

――昔は、トップと一緒に、喧々囂々やってきた。

菅野　やってきた。

――村長ともやりあった。村長がそれは許してた。

菅野　職員一人一人は、自分の意志で通せなかった部分がいっぱいあって、できないものはできない。だめなものはだぁめだ。こうしなきゃならないものはこうすべきだ、っていうのを、一線の職員はみんなそれを持ってたんだ！　管理職は。しかし、今は従う。何ていえばいいのっ？「おぉまえら役に立たない」って、私はよく言うんだけど。追随するしかないの。

――むかしは、縦組織が固まったかたちではなかったんでしょうね。人との関係がもっと柔軟だった。

菅野　それはそうだが、組織は各課に分担してるわけですよ。分担したら、分担されたそこの長はそこの分野での責任があるわけですよ。だったら、それなりの意志を持って確定していく力を持たなければ。それはだめなときもあるけど、ある程度妥協点まで議論していく役割があるわけです。それぞれあるはずなんだ。でも今はない。やれって言われたことをやるだけだ。今はどこの役所もそうです。団塊の世代は苦労して生きてきてますから。労働組合だって、団塊の世代がつくりあげてきたのよ。団塊の世代が頑張って、安定した労働組合をつくってきたんだけど。今弱くなったけど。やっぱりそれだけ頑張ってきたんですね、両方やってきたんです。仕事もこなし、運動も。

――組合の幹部っていうのは、仕事ができた。

菅野　私らの若い時代には、組合の委員長やらないのは管理職になれない、そのぐらいの意志でしたから。年齢とともに、当然その職になるべきはずなのにならないでいると、職員がついていきませんから。そうすっと、一匹狼になるわけですよ。仕事できないんですよ、そんじゃ。そうならないように、みんなでやってきたんだけど。強制的にやったこともありますけど。「できないんじゃなくて、やれるんだから、やりなさい」ってやらして。それでみんなを統率していけるだけの力を、それぞれに持たせた。いや、実質は余計なことかも。でも、組合をやることによって、人材を育成してきたんですよ。さらに、能力をつけさせて。決断をしなければならない、そういう状況がいっぱいできてきますから。状況判断できる力をつくりあげていく。そういうことは、当然行政やってても、絶対必要なんで。

――菅野さんの場合、課長になって組合を辞めるわけですね？

菅野　課長になったら、組合を辞める。係長の頃までは委員長やってたもんね。

――係長はいいわけですね。平成六年の企画振興係長のときには組合委員長だった。

菅野　一期だけは。委員長やっていて係長になったわけです。

自治体職員とは何か。職員倫理の根源

――「自治体職員とは何か」という問いかけがありますね。

菅野　飯舘村自治労組の委員長の時に、県自治労の大会をやったわけですが、私らはその時すでに、「自治は住民自治の時代にもう入った」っていうことを実践してきたわけですよ。でも他所は、そういう方向になってなかった。役所の職員と住民とが、ともに、しっかり自分たちで研究をしてやっていかなかったら、自治の発展なんてあり得ないと、喜多方市での大会時に県本部に意見として発言して訴えた。

――自治体の労働者は自分の労働条件を守るというだけじゃなくて、住民にとって、自分の仕事がなんであるかっていうことを、自覚的に踏まえておかなければ成り立たないということですね。

菅野　会社の研究者が、研究してものをつくっていくのとおんなじですよ。地域を作っていく、自治体をつくりあげていくには、自治の研究をしっかり、自分の職務としてやらないと、地域はよくならない。自治体の発展はない、っていう考え方だった。

――公務労働というのは、誰のための、何のための労働なんだっていうことを、つねに問われている。職場内の合理化闘争だけじゃないんだと。そのために、自治研究活動もつくられた。

菅野　昭和五四年に飯舘村が導入した多機能電話のこと。ＮＥＣ（民間）のもので、サーバーが要らない、一〇〇人ぐらいの職員の村役場にとって使い勝手がよいもので、設置費約四〇〇万円で早い時期の導入だった。（市や県の大きいところはＮＴＴのシステムを入れていた）昭和五五年に大雪が降った時、この電話を入れていたので、ものすごく助かった。どこでも電話が取れるわけですから。鉄塔の電線が切れたり除雪が大変だった。何とか対策本部だけは電気をつけて、一週間ですよ、雪相手に、寝ないんですから。寝れないんだから。夜も役場で炊き出しをして、除雪隊に食事を届けた。ブルドーザーは今のキャビン型と違って、幌で、七輪を置い

て暖をとるが、寒い。あんな厳しい中でやってたんだぁ、まったく。

――そういう仕事をするときに、自分も一人の村の住民であり、かつ同時に村の職員でもある。二人の自分がいる。そのときに、何を踏まえておくべきか、ということがあると思いますが。

菅野　一番の自覚は、なんたって、家のことよりも「行政」を先頭にやるしかなかったですよ。だからうちに戻れない。役所にいるしかない。役所にいて仕事をこなすのがまず先。仕事優先だっていつも家内におこられっけど。やっぱり住民のための仕事をやるのがまず前提だった。それが一番ですね。そのためには、とにかく村を興すという、そういう時代でしたから。村を興すと同時に住民を喚起させなければならない。人材育成。住民が、住民自治をやるために、その意識をつくっていかなきゃなんないわけですよ。そのために、自分は奔走してきましたから。私らだけじゃないですよ、年代的にみんなそうだ。

――行政職員としての役割の太い柱は、いつもそこにあった。

菅野　家はぁ、家族で守れ。余談でしたけど、酒も飲みましたけどね。(笑) 昔はやっぱりね、酒飲んでやらないと。私ら若かったでしょ。みなあ、上の年代でしょ。その人たちとやるには――おまえは酒も飲めないのかってやられっから。納得してもらうためには、付き合わなきゃなんない。そういう社会だった。ほぉんと、飲まないと、この野郎ひとつも役に立たないっ、これだ。酒も飲めないようなのは役に立たないっ、こう言われた。役立たずっ。そぉやって、やられましたしねえ。でも、変えていくには、コミュニケーションの中で、しっかり理解してもらわないとならないんですよ。仕方ないんです、飲むのも。今、こんなことしたら大変ですが、むかしはね、一升酒飲んでもひっくりかえりもせず、車を運転して家に帰り、晩酌してたんです。

3・11と飯舘村の対処と行政区

――そこで、村の自治、住民自治のありようからみたとき、3・11直後の飯舘村の対応はどのような問題をもっていたのか。そのことについて話を進めたいとおもいます。二〇一一年（平成二三年）三月一四日から一五日、さらにはそれから三月いっぱい、放射性物質がまともに飯舘村に降りかかった。村当局は実際に放射能汚染が深刻になっている事態を知っていたに違いないのに、住民にそのことを知らせることを避けた。ところが、三月一二日の福島第一原発一号炉の爆発からちょうど一か月たった四月一一日に、とつじょ政府が「計画的避難区域」を設定して「飯舘村」を避難区域に指定すると発表したわけですね。正式には四月二二日に葛尾村、浪江町、川俣町山木屋地区、南相馬市の一部などと共に指定された。その四月一一日の発表の直前の一〇日に、村では三人目の専門家、原子力安全委員会の専門委員などを務めた杉浦紳之・関西大学教授の講演会が開かれていて、安全が強調されていた。その直後の避難指示発表ですから、村当局は事態とひとつも合致しないようなことをやっている。

村民に対して、事態に対するきちんとした公表がまったくないままに、一か月が過ぎている。そして、その間の初期被ばくは、外部被ばくだけでない。降りかかる放射性微粒子を吸引しているし、汚染された水道水も飲んでいた。

事故以前の飯舘村の住民自治の行政であれば、こうした事態になれば、当然に行政区ごとの懇談会が開かれ、行政区担当職員と区長と連携して、村がどういう判断にでるかについて、十分な情報公開と討議が行われていたはずではないか。それが当然にあるべきだったわけですね。そのときに飯舘村にとって自治のいちばん大切な場所であるはずの「行政区」、その住民に対して、菅野典雄村長以下の村当局はどのような対応をとったのでしょうか。そこから始めたいとおもいます。

菅野　四月一一日の前に懇談会やったら、たぶん、村長は答弁できなかったんじゃないですか。なぜ避難させないかの話だから。

――懇談会を開いたらですね。

菅野　ん、避難してからだって、懇談会ではそういう言い合いになる。

――当然、批判が出てきましたからね。

菅野　もう、かなりの批判です。でも聞き入れない。村長の思いだけで動いてますからね。

――四月の時点では、各行政区単位で、情報をきちんと公開するべきだったでしょうが、避難についても各地区に対して行政が関わるような動きはまったくなかったということですね。

菅野　動いたのは、私らが組織をつくって決起大会を開いたり、そこの動きしかなかった。四月二六日に「負けねど！　飯舘」の村民決起集会をやった。自主的にやった。それしかない。

――住民自治の拠点であるはずの行政区に対しては、村は何のうごきもしなかった。

菅野　そんな全然ない。やったのは、三月二五日の高村昇（長崎大学教授）講演会とか、そんなものばかり。

――代わりに、そういう講師を招く会をやったわけですね。

菅野　かえって、逆のことをした。村民を混乱させて、行政不信に陥れていく。安心させようと思ったんでしょうけど、今の、これだけ情報が飛び交ってる時代に。情報を得てるのは、行政よりも住民のほうが精度が高いですよ。だって、原発の現場からの情報が、直接、村民に入るんだから。

――ケータイからもいろんな話が流れてきた。

菅野　行政の情報なんてのは、精度が低いです。私らだって、家にいてパソコンで情報を得てるわけだから。

――飯舘村の中で、長泥地区はもっとも汚染がひどかったところですが、政府の避難指示が出るまでは行政区としては動けなかった。そのときに区長の権限としてはどうなるんでしょう。少なくとも、行政区の人たちを集めて避難の検討をすべきじゃなかったかという意見がありますね。

菅野　当然、住民からは、「なーぜこんなに放射能の線量の高いところにとどまってるんだ」という住民の批判はあった。区長判断で村とやりとりしながら、避難を促してたかもしんないけど、今回は抑えられた。知識のなさもありますけれど、経験したこともないことですし、避難するにしてどこへ行けばいいのという話にもなりますから。こういう問題は難しいことですよね。知識のある人は指示がなくても避難しましたけどね。

いままでは、ほとんどの事業やるにしても区長と相談して、住民におろして、その上で議会に提案していくパターンでしたけど。今回の場合はなんにもない、区長会議はやりますけれど、もう報告事項だけ。質問しても、それはできません。国がどうのこうのというだけで終始した。区長自身も疑心暗鬼だし、住民からすれば区長は何の役にもたってないじゃないか、といわれるし、そういわれても区長もまた聞いてもらえないし困るわけ。区長のなかで、これはほんとうにまずいから、どうにかしたい、とおもっても、区長自身でそれをやるだけの力はないですよね。

――長谷川健一さんも区長だったですね。

菅野　そう。彼がいくら区長会のなかで訴えても、聞いてもらえなかったですからね。

だから区長も行政嘱託員なんだよね、今の実態は。本来、飯舘村の行政区長はそうではなかった。

――条例には、区長の権限について規定されていたんでしょうか。

菅野　それはない。「慣例」ですから。

――行政区を置くっていうこと自体は条例にある。

菅野　ある。しかし､区長の権限については明記してない。役割は明記してるけれど。行政の仕組みのなかで、権限はもたされてないから。

しかし、「慣習」の中では、権限ということを考えてきた。なんでも行政区に相談して、やってきたわけだから。「それがあたりまえ」、そういう社会でしたから。

「村はなにやってんだ」という住民からの声があれば、村は立ちあがらざるをえなかった。いままではね。現在の状態は、そういうふうにならないから、住民はじれったい。

本来なら飯舘は住民主導なんだけど。国も本来は国民主導のはずなんですよ。「国ってなんだろう」っておもいますよ。六万人の原発集会があったってさ、何も聞こうとしない、なんの反応もない、日本の国ってなんだろうって。国っていうより政治ってなんだろうとおもいますね。国会議員があんなにたくさんいたって、ぜんぜん流れがかわらない。単に一部のなかで動いている。中国のように一部の共産党員で動いてる国と同じですよ。

事故後に新井さとし参議議員と空本誠喜衆議院議員二人が中心になって、例の生活支援法ができた。しかし、それが生きてないんですよ。公布はしたけど、発動しなかったのよ。両議院が全員一致で通して即日公布して、なぜ発動しないの。一年経って施行法ができても、具体的な発動はほとんどない。国民の信頼を裏切っています。おかしいですよ。

避難指示と村の対処、牛の処分

――しつこく聞いて申しわけないんですが、避難指示が一か月も出なかったという場面で、これはおかしいじゃないかと批判が噴出してきていたと思うのですが。

菅野　出てきて訴えても村長にきいてもらえないから、みんな独自判断で、逃げたわけです。私らもそうですけど。

――逃げられたわけですよね。それ以上に村全体で、そこを突きくずしていく、もうひとつその憤懣を突き破る、かたまりのような力は出なかった。

菅野　そこまでは出なかったんですね。

――葛尾村は村長命令で即座に避難した。避難した時、牛の処理が問題になって、牛を飼っている住民は涙を呑んで処分したわけですよね。葛尾村南部の一部は福島第一原発から二〇km圏内に入り、警戒区域に指定され、殺処分を強いられた。それ以外の村内地区は緊急の避難にあたって牛を処分するかどうかの判断を迫られた。殺処分した人もいたし、せずになんとかという形もあった。飯舘村の場合も、牛の処分をどうするか、ということがかなり重大な問題だったのではないですか。

警戒区域以外の場合、牛の処分をどうするか、という政府見解がでてなかった。一か月以上遅れて、飯舘村ほかが「計画的避難区域」に指定されたとき、何が「計画的」かというと、避難する期間に余裕を与えて即座にでなくてもいい、準備をして一か月以内に避難せよということだった。正式には四月二二日の区域指定だったから、ほぼ五月末までの避難になりますね。実際はそれよりさらに遅れて、六月いっぱいあるいは七月までかかった。

「計画的」という意味は、この間に警戒区域のように牛を殺処分しなくてもいい、五月末までに牛を区域外に移したり、市場で売却してもいいですよ、という指示だったわけですね。ですから、牛を飼育している人たちに配慮した、ということがあったんじゃないか。そうなると、この期間の放射能被ばくと牛の処分のための期間確保には、問題があったことになりますね。牛処分の問題は、かなり大きかったんじゃないでしょうか。

菅野　飯舘村にも葛尾村にも牛がいた。葛尾村の松本村長は、福島第一原発に対処すべき政府のオフサイトセンターが三月一四日に福島市内に引き揚げてしまったという情報を得て、オフサイトセンターが避難したのになぜ避難させられないのか、これじゃだめだ、ということで、自己判断で福島市内の運動公園に避難した。その前に自主避難した人もいっぱいいたんです。それで残っていた人たちを全部避難させた。あそこで一晩すごしたんだけども、そこでその地域（福島市荒井地区）の人たちが避難者に炊き出しをして世話をしてくれた。

村長はその夜のうちに、さらに移動先を手配した。それが会津坂下町《あいづばんげ》だった。三月一四日は、ほんとに極秘のうちにやってんの。もう判断がはやかった。バスを手配して、夜八時すぎごろに出発させた。運動公園には一四日の一一時ごろに着いた。それでも牛や馬をやってる人は何人か残ったみたいだけど、ほとんどの人は避難した。それは村長自身の判断で、命を守るか、村を守るか、決断したわけだよね。大きな決断だったとおもいますけど。あとどうなるかも頭の中にはあったとおもいますけど、それはあとで解決できると判断したのだとおもいますよ。あとでインタビューにこたえてましたけど、自身は自己判断で住民避難の指示の前にそういう方針をとったけど、一番の利点は、村民を被ばくさせなかったことだ、といってますよね。だからいかに為政者のトップの決断が大きかったかですよね。安全だといわれても、被ばくをしたのと、しないのとでは分からないんですから。分かってないんだから、不安に対して。確かに大変だったと思います。物すべてを置いて指示もないまま避難したというリスクは、首長としての大きなリスクになったんだとおもいますけど、まあ後から同じ扱い、「計画的避難指示区域」になって、ホッとしてるとおもいますけれど。

――そうしますと、飯舘村の場合の「牛の処分」はどういうことになるんでしょうか。村長はそのことをかなり意識したということがあるんですか。

菅野　どうなんでしょうね。村を残さなければならないという思いが強かったんでしょうし、最終的な取材のなかで、全村避難になるとは思わなかった、という言葉がありましたけど、それは何を意味するのか。私は全村避難の指示が出て、むしろ住民の分断がなされなかったという大きな意味合いがあるとおもってるんですが。ただ現在の避難計画で三つの区域に再編されて、それが住民の分断を生んでいるんだと思います。それが正しい政治判断なのかどうか。さらにそのことによってコミィニティが崩壊する。一つのものであれば、まだ住民は同じく結束していますよ。分断されると、なぜこっちだけなんだ、という軋轢が働きますよ。不平等を生む。

議会は機能しなかった

――こういう混乱のなかで、飯舘村の議会はどうだったんでしょうか?

菅野　機能してないですね。知恵も知識もないということなのかな。解からない。

――通常であれば、村民の間で住民自治の訓練はできてるわけですから。議員さんでもその経験はある程度持ってる人がいるはずですね。

菅野　持ってますよ。

――そうすると、住民と村長さんとの間にあって、「ちょっと村長が、暴走ぎみだな」とか。そういう場合があれば、チェックするとか、フィードバックの役割を果たしてもいいと思うんだけども。

菅野　本来ならばね。でも、このことに関しては、今までの経験もないし、事例もない、ということから、やっぱり、どうしたらいいかわからない。さらに、災害対策基本法の中には、原発事故っていうのは、災害の対象に入ってなかった。火事でも、大火でもあればねっ、(笑) いいんだけど。そうじゃないから。だから、どうしたらいいかわからない、っていうのが、そこにあったんじゃないですかね。だから、指示待たずに行動を起こしたのがぁ、葛尾村だけだったという。

――住民の側でちょっとおかしいんじゃないかとか、村の避難が遅れたとか、行政からは一方的な情報しか出てこないとか、みんなが気づきはじめていたのにですね。それから二年で帰還っていうことも、全然リアリティがないとか。仮設住宅が老人だけの収容施設になりはててているとか、等々。見えてきますよね。そのときでも、議員さんていうのはどうなんですか、相変わらず思考停止なんですか？
菅野　議会はこの二年間、ブランクがあるわけですよ。これは大きいと思いますよ。選挙があっても、何を今さら、という。選挙どころでないっていうか、容易でないんじゃないの、と思います。でもねっ、かと言って議会をなくすわけにはいかないわけだし。しかし今は村長が暴走する中で、議員を強くしていかなければならない、議会として強くしていかなければならない時期でもあることは確かです。村民にもそういう意識をもってもらわないとならないなぁって、思っています。
――そうですね。今ほんとうに、停止状態に陥っている。
菅野　そう。どうしたらいいかわかんないんですよ。
――第三者的に言えば、もう一度、原点に立ち返って、そこから、ものごとを考えるという。それがほんとは必要。
菅野　危機は、もう二年過ぎたけど、村長も議会も二〇一一年三月一一日に戻って、そこからやり直すしかない。そのことがわかんないと、前に進まないいんです。一方、私らは、もうそんなこと言ったって二年も過ぎてしまったんだから、どんどん、どんどん前に進む他ない。村民にも、前向きに生きることを、勧めていかないとだめ。行政のほうの政治は、もう一回立ち返って、政治をしてもらうという仕事をやってもらわないとならないな、議会を含めて。

再編計画と賠償

――浪江町は避難区域の再編計画を受け入れた。だけど馬場有町長は帰るなら全員で帰る、とまでもいっているんですね。

菅野　馬場町長は、再編計画を受け入れてくれないと、政府としては動けないのなら、「それでは受け入れましょう」ということで、受け入れた。だけど補償については、「帰還困難区域とみんな同じにしてもらいたい」といっている。町としての姿勢をくずさない、という方針でいます。その上にこの補償では納得できないから、増額要求します、と町民に対して、言明しています。私がみなさんの矢面にたって、みなさんの委任をうけてやります、といっています。

――馬場さんのように、賠償に関しても首長が物言いをしているところと、してないところとがはっきりしてる。

菅野　飯舘だけですよ。ああ、南相馬もやってないか。

――だから、この事態にたいして、首長が個別の補償というんじゃなくて、住民全体に対しての責任をもつということがあっていいんじゃないか、とおもうんですけど。

菅野　飯舘の村長は「補償を要求することは恥ずかしいことだ」といってますよ、関西学院大で講演をやったときだっけな。

――ええーっ、それはどういう意味なんだろ。計画的避難指示区域に指定する前の政府への要望書で、「自分は反原発に与《くみ》するものではない」と発言していることにも通ずるものなんでしょうか。

菅野　本心はそうなんだろうな、とおもいます。私らだって確かに賠償請求するのはみじめなことなんです。お金を要求するということは、たしかにむなしいことかもしれない。だけれど、ただ、これだけの被害を蒙ったなら、償いを受けとるのは当然なことだとおもってますから、償いは償いとしてやってほしいと求めています。当然理にかなうだけの賠償はするべきだ、それは当たり前のことだ。私らが築いてきたものすべて、いままでの人生そのものを壊されてしまった。もとに戻せないんだから。だったら、あらたな出発となる生活再建のためしっかりと補償すべきだ。

村長選挙のこと

――昨年（二〇一二年）秋、飯舘村は村長選挙がありましたね。その時、菅野さんに対して周りからはぜひとも立候補してほしいと言われた。その時になぜ立候補しなかったのか。この点について、菅野さんは、立候補しちゃえば、村が二つに完全に割れてしまう、この時期にそういうことはよくない。そうではなくて、ここまで来てしまったんだから、ある時期まで今の村長にやるべきことをやってもらうしかない。けれども、あるところまで行った時に、筋があまりに違う事態が出てきたときには、その場合はやるより仕方がない。今やると二つに割れてしまって、どうにもならなくなる、というようなことを言われましたね。

双葉町の井戸川克隆町長さんが、二度にわたって議会に追い詰められて辞任しました。その時にいったんは再立候補するって言ってましたが、最後に立候補をとりやめた。一般的な外部の眼からいえば、井戸川さんは自分の考えを正しいと信じていたのですから、選挙に出て最後まで闘うべきで、その方が正しさを貫くという点で明瞭なんじゃないかと思ったんですが、菅野さんは「いや、そうではない」と言われた。「ここで、もう一回立候補したら、双葉町民が完全に二つに割れてしまう」。「自分はくやしいとか、弁明したいかもしれないけど、それをやっちゃうと、はっきりと町民が二つに割れてしまう。そういうことは決していいことではないんだ」といわれた。非常に状況的な判断ですけれどね。

菅野　だから、浪江町の馬場町長だって、避難区域の再編は受け入れた。再編を認めないと、補償されない。政府はそういう考え方で来ていますから。もしかすると、ＡＤＲ（原子力損害賠償紛争解決センター）に賠償を申立しないかぎり、時効だっていう問題も出てきます。だから、とりあえずは再編を受け入れた。だけど町民を一つにして結束をもってまとめていく。何をすればいいかっていうことを考えて、浪江町は、補償としてもらえるもの、決まってるものについては「もらっちまいなさい」って、年間一二〇万円、全部もらわせました。その上で、帰還するについてはすぐには帰らない。帰るなら、いっしょに帰れるようになってからだ。その間の補償は行政がまとめる、かつ、補償については増額を求める、ということをやってきたんだと思いますよ。そうすれば、町民はこの危機に対して、一体でやっていける。

——町長として、判断の基準をどこに設定するか。馬場町長は住民の意思と基本的に一致する地点をさぐられた。だからすぐに、半分を超える賛同者が出た。これが政治だということですね。

菅野　だと、思います。私は。

——ひとつ妥協として引き受けた。しかし同時に、引き受けたのに代わる、妥協ではない部分をちゃんとそこに入れておくということを、浪江の町長は両方を踏まえた。

菅野　そこに核を置くんですもん。核を置いてる。王手になったけど、核を置いてるわけですよ。

——首長はつねに決断を迫られる。その決断が、どこに根拠を置いて決断をするかという問いを、問い返しながらやってる。

住民の信頼、生活の再建が第一

——住民のこの危機的な状態のなかで、「補償を要求することは恥ずかしいことだ」なんて言っているようでは、村長としての資格はないですね。「私はみなさんの暮らしの現状をきちんと見ています。そこでいちばん大切なものは何かを踏まえて、村長として責任を果たします」という意思を示してくれなければ、そこに「信頼」は生まれないでしょう。どうしても、飯舘村がつくってきた「住民自治」のありように立ちかえって、復興に向きあわなければならない。そこに行政が村民の信頼をえられるかどうかがかかってきますね。村人との信頼がなかったら、すべて成り立たない。ここが根幹ですね。

菅野　村の行政が住民との信頼関係をなくしたら終わりですよ。村民の信頼を失った人は、どうしても前にでていけないわけだから。

――首長は、住民を守って住民の生存・生活をより豊かにするのが役割ですよね。しかも住民が過去も人生も壊されてきているところで、賠償に対して物をいわないっていうのはおかしいです。この事態に及んで、「補償を要求することは恥ずかしいことだ」なんていう発言は、外からみてるとちょっと理解の及ぶところではないですね。

「カフェ椏久里」の市澤秀耕さんの話をきいていて、奥さんや親戚からもいわれて、いったん自主避難して飯舘村から離れるわけだけど、途中でまた戻ってきてしまう。なぜ戻ったのかという動機には、行政に対する「信頼」の中でお互いが暮らしてきた。その信頼を基盤にしてお互いやり取りしてきた信頼の時間があった。信頼という心の基盤を作りあげてきたのが飯舘村だという思いがあった。それを一方的に破るはずがないと信じたい思いが、心の奥のほうにあって、村から離れるのを躊躇させた、と。

菅野　都市部の為政者に対する市民の思いと、人口の少ない小さな村の首長に対する思いというのは、違います。それは、「すべてを託してる」「託してまかせてる」、「だからまちがいがないようにやるものだ」というふうに信頼してるわけですね。

――首長にたいする信頼の度合いがちがうんですね。こういう問題というのは、信頼の度合いと信頼の壊れ方、何が村の人の心の底をしばっているかっていうこと、村落の形ということを、よくよく私たちは受けとめる必要があるのではないか、とおもいます。

菅野　これは、住んでみないとよく伝わってこないんですよね。わからないんですよ。いま福島市に避難してて住んでいますけど、人間関係が希薄なんです。同じ福島市内であっても、市街地と、畑を借りているところ（荒井地区）とでは違う。荒井では、私らを歓迎してくれて、声をかけ、心配してもらって、助けてもらえる、いろいろ信頼関係が生まれてくっけど、福島市街地の環境のなかではありえない。飯舘村でも同じなんです。市内と市の農村部でもそれぞれくらい違いがあるわけですけれど。飯舘村は厳しい環境のなかで暮らさざるを得ないわけですから、ひとびとをつなぐのは信頼であり、協力であり、お互いを理解し助け合って生きてこないと、一人では生きられない。だから、この人を信頼して託そうということになるし、託された人も信頼をうけてるということから、しっかりと担わなければならないという意志が働いてたはずなんです。お互いに住民が協力し合って地域をつくり、村をつくってお互いが全員がよくなる方向にしていこうという精神が、全体にあるんですよ。

――そういう精神が、ほんとうは村の人の生存の基盤になっている。

菅野　ただ薄れつつはありますよ。社会状況がかわってきてますから。若い人にとっては、干渉されすぎる、私は私、おせっかいをしないでください、という時代にかわりつつありますから、非常に難しい時代ではありますけれど、そんなことといったって、あんた自分で作った道路歩いてるの、自分で作ったものを食べてるの、一人で何ができるの、ここで暮らすにはそうはいかないのよ、という環境にありますから、見放されたら、一人では生きられないです。そういう厳しい環境で先祖伝来生きてきて、「おたがいさま」という言葉が当たり前になる。「誰かのために私が、あなたのためにだれかが、私のために誰かが」というつながりが、慣習のなかに生きてるんです。お互いに力をあわせてなにごとかをやる、そうでないと生きていけない社会環境にある、それが「村社会」なんです。

飯舘村民が、なぜ、これだけ行政不信になったのか、他の自治体はなぜまだそうならないのか。よそは、行政主導型の行政をやってきてっから。しかし、飯舘村はそうではない。飯舘村の場合は住民主導型の行政をやってきたから、なあぜ勝手に決めるんだ、ということになるわけですよ。だからもの凄い、村長に対する反撥と行政不信に陥っている。その違いなんです。

——もの言う村民が多い。

菅野　多い。もちろんそういうふうに、やってきたわけですから。村長と村の行政がまずなによりもすべきは、村民の信頼であり、第一の仕事は村民の生活再建なんですよ。いつまでに住めるようになる除染ができるか、その目途は一つも立ってない。そのあいだ避難しつづけながら、一人一人の避難住民がどういう暮らしの道筋をつくれるか、帰りたいという人もいるでしょうが、その目途も立っていないし、当分は帰れないと思っている人が大多数だ。帰れるとしてもずっと先にしかおもっていない。その人たちがどんな生活の選択をできるか、その選択の幅をきちんと理解して、全住民の生活の再建を第一の目標にする。そのために、賠償についても行政が関わって、政府や東京電力に言う。浪江町の馬場有町長と議会が一体となってしたようにですね。

私が村の住民の一人一人の暮らしがわかる、と言ったのは、それがわからなければ、こういう危機のなかで、なにがいちばんの行政の課題かを間違えてしまうからです。

いま、私が考えているのは、いま何によって住民をつないでいくか、それをやらなきゃなんない。補償問題を念頭において。まだ、磁石にくっついてるように、村民を引き付けておかないとならないんじゃないかなぁと思って。その上で、これからどうするか。生きていく道を、しっかり築いていかなきゃならないんですよ。

第三編の三　聞書・菅野哲

生活の再建と賠償について

第三編の三の聞書は、二〇一八年七月一四日、東京・千代田区西神田の言叢社事務所での対話です。言叢社・島亨、五十嵐芳子が同席しました。

　なお、「ADR集団申立」の東京電力による受諾拒否と、「飯舘村民救済申立団」の解散などについて、囲み記事その他で追加記載をしました。


自然に積み上げてきたものを、意識的に再建するしかない

――菅野さんが高校二年生で遭遇した自動車事故の障害。私も実は昨年春に左脳の脳梗塞で、右手は動いたけれど、右足がやられた。それ以外に、自律神経がこわれてしまったらしく、寒さに対してひどく敏感になってしまった。温感がなくなって、今でも着込んでいる。右足がうまく動かないから訓練して歩いている。それで分かったのは、今は歩けるけれど、機械みたいな歩き方なんです。ロボットがカッコカッコと歩いているのと同じで、意識しないと足が動いていないのが、自分で分かる。意識的にやる以外にない。今までは全部そういう行為は自然で、意識する必要がなかった。ところが意識的にもう一回復習するというか、こうしなければいけないとやる。物を分解して復元しているわけですよね。ひとつひとつを。

　記憶とか考えることでも、正直何となくボケている。意識がボケて前ほど集中ができない。前は自分なりにすごく集中力があったわけです。ところが集中力がなくなっちゃって。よく分かったのは、人間はひとつのことに集中することができるということにも、膨大な力が働いている。それを持っていたのに、分解されちゃうと、集中さえ大変だということが分かったのです。

ひとりひとりの人間の行為、ひとつひとつの身体の働きは、無意識の膨大の力で支えられている。それをよく考えると、つまり放射能で人工的に破壊された世界を復元するというのは、機械的に一か所復元しただけでは、復元しようがないわけです。かつては自然に力を積み上げてきたものが、この世界や土地や自分が暮らす世界を造っていたのに、それを分解させられちゃったのと同じだなと思ったのです。

菅野　当たり前に、都合よく、きちんと機能していたのに、すべて全部駄目になった。

――バラバラにされちゃった。

菅野　もうひとつ、また作り上げていくしかない。

――自然に力を積み上げてきたものを再建するのに必要な力の総量は、単純な計算できるはずがない。自分の今の体の経験でわかりました。自分の身体を支えてきた力は、想像を超えるものがあったのに、いまは一生懸命にいくらやっても復元できない。

菅野　今まで時間をかけて、多くの人の手がかかって積み上げてきたもの。

――それをいきなりバラバラにされて、故障したからバラバラな部分が元に戻るかといっても、ありえないよね、ほとんどね。

菅野　日を重ねて、先に向かってつくっていくしかない。

――少しの光とすれば、前に記憶していたこと、前に村があったことは、残して伝えられているわけだから、その上にそれを重ねるという作業がゼロとは違うという光の感覚はあるのね。

――今まであるものを皆さんは持っている。その持っている部分を積み上げて、無意識の上に、自然なものを積み上げる以外ない。

菅野　そのために私は一日でも一年でも早く、農業をやる人は農業。仮設にいる人だって、今までのパターンを崩さない形で生活できるような環境をつくるべきだと。仮設の人も花を作ったり、野菜を作ったりできる環境。あるいはゲートボール、パークゴルフ、グラウンドゴルフをやっていた人たちもできる状況を。そういう前の生活とまったく切り離したものではなく、継続した毎日の暮らしができる環境を一日も早くつくる。外であっても、よそであってもやるべきだというのが私の考え方だったから。畑をやりたい、畑を。グラウンドゴルフやりたい、じゃあグラウンドゴルフ場を。それを世話してつくっていった。その継続で畑を作っている。あるいは自立して避難先で新たに経営を始めた人もいっぱいいるわけだし、カフェ椏久里のように、福島にきちんと店を構えて前に進んだ。それが正しいのだと私は思っていた。それが村長の方針は「二年で村に帰る、皆さん帰れ」でしょう。よそでやるのは悪いことみたいな。村を捨てたとか。そういうふうに捉えられてよろしくない現象が起きて。

――菅野さんの思想の構造を聞いている気がします。すごくよく分かる。

菅野　二年や三年で戻れるわけがないし、戻ったとしても村は元のようには戻らない。放射能はそんな簡単なものではない。だからもう若い人は避難先でもいいから、新たな農業をやるならそこで始めたほうがいい。

――放射能に対する直接の対処。もう一つはそれを支えるために賠償をどうするのか。その賠償というのは、そう割り切れるものではないですよね。

菅野　お金だけではないですから。時間。過去に積み上げてきた価値。この価値というのは、値段じゃないんだよね。それをここにつくり上げてくるまでの時間と人の力。考え方もある。まったくお金に変えられない価値がある。

――その価値を見ていないということがあるんだよね。よく分かります。

菅野　生活が破壊されたと言ったら、村に戻れば戻るでしょうという話。そうじゃないでしょう。今までの何十年積み上げてきた生活、生業も文化も社会環境も人間関係も自然環境も、すべてがかかわってそこで生活が成り立っていた。それがすべて破壊された。生活の基盤の破壊だということ。それを東京の弁護士は故郷喪失だと言うから、あなた方は故郷から出てきた人たちだから、帰る所がなくなったから喪失なんでしょう。私らはそこで生きてきたんだもの。生活そのものがここにあった。それがすべて破壊されたんだもの。生活環境すべて破壊されたんだよ。故郷喪失なんて問題ではないよ。何を言っているんですかと。

——よく分かりました。それをよく分かるために、自分にも引き付けてよく考えてみて、はじめて実感できるようになりました。少しずつです。なかなかこれは分からない。

菅野　ピンとこないと思います。

——人の持っている積み上げの仕方を、内側に感じているものをどう理解させるのかというのは、意外と難しいですね。積み上げの構造が分からない。

菅野　菅野典雄村長の考えは、自分が村をつくってきたと勘ちがいしているのではないかと思っているんです。そうじゃない。村民がそこにいたから成し遂げてきた村なんだ。村民が村をつくってきたんだよということを、行政も政府も分からなければならない。

　村の環境は、何百年何千年という歴史の中で積み上げられてできた村なんだ。農地だって最終的には土地改良事業で圃場整備したでしょうけれど、その前は、飯舘村は半分は戦後の開拓。その戦後の山野を切り拓く時から始めたその人たちが、村の農業基盤をつくってきたから村の農地が存在する。農業が成り立っているんだよ。そこを忘れて、今の姿だけで、最終的な仕上げをしたから私がつくったみたいに考えたら大間違い。

——まさに無意識の領域だから。それを全部自分がやったように。ぜんぜん話にならない。無意識の領域というか、長年積み上げたものだから、それをうまく言えないわけよね。

――平常の暮らしならうまく言えないけれど、今だから言える。

菅野　事故があってこういう状況になったから、改めて考えてみるとそういうものだということが分かってきたということがあります。だって今までは当たり前だった。

――みんな当たり前だった。当たり前はいいことなのにね。いいことではなくなっちゃった。

菅野　当たり前がいいというのはね、それが当たり前でなくなった。今回の西日本の災害にしても、そんなことがなければ平穏に当たり前に暮らしていた場所なんだよね。川よりも四メートルも低い場所だって、水害さえなければ平穏に暮らせた所だったのに。あっという間に埋もれてしまった。先人の貝塚だって、低い所にはない。すべて高台にあるのはなぜか。人は低い所には住まなかった。海へ行って貝や魚を取って食べていたけれど、住んでいたのは高台。それを考えてみると、低い所に住むこと自体が、人間間違っている。

今回の西日本の事故が起きたって、結局一番簡単な低い所の土地をならして、そこに住宅を造って住むようになったから、山からの大きな災害が起きる。当たり前なんだ。高台に住めばいいんですよ。津波だって、海の近くに行ったから、千年に一度の災害に見舞われた。海のほうの人にとっては、飯舘村は山のあんな高い所に住んでいてと思っていたかもしれないけれど、安心して暮らせる場所だった。

――岩盤も強かったし。震災では何もなかった。放射能が飛んでこなければ。

菅野　放射能さえなければ、飯舘村なんて楽園になった。楽園をつくり上げるという目標があって、そういうものをつくってきた。結局農業経営もそうだけれど、文化的なこともすべてつくり上げてきたから。

政府と村長の「帰還政策」

――事故当時、村への帰還は直感的に何年ぐらいという感覚はあったのですか?

菅野　最初は、どれだけの破壊がされているかが分からなかった。早く戻れるようになるかなという思いはあった。でも原発の状況が、全部被害を受けたでしょう。土壌検査した。空気線量もそれ以上下がらなくなった。もう二万ベクレルも三万ベクレルも土壌汚染されているような所では、山林も駄目だし、自然環境が全部壊されているから、村にはしばらく戻れないな、と。そういう時に村長は「二年で村に戻る」という希望プランをつくったから、何をふざけたことを言っているのかと。

いわゆる国は、どうしても帰還政策が強かった。放射能被害を国は本当はやりたくないんだから。目に見えて分かった。放射能被害なんてない。終わらせたい。それは目に見えていたし。福島第一原発の事故は起きたけれど、野田総理の時に、原発の事故は収束したと言ったんだからね。ふざけるなと。これから何十年とかけて収束させていかなければならない。収束したというのは何事だ、と。

政府も市町村行政に対しては、早く復興させろという。それ以外の圧力はなかった。だから市町村長も立場としては苦しかった。

浪江町・馬場町長、無念の死

菅野　それに反発して最後まで戦ってきたのが、この前亡くなった浪江の馬場《ばば》有《たもつ》町長。あの人は本当に、政府とかなり渡り合ったから。二〇一八年六月三〇日に体調不良のため、議会の承認を得て町長を辞職するとしていたのですが、辞める直前の六月二七日に現職で亡くなった。六九歳でしたか。

大変だったと思うよ。結局国の避難指示があって、西に避難するというので、放射能が向かってくるほうへ避難した人だから。あの人は悔やんだんですよ。結局避難したところが、浪江町の津島という所だから。

――津島地区。町民を率いて避難をしたら、放射能雲が流れる地区に逃げてしまった。

菅野　津島地区は、まだ帰還困難区域でしょう。福島県の一番ひどい所だ。そこに行ったんだ。

――まさかそこでまともに放射能をかぶるとは思っていなかった。

菅野　そこがたまたま携帯のつながらない場所だった。

――携帯がつながらなかったんだ。

菅野　それで情報が入らなかった。県警のパトカーが行って、はじめて情報が届いた。パトカーの人が、何でここにいるんだという。それから避難を始めた。すごい被ばく。それが馬場さんの思いにあって。情報さえ入っていれば被ばくさせずに済んだものをという思いがある。そのあとも誘導して、一万五〇〇〇人のＡＤＲまでやって、それがまたけっぽられたから。それがまた悔しかった。国は何をやっているのと言いたかったと思う。

――野田政権と自民党と両方駄目なんだよ。どっちも。

菅野　菅直人さんを非難して辞めさせて野田になったって、結局同じだ。菅さんのほうが正しかった。総理自ら動いて、今の危機を乗り越えるという。そのためには状況が分からないといけないと乗り込んだのは、当たり前の話だ。

「飯舘村民救済申立団」のＡＤＲ申立

――「飯舘村民救済申立団」は、馬場町長さんのうまくいかなかったことを踏まえてやったわけですよね。

菅野　始まった時は、まだ浪江の結果は出ていなかった。

――途中で分かった。同じ申立ではうまくいかないということで、集団の意味を、訴訟の意味を組み替えた。

菅野　そう、個別にした。集団にもしたけれど、対応は個別。全員がみんな同じ状態でないから。避難も違うし。弁護団との最初の協議で、集団で申し立てはするけれど、状況は個別に違うから、申立書を出すのは個別にしました。

――結局、そうしないと駄目だということなんでしょうか。

菅野　同じならば同じでいいんだけど、財物も持っている人も持っていない人もいるから。状況も、若い人から高齢者までいるから。

――それは浪江町のやり方が、そのことがちゃんとしていなかったと言えるわけですか。

菅野　海のほうの放射能の影響がない人もいれば、津島のほうのすごいひどい人もいれば。同じ境遇ではないから賠償にしても違うでしょうという考え方があれば、あんなふうに同じようにならなかったはずなんだ。ただ浪江は、始めたのが早いから。浪江町民は同じ境遇だと、馬場町長は思ったんだよね。だから、「私が町をあげて町民のためにＡＤＲを申し立てましょう」と、委任を受けたんです。委任を受けた時に、ひとりひとりの状況に分けて出せば解決した部分もあったかもしれない。

――そこが難しいね。だけど今度の菅野さんの、トータルとして生活破壊の賠償責任。これは共通で要求されたのですよね。

菅野　生活破壊はそう。被ばくは東電にけっぽられたから、仲介は終わりになりましたけど、初期被ばくはみんな同じように被ばくした。だけど被ばく量は違うから個別にやった。年間九ミリ以上については、仲介委員が、賠償額を払うべきだという案を出した。ところが東電はそれをけっぽって出さない。だから仲介委員はこれ以上やらない。

――そういう部分を仲介委員が出したけれど、受け付けなかった。

菅野　東電が受け付けないから、これ以上やっても仲介委員としての役割は果たせないからと。ひとつだけなんですよ、中断したのは。生活破壊だの財物賠償だのは、まだまだ残っている。一件だけなの。初期被ばく。

——初期被ばくだけは仲介しないと決めたわけですね。

菅野　それだけをやめた。継続してやっているのは精神的補償の部分で、介護者がいる人、身体障がいのある人。そういう人たちについては仲介委員が和解案を出した。それを東電がのんだ。それは今継続して、やっている。

——そうですか。それは三〇〇〇人のうち何人ぐらいなんですか。

菅野　七〇〇世帯のうち五〇〇世帯ぐらいは該当した。

——かなりですね。

菅野　すごいです。

——そこだけは勝ったわけですね。

菅野　残ったのは生活破壊。生活破壊は、故郷喪失の部分が裁判に出されていますからね。仲介委員としても裁判結果を見ないと和解案を出せないいんでしょう。難しいんですよ、生活破壊といっても。仲介委員は、おそらく東電は出さないと……。

【結局、「第一次中立事項」の4「生活破壊慰謝料」に対する原子力損害賠償紛争解決センターによる和解仲介は行われなかった。第一編の二の五二～五三頁に記す「中立事項」（請求事項）のうち、（「中間指針」基準の変更にかかわるような中立人全てに共通する賠償）中立事項については、東京電力は全てこれを拒否したため、ここに書かれているように、「要介護と身体障害」に関わる個別的な賠償の増額だけが和解仲介され、東京電力もこれを認めて支払いが行われた。次頁の囲み記事参照】

——結果が出たというのは？

菅野　介護と身体障害。平穏に暮らせていた人と違う部分がありますよね。要介護と身体障害。それについて

■飯舘村民救済申立団によるＡＤＲ申立の「請求事項」と、その後の経緯

当初申立時の請求項目は、**１．謝罪、２．初期被ばく不安、３．避難慰謝料増額、４．生活破壊慰謝料**、５．住居確保損害の即時支払い、**６．弁護士費用**の六項目。その後に、**７．田畑等の単価増額**、８．農機具の評価増額、９．食費・水道代・交通費の増額分賠償、10．家財道具の全損分賠償、11．井戸の賠償の五つの請求項目を追加した。その後、５、８、９、10、11の五項目については申立人側から申立を取り下げた結果、１、２、３、４、６、７の六項目（ゴチックにした項目）を請求事項として申立がなされた。定型的な請求事項である１．謝罪、２．弁護士費用を除いた四項目の請求項目のＡＤＲ申立について、以後の経緯を整理すると、以下のとおりとなった。

① 請求項目のうち、２．初期被ばく不安、３．避難慰謝料増額の二項目については、原子力損害賠償紛争解決センター（以下、「ＡＤＲセンター」とする）からの「和解案」が提示された。

② **「２．初期被ばく不安」の和解案**は、個別の申立人の被ばく量が年間九ミリシーベルト以上の申立人に対してのみ（一四五人）一人当たり一五万円（被ばく量の高い長泥地区二名は五〇万円）の賠償を支払うとする和解案が提示されたが、被申立人（東京電力）は、この和解案を「受諾できない」と回答してきた。平成三〇（二〇一八）年七月五日、「ＡＤＲセンター」から弁護団に対して、この請求事項に対する「和解仲介手続の終了」の通知書（「打ち切り通知書」）が送付されてきた。

③ **「３．避難慰謝料増額」の和解案**は、申立人の個別事情に応じた避難慰謝料増額の和解案が提示され、被申立人（東京電力）はこれを受諾した。申立人ごとの賠償額確定のため、ほぼ一年を要して令和元（二〇一九）年五月二二日、「ＡＤＲセンター」から弁護団に対して、「和解仲介手続の終了」の文書が送付されてきた。増額分として四九六世帯に計約一一億円が支払われた。

④ 請求事項のうち、「４．生活破壊慰謝料」と「７．田畑等の単価増額」については、平成二九（二〇一七）年九月二二日の進行協議で、「ＡＤＲセンター」から「和解案を出さない」との打ち切り通告があり、この二つの請求事項については、この時点で事実上終了した。

■「和解案を出さないこと」に対する弁護団の「抗議書」

平成二九（二〇一七）年一〇月二四日、「飯舘村民救済弁護団」は、「ADRセンター」が「和解案を出さない」という通告に対して、「あくまでパネルは、東電も受諾するという可能性が高い和解案を出すというのが仕事」という仲介委員の一貫したスタンスに対する「抗議書」を提出した。本件担当仲介委員によるこのような発言は、「ある日突然被曝させられ、避難させられ、生活の全てを奪われ」、「満足な賠償もされず、苦悩しながら生活し、貴センターからの和解案に一縷の望みをかけてきた申立人らの思いを根こそぎ踏みにじったのである。決して許されるものではない」ときびしい批判の言葉を加えている。

※　※

■「集団申立」と「個別申立」のあいだ

被申立人（東京電力）のADR申立に対する考え方は、平成二七（二〇一五）年三月一三日に被申立人（東京電力）が原子力損害賠償紛争解決センターに対して提出した「答弁書」に示されており、その後、この回答を超える賠償の意思を表明することはなかった。ただし、「3．避難慰謝料増額」については、「中間指針」にある避難慰謝料基準を変更して慰謝料を増額することは拒否するが、個別的な申立人の申立については「適切に対応する」と答弁しており、介護者がいる人、障がい者など、避難生活の個別事情に即した慰謝料増額の余地が示されていた。弁護団は、この「答弁書」を踏まえ、個別の申立人ごとの「申立書」提出によって、③に記す賠償の増額が得られることとなった。このように、個別申立人の事情に応じた「賠償請求」には対応するが、「中間指針」基準の変更にかかわるような**「集団に共通の請求事項については、これを拒否する」**というのが、東京電力の強固な対応だったことがわかる。

■「飯舘村民救済申立団」の解団

申立団の「請求項目」に対応する「ADRセンター」の応答が以上によって終了したのに伴い、「飯舘村民救済申立団」のADR申立も終了することとなり、令和元（二〇一九）年七月六日、福島市にて申立団の総会が開かれ、解団が決まり、以後は、それぞれが意思で個別の申立、または訴訟による賠償を求めることとなった。（編集部記）

は、世帯主あるいは介護していた人と本人と二人に出た。全員ではなくて。本人と介護者。月に二万、三万、最高七万円まで。

——それは結構になったね。

菅野　なった。大きかった。

——三〇〇〇人のＡＤＲではひとつだけ成り立ったわけですね。

菅野　成り立った。去年（二〇一七年）、一番先に出た。精神的補償の部分で、要介護なり身体障害なりの人には、何もない人とは差がある。当然だ。それで仲介委員が一番先に出してくれた。

——年間九ベクレル以上の人は拒否されたから。

菅野　要介護５の人は七万出たから、本人と介護者で、月一四万。大きいですよ。それが平成二七年一二月までかな。四年間、とりあえずそこまで出た。一回目の延長する前なんだな、四年分。そのあと延長されて七年になりましたけどね。まだ全部手続きが終わっていない人もいる。一度にできないから。書類が揃わない人もいる。一回に五〇件ぐらいずつ出しているんですよ。全部一度に出したって、あとの時間が長くなる。出すために揃えるのにも時間がかかるから、揃った順にどんどん出していって、出した者から次から次に回答してもらう。

——一〇〇人ぐらいの弁護士さんが付いているわけでしょう。

菅野　九〇人。この部分でまず金が入ってくるから、弁護士のほうにも入る。

——なかったら大変ですよね。

菅野　大変だった。浪江の弁護士は何もないでしょ、あれ、まったく駄目だった。何も出なかったんだから。私らはこれが出ただけでも、まずひとつ勝ち取った。

――まったく出なかったから、弁護士も大変だった。

菅野　それであの弁護士の人たちが、今度、津島の人たちの訴訟に。津島の人たちは今訴訟をやって、十何回か公判をやっているはずです。うん、三年ぐらいかかる。その団長をやっているのが、馬場さんを町長にした三瓶宝次さん。彼は津島で、裁判までもっていった。彼は、情報を交換しましょうと、私のところにしょっちゅう電話をよこす。福島の飯坂に新しい家を構えて、温泉付きの家に住んでいる。

――飯坂に移ってる。

菅野　不動産屋さんだから。浪江町で不動産屋をやっていたから、不動産情報も。前は私の二キロぐらい先の団地。荒井の自衛隊の前のほうに団地があるんですけど、そこにいた。二年ぐらいいたかな。そのあと飯坂に温泉付きの家を見つけて、福島事務所として構えている。

――ＡＤＲ申立は、集団でやっても案件は個別。

菅野　そのぶん弁護士の人たちも大変だった。個別に書類を作らなきゃならない。

――でもそのお金が出たのは良かったんだね。

菅野　これはまさしく個別にやっていったからこそ出た。

――五〇〇世帯というのは一〇〇〇人くらいということでしょうか？

菅野　二万から七万までの差はありますけれど。それにしても年間三〇万ずつもらっても四年もらえば、一二〇万。

――すごいものですね。大変なものです。

菅野　そういう人がいる人ほど、避難する時に苦労しているからね。私らもそうだった。お袋がいたから大変で、とにかく秋田まで連れていって、秋田に頼んで。私は戻ってきて動いて。

馬場有町長と菅野典雄村長

菅野　馬場町長は町民は同じだという強い意志だった。それを国に求めたんでしょう。ADRで、浪江町民はこういうわけだよと言いたかった。さらに原発立地でもない、迷惑だけ被っているわけだから。

——要するに、それは間違っていたわけではない。

菅野　趣旨としては間違っていない。みんな平等に同じ条件でないから、ああいう結果が出るのはやむを得なかったのかもしれない。例えば津島の人たちだけで申立すれば、出たかもしれない。

——町長が区分けを行なえば良かったんだね。

菅野　あの時点だからこそ、できなかったんでしょう。町民は同じ状況だということが、あの当時はあった。全員避難したから。そういう状況だから、みんな同じだ。精神的な苦痛はみんな同じだという状況判断があったんだと思う。町長としては、町民の心をひとつに結束させる。そういう思いもあったでしょうし。だから飯舘村長のようにADR中立を非難しなかった。

——対照的にいえば、飯舘の村長さんは、ある意味では政府を恫喝したのではないですか?村にお金を出せということ。馬場さんと逆な方向というか。馬場さんは、政府というか東電に対して、町民のために町民にお金を出せという要求をしたわけですね。

菅野　そうかもしれません。

——飯舘の村長さんはそうじゃなくて、政府にある種の恫喝をやったんだと思う。

菅野　村に金を出せということかも。

——だからこれもある意味ではおもしろいと言えばおもしろいけれど、これはおかしいよね。

菅野　だからといって村民生活の再建ができるか。解からない。
——別の問題だね。今の菅野さんのお話のように、村の失われた生活を回復していく力をつくることの中に、賠償やお金の問題の核心があった。そこが考えられていない。そういう意味では、菅野典雄村長は、何に対して自分のアイデンティティーを置いたのか。外から見れば特徴的ですね。

村の再建より村民の生活再建というのが、私の信条

菅野　学校に国が四〇億も五〇億も出したからといっても、受益者が何人いるの？　確かに一〇〇人からの学生はいるかもしれない。でも六〇〇〇人の人が、四〇億、五〇億で生活再建につながるものはあるの？　そんなことなら、やるなら圃場整備しなさい。四〇億もかけるなら、学校には一〇億で十分なんだから。三〇億で圃場整備して。
——学校をつくるのに四〇億、五〇億かかるというわけ？
菅野　かけたんだもの。
——かけたんだって。すごいですね。
菅野　復興予算だから、国が出したんでしょうけど。村民の生活再建にどうつながるの？行政として正しい政策なのかと。私としては疑問ですけれど、議会もそれに同意しているわけだし。
——難しいですね。村の施策と村民の生活再建。つまり村の再建と村民の生活再建とのバランスの問題。そこがはっきりしてこないと。村長のとった施策と菅野さんたちがとった施策が対置できてよく分かる。
菅野　国がやる除染にしても、村の振興公社で村民をつかって除染している。「それは間違いだ」と言ったんだけど、役場を定年退職したのを二人入れてやっている。土木関係者を入れて、それに任せなさいというのに、

住宅回りの除染を一部やったんですよ。

——いつからですか？

菅野　平成二五年ぐらいから始めたんじゃない？　本格的な除染を始めた時に、村がやると。村民の働き場所として人を送りこめると。私は一回言ってからは、もう。聞く人ではないから。あとは言ったってしょうがない。あとは何も言わない。自分は自分で村民のためにやればいい。

私が畑をやったり、グラウンドゴルフ場をつくったりして手助けしてきたことが、行政から余計なことだったと言われる。

——どこから言われるのですか。

菅野　村長が言ったって、職員が伝えてくれるんだから。職員が言うんだから。たぶん村長からすれば余計なことなんだ。それは私の信条で、考え方で、生きてきて、私は人のためにやってきたわけです。

——村長さんとはそういうところで、ことごとくぶつかるんだね。

菅野　最初からそうだ。勤めている時からそうだったから。考え方がまったくすり合わないから。もうこの人の指示で一緒にやることは何もないと思っている。

村の「農業の夢」

——だから菅野さんの思想的構築をこの本でやらなければいけない。この部分は明確になってきました。良かったとおもいます。

菅野　いま私が提言している「二地域居住」は、すぐには帰れないから、生活拠点をもう一つつくって、飯舘村と両方の生活をするしかないのではないかという考え方。そうしないと暮らしが落ち着かないからです。村の再建より村民の生活再建というのが、私の信条。村は、いつかは再建できる。人々の暮らしを壊してしまったら大変なことになる。何といっても人の暮らしが一番大事、生活再建が最初。そのための施策をすべきだ。人々の生活再建の場所をつくりなさい、と。

――菅野さんは村の役所を退職して、「日本の百姓」を名乗って農業者にもどった。かつて暮らした大字佐須字山木の農地で「実験農場」をはじめられた。退職後の生き方の夢だったわけですね。ところが、原発事故の「全村避難」で一時は放棄せざるをえなかった。

菅野　私は自分で農業をやりましょう。農家の人たちと一緒にやりましょうということで始まって、一年目で加工品作り。缶詰を作ったり、ニンニクを作り始めたりして。

――これからだと、ようやく軌道に乗り始めた時に。

菅野　ニンニクだけでも六万本あったのよ。いやあ、もったいなかった、あれ。

―そして、もう一度、実験農場をはじめられた。

菅野　七年間、日本大学の糸長先生はじめ、多くの先生方の研究のお手伝いをさせていただきながら、山木の農地を提供して試験栽培をさせてもらってきました。今も継続してやっています。今年（二〇一八年）はさつまいも、ヤーコン、菊芋、ネギ。データの積み上げをしながらやってます。放射能は、たまに二ベクレルとか六ベクレルとか出るのがあります。一番は大豆。麦が六ベクレル。今年陸稲をつくった。陸稲はどうだろうかと。

――麦が結構多いわけ？

菅野　うん、やっぱり実の成るものは駄目。穀類。ヤーコンとか根菜類は大丈夫。葉物は作ってないんですよ。今年は白菜を作って。ニンニクを作ろうかなと。ニンニクを作ると、春先に芽が出るでしょう。サルにやられるんですよ。サルが新芽を食う。それでサル囲いをつくっている。サルが来ないように、一メートル二〇のメッシュの上に鉄線のメッシュを張る。それを二メートルずつ鉄柱を立てて繋いで、一周九〇〇メートルある。これどは電線を張る。

――それと、福島市荒井の共同農場では、仮設住宅に避難されている村民といっしょに農業を始められている。さらに自宅の農地でもはじめられた。そこで栽培された新鮮な野菜。この間菅野さんからいただいた野菜。これはおいしかった。これほどおいしいというのは、東京では、なかなかないね。

菅野　やっぱり有機質なんです。有機栽培したのは味がぜんぜん違う。

――生き生きする感覚がダイレクトにくるのね。

菅野　長持ちする。悪くなるのにも時間がかかる。

――野菜はこういう物を皆さんが食べるべきだと思いました。逆に福島はこういう事態になったからこそ、野菜を作るなら最高の物を作って、みなさんに味わってもらいたい。

菅野　キュウリだけでも一日二、三〇組売ってるんじゃない？　家内が収穫して集荷して。直売所に出荷しているから。

――奥さんがやっている？

菅野　うん。作るのは私ですけど、収穫しているのは彼女だから。売れてる。自宅の後ろの直売所で。一日三〇〇〇円から五〇〇〇円ぐらい売れている。覚えてきた人は買うの。あそこは一一五号線、国道、交通量も多いし。継続して出しているから、あそこに行けばあのうまい物が食べられると思えば来る。

――どこから来るのですか？

菅野　市内の人が多いんじゃないか。けっこう売れるんだよね。ニンニクは、大きいのは別にして、小さいのは一個一〇〇円で売っているんだけど、まとめて一〇個買っていく人もいっぱいいるって。ニンニクを売ったまって。

時は一日一万も売れた。今もニンニクを出しているんだけど。ニンニクはやっと収穫が終わった。六〇〇〇個作った。ニンニクは楽なんだ。足りないくらい。去年は四〇〇〇個しか作らなかったから、すぐなくなってし

――今、東京はニンニク高いものね。青森産が一番高いよね。

菅野　三〇〇円以上しているでしょう。青森産は高いんですよ。ブランドだから。私も種は青森から仕入れます。

――東京だと、青森産か中国産しかなくて困ります。

菅野　どこでも同じ。東北に行くと岩手県産とか。

――それは見たことちょっとある。

菅野　青森産が多いんだよ。高い。雪の中で育っていて、春に雪解けするともう芽が伸びているから。違うんだな、青森は。福島は寒風にさらされる。新芽が弱いんだよな。でも育つんだ。今年は駄目だった。水不足。五月、六月、雨が降らなかった。大きいのでこのぐらい。みんな小さい。今年は小づくりだよと言って。

――くりかえしになりますが、こういう物を皆さんが食べるべきだと思う。そういう野菜や農産物を作るなら、福島は放射能汚染でこういう事態になったからこそ、「最高の物」を作ってみなさんに味わってもらいたい。そして、そういうものを作って暮らしが成り立つ。それこそが、飯舘の「農業の夢」ではないでしょうか。

菅野　そのとおりです。荒井の農地での栽培をはじめて、支援してくださる各地から種子を送ってもらった。その種子で栽培してみて、それまではわからなかった個性がわかってくることもあった。これは、飯舘での農の暮らしだけではありえなかった。全村避難という経験があったからこその種子との出会いです。

　われわれは、過酷な生活破壊の被害を被ったけれども、この経験から立ち上がって生活再建をしてゆくことが何よりも大切だし、その中で農業や牧畜を暮らしの柱にする村民もいるでしょう。その立ち上がりの一歩だ

家族と慰安の旅、札幌場外市場にて、2019 年 8 月 16 日。いのちの権利と力を子・孫たちに継ぐ

けでも伝えていけたらと思っています。

私は、これからの飯舘村の再建は望んでいますが、何よりも、ちりじりになった全ての村民の皆さんの生活の再建、そして、今後の人生をどうか幸福に全うして欲しい。

また、福島第一原発事故がもたらした飯舘村民の全村避難の体験を考え抜き、言われるままに疑わずに行動するのではなく、何が正しいのかをよりよく知って腑分けるための智慧と、みずからの信念と意思に従って行動することの大切さを、村民の共同的な財産として、子、孫の代まで語り継いでほしい。

そして、全国のご支援いただいた皆さんにこころから感謝するとともに、原発のない国を築いて次世代に託してほしいと願ってやみません。

あとがき

福島県二本松市にある二本松城（霞ヶ城址）には、「戒石銘」とよばれる石碑があります。二本松藩の五代藩主・丹羽高寛《たかひろ》が儒学者・岩井田昨非《いわいださくひ》の進言にしたがって建立したもののことです。

爾俸爾禄　爾《なんじ》の俸《ほう》　爾《なんじ》の禄《ろく》は
民膏民脂　民の膏《こう》　民の脂《し》なり
下民虐易　下民《かみん》は虐《しいた》げ易きも
上天欺難　上天《じょうてん》は欺《あざむ》き難《がた》し
寛延己巳之年春三月

「戒石銘」とよばれる石の碑文は、かつて中国各地の城市に建立され、民の政治をおこなう者の「戒」が記されてきた。逆にいえば、官僚の政治は、それだけ虚偽が多く、手垢にまみれていたのかもしれません。しかし、幕末、二本松藩の士族の志は、きわめて高かった。

私は士族の家筋ではないし、ここでいわれる言葉でいえば、「下民」の一人です。しかし、公務員を生涯の職（禄）として来た時に、果たすべき教訓がここに示されていると思ってきました。

そして、「不言実行＝有言実行」、まずは黙々と行動することが、私の生きてきた志でした。孔子の『論語』

に、「巧言令色、鮮矣仁」（巧言令色、仁《じん》、鮮《すくな》し）という言葉があります。ことば巧みに表情をとりつくろっている人には、かえって仁の心が欠けている、の意です。まことに、このような人の心の貧しさをもって、「上《じょう》天《てん》」を欺《あざむ》くことなど許せません。

人を誑《たぶら》かし、自分の欲につきている人が、現在の政治家をはじめ、行政にかかわり権力者を掌握していると信じている人々のうちに、いかにおりますことか。

先ごろの原発事故にかかわる東京地裁の判決は、当事者たる経営者には責任が無いというのは、誰の眼にも納得できないものであり、日本の法律の不備と政治の堕落を示しています。大きな課題となるものでしょう。

未来の人々に負の遺産を残さないために、今この時期に、はっきりとした司法判断を示してほしいし、世界に恥じない豊かな人間性を培い養うためにも、真にまっとうな法の姿が整備されることを、心から希望してやみません。

令和元年一〇月

菅野　哲

巻末資料●申立準備書面３
「避難慰謝料・生活破壊慰謝料について」

平成２６年（東）第４６０８号和解仲介手続き申立事件
申立人長谷川健一ほか２７６９名
被申立人東京電力株式会社

避難慰謝料・生活破壊慰謝料について
２０１５年4月１４日
原子力損害賠償紛争解決センター御中

申立人ら代理人弁護士河合弘之
同弁護士保田行雄
同弁護士海渡雄一
ほか９２名

第１　本書面の概要

本書面は，申立人らの避難慰謝料，生活破壊慰謝料について主張するものである。

この点について，相手方の答弁書では，中間指針，政府賠償方針の内容を述べ，これらに応じられないとしているだけである。

しかし，相手方は，本件原発事故と相当因果関係のある損害に対しては，賠償しなければならない。中間指針や政府賠償方針は，何ら法的拘束力を持つものでないことは言うまでもない。しかも，中間指針は，申立書第６の２で述べたとおり，賠償対象や賠償額などの制限を示したものではない。

そこで，以下，申立人らが侵害された被侵害利益について，包括的生活利益としての平穏生活権の侵害という観点から詳述する（第２及び第３）。次に，申立人ら原発事故被害者の被った精神的苦痛について，医学・心理学・社会学の見地から，研究，調査が進展しているので，その概要を述べる（第４）。そして，避難慰謝料及び生活破壊慰謝料について，その位置づけ，申立人らが主張する金額の正当性について述べる（第５）。

第２　被侵害利益（包括的生活利益としての平穏生活権）について

１　本件原発事故で失った利益とその把握方法

(1) 本件原発事故で被害者が失ったもの

本件原発事故により，申立人ら原発事故被害者は，これまでの生活そのものを失った。

申立人らは，居住する場所を選択し，その地域で，家庭を築き，また，学校，職場，地域社会などを通じて様々な人間関係を築くことにより各種の共同体を形成し，それらの共同体（物的施設等も含む。例えば，家族という共同体の構成要素である自宅など）から多くの利益を受けて生活している。

申立人らは，本件原発事故前，地域における大気中の放射性物質の空間線量を気にすることなく，自宅周辺の放射線量を気にすることなく，海産物，農作物から検出される放射性物質を気にすることなく，被ばくによる健康状態を気にすることなく，自然豊かな地域で，家族・地域と繋がり，共同体を形成してきた。申立人らは，自ら選んだ土地に家を建て，密接な人間関係の下で職業を選んで生計を立て，栽培した野菜や果物を近隣の住民と交換しあい，近隣住民や近くに居住している親戚等の協力を得て子育てを行うなど，平穏で安全な日常的社会生活を送り，人間関係・地位・財産・習慣や思い出等を築きあげてきた。

本件原発事故は，申立人らのこのような「原発事故前の生活」そのものを，根底から破壊した。日々の生活の中で放射線量を意識せざるを得ない生活を余儀なくされ，個々人が築き上げてきた人間関係，地位，財産，習慣や思い出等の様々な要素から，被害者を引き離し，そして分断したのである。

本件原発事故によって破壊されたものは，被害者の日常生活，社会生活関係の全てである。そして，これらは，残念ながら，決して，以前と同じような状態を取り戻すことはできないのである。

(2) 各種共同体から享受する利益への侵害

このような地域社会など各種共同体から享受する利益が侵害された場合，これまでは，個々の利益ごとに個別に観念されていたように思われる。

しかし，それは，侵害された利益が部分的であったりするため，その部分的な被害が回復されれば，地域社会など各種共同体の機能が回復し得たからに他ならない。ところが，本件原発事故のように極めて強大な脅威により，地域社会など各種共同体から享受する利益が全て，あるいはその多くの部分が同時に侵害された場合，個別の利益を分析的に把握することは実態に副わない。なぜなら，これらの利益の全て，あるいはその多くの部分が同時に侵害されてしまうと，個々の利益の侵害に止まらず，そもそも日常生活が成り立たなくなり，あるいは，日常生活そのものに深刻な支障を生じてしまうからである。

そのダメージの深刻さは，個々の利益の侵害を個別に評価してそれを合算した場合とは比較にならない程重大なものであり，従来の定形的被害類型を想定してたてられた個別の損害項目では，被害者に生じた差（加害行為がなかったとしたならばあるべ

き利益状態と，加害がなされた現在の利益状態の差）を的確に表現することができず，既存の損害項目とこれに対応する金額を積み上げただけでは差額を十分に捕捉することはできない。また，従前の被害類型を想定して建てられた個別の損害項目と同じ名目の損害項目を，本件事故の損害において用いたときは，生活の総体・事業活動の総体を破壊する権利・法益侵害であるという要素が反映されずに金銭評価がされるおそれがあるといえる。

そこで，このように各種の共同体から受けている利益の全て，あるいはその多くの部分を同時に侵害された場合には，これらの利益を総体的に捉える必要がある。

換言すれば，本件事故により，人が人として生きる基本的な権利が総じて侵害されているものであり，様々な法益が複合的かつ相互に関連し，影響し合っていることが考慮されなければならず，被侵害利益を個別かつ相互に切り離し分類することは，その被侵害利益を正しく把握できないことになるし，そもそも不可能であるというべきである。

この点，原発事故後，被害調査を行い被害・損害論の研究を進めている研究者である吉村良一立命館大学教授は，「個別利益の適切な賠償がなされるとしても，それによって被害の総体の補償がなされるわけではない。被害住民は，多様な（個々的に取り出すことが容易ではない）被害を総体として蒙っているのである。「ふるさとの喪失」がもたらした精神的損害や，放射線曝露による将来的な健康被害への恐れ，さらには，放射線被害への対応の差からくる家庭内に生じた問題等もあろう。重大な被害をひき起こした原因者に対する住民らの怒りといった要素も無視できない。」と述べている（甲共３７：吉村良一「福島第原発事故被害の救済」法律時報８５巻１０号６０頁以下）。

2　包括的利益としての平穏生活権の意義

申立人らの被侵害利益は，様々な法益が複合的かつ相互に関連し，影響し合っているものと言うべきであるから，むしろ被侵害利益については，これらの中心的な諸要素を含んだ，憲法２２条１項，憲法１３条に由来する包括的な人格権そのものというべきである。

すなわち，「包括的生活利益としての平穏生活権」とは，申立人らが居住していた地域において平穏で安全な日常的社会生活を送ることができる生活利益そのものであり，居住・移転の自由，平穏生活権，人格発達権，内心の静穏な感情を害されない利益をも包摂したものである。

この点，吉村教授と同様，被害調査を行い被害・損害論の研究を進めている研究者である淡路剛久立教大学名誉教授は，原発事故による被侵害利益について「未曽有の本件原発事故によって侵害された被害者のもっとも基本的な権利法益はなんだろう

か。この点を避難中の被害者に問えば，躊躇なく「地域での元の生活を根底からまるごと奪われたこと」，「家族離散による生活の破壊」，「故郷を失ったこと」などと答えられるであろう。…原発事故によって侵害され破壊されたのは，根本的には日常生活そのものであり，そこから様々な具体的な損害が生じる。…平穏な日常生活を営む権利は，原賠法によって保護されるべき保護法益（自由権，生存権，居住権，人格権，財産権を含む）であり，「包括的生活利益としての平穏生活権」（包括的平穏生活権）と呼ぶことができる。」としている（甲共３８：淡路剛久「『包括的生活利益としての平穏生活権』の侵害と救済」法律時報８６巻４号９７頁以下）

そして，淡路剛久教授は，「包括的生活利益としての平穏生活権」に内包される「故郷（ふるさと），コミュニティから享受する利益」について，以下の分析をしている。すなわち，「地域，コミュニティの機能とは，第１に生活費代替機能（野菜の交換等をいう），第２に，相互扶助・共助・福祉機能（複数世代家族内，集落共同体内で互いに面倒を見ること等をいう），第３に行政代替・補完機能（「区」を中心とする活動等をいう），第４に，人格発展機能（子供の成長，地域の交流等），第５に，環境保全・維持機能（里山の維持・管理等）であり，これらの機能を個々人が享受する利益の侵害が，本件における被侵害利益の重要な部分である」としている（甲共３９：淡路剛久「福島原発賠償の法理をどう考えるか」環境と公害４３巻２号２頁以下）。

3　包括的生活利益としての平穏生活権の特徴

(1) 各種権利が包摂されていること

包括的生活利益としての平穏生活権は，上記２で述べたとおり，申立人らが居住していた地域において平穏で安全な日常的社会生活を送ることができる生活利益そのものであることから，各種の権利を包摂するものである。

この点，淡路剛久教授は，精神的平穏が侵害された場合に精神的人格権が，生命・身体に被害をこうむるのではないかという深刻なおそれ・危惧によって人格権が侵害された場合に身体的人格権に接続した平穏生活権が，それぞれ侵害されるとした上で，「本件原子力事故（「・・・作用等」）によって侵害された法益は，地域において平穏な日常生活を送ることができる生活利益そのものであることから，生存権，身体的・精神的人格権―そこには身体権に接続した平穏生活権も含まれる―及び財産権を包摂した」ものであると分析されている。（甲共３９：淡路剛久「福島原発賠償の法理をどう考えるか」環境と公害４３巻２号２頁以下）

そして，淡路剛久教授の分析によれば，本件原発事故における被害の特徴について，次のように分析している。

すなわち，①放射線被ばくの恐怖感・深刻な危惧感を覚えたこと，②避難所・仮設

住宅・その他仮住まい等で避難生活を余儀なくされ，帰還できない間の精神的損害を受けたこと，③本件事故前に居住していた地域社会に戻れないことによる土地・家屋に関わる損害を受けたこと，④地域生活の破壊と損失の損害を受けたこと⑤純粋な環境損害（生態的損害ないしエコロジカル損害）を受けたこと，である。（甲共３９：淡路剛久「福島原発賠償の法理をどう考えるか」環境と公害４３巻２号２頁以下）

もちろん，申立人らの被侵害利益は，これらに留まるものではないが，申立人らが侵害された包括的生活利益としての平穏生活権を考えるにあたっては上記観点が重要である。

(2) 原状回復するまで侵害が続くこと

包括的生活利益としての平穏生活権に対する侵害は，金銭賠償措置も含めた原状回復が行われるまでの間，継続しているものと考えなければならない。なぜなら，平穏に日常生活を送ることは，憲法第１３条等から当然に導かれるべき人格権的な利益であり，必ず原状回復がされなければならないからである。包括的生活利益としての平穏生活権は，それが侵害されている間は，日常生活においてきわめて深刻な負担が続いているのであり，必ずそこからの回復が図られなければならない。したがって，包括的生活利益としての平穏生活権は，侵害された時点でその権利が消滅して後は金銭賠償が図られるという性質の権利ではなく，原状回復がなされるまでは権利侵害が継続する性質の権利ということができる。

(3) 原状回復までに長時間を要すること

包括的生活利益としての平穏生活権は，共同体等から享受する利益が同時に丸ごと奪われるような場合に侵害されるものであるから，これを侵害する脅威は，本件事故のように非常に強大かつ広域に及ぶものである。

また，包括的生活利益としての平穏生活権は地域社会から享受する利益を重要な一部としているところ，地域社会は，特定の地域において日々の生活の積み重ねによって形成されたものであるため，その地域での再生を希求する性質がある。

そのため，包括的生活利益としての平穏生活権の原状回復は，広範な地域の再生，復興と密接に関連するため，必然的に原状回復までに長時間を要することになる。本件事故においては，その被害の大きさ，特徴等に照らすと，原状回復はほぼ不可能であるといわざるをえない。

4　裁判例

申立人らが主張する「包括的生活利益としての平穏生活権」に近い考えを示した

判決として，ハンセン病訴訟熊本地裁判決（熊本地裁平成１３年5月１１日判決・判時１７４８号３０頁）が挙げられる。

同判決は，隔離政策によって隔離された場合の被侵害利益に関して，以下のように判示している。

「憲法２２条１項は，何人も，公共の福祉に反しない限り，居住・移転の自由を有すると規定している。この居住・移転の自由は，経済的自由の一環をなすものであるとともに，奴隷的拘束等の禁止を定めた憲法１８条よりも広い意味での人身の自由としての側面を持つ。のみならず，自己の選択するところに従い社会の様々な事物に触れ，人と接しコミュニケートすることは，人が人として生存する上で決定的重要性を有することであって，居住・移転の自由は，これに不可欠の前提というべきものである。」

「法の隔離規定によってもたらされる人権の制限は，居住・移転の自由という枠内で的確に把握し得るものではない。ハンセン病患者の隔離は，通常極めて長期間にわたるが，たとえ数年程度に終わる場合であっても，当該患者の人生に決定的に重大な影響を与える。ある者は，学業の中断を余儀なくされ，ある者は，職を失い，あるいは思い描いていた職業に就く機会を奪われ，ある者は，結婚し，家庭を築き，子どもを産み育てる機会を失い，あるいは家族との触れ合いの中で人生を送ることを著しく制限される。その影響の現れ方は，その患者ごとに様々であるが，いずれにしても，人として当然に持っているはずの人生のありとあらゆる発展可能性が大きく損なわれるのであり，その人権の制限は，人としての社会生活全般にわたるものである。このような人権制限の実態は，単に居住・移転の自由の制限ということで正当には評価し尽くせず，より広く憲法１３条に根拠を有する人格権そのものに対するものととらえるのが相当である。」

ハンセン病訴訟事件における被害者らは，法の隔離規定によって，生活の本拠を奪われ，それによって「人生のありとあらゆる発展可能性」が大きく損なわれ，「人としての社会生活全般」を失われたというものである。

国による隔離政策がなされたハンセン病のケースと本件を同一視することはできないとしても，本件申立人らもまた，元居住地において，本件原発事故前の生活利益，社会生活関係を維持するといった意味で「平穏な生活を営むことができなくなった」「住むことができなくなった」ものであり，その被侵害利益は共通しており，「被害の広範性，継続性，長期性，深刻性，全面性，地域社会と生活の根底からの破壊」といった特徴，さらにはそのような被害が国策によってもたされたという点においても共通するものということができる。

5　包括的生活利益としての平穏生活権の内容

(1) 居住・移転の自由の意義及び重要性

①居住・移転の自由の重要性（精神的自由権や人格権の基礎であること）

居住・移転の自由（憲法２２条１項）とは，言うまでもなく，自己の欲する地に住所または居所を定め，あるいはそれを変更する自由，および自己の意に反して居住地を変更されることのない自由を意味する。

この居住・移転の自由は，単に経済的自由としての性格のみならず，人身の自由とも密接に関連し，表現の自由（意思伝達・意思交換など，知的な接触を得るための移動），人格形成の自由といった多面的複合的性格を有する権利として理解されている（芦部信喜（髙橋和之補訂）『憲法』第５版２２２頁，野中俊彦ほか『憲法Ⅰ』第５版４５８頁）。また，「居所を自由に定めたり，自由に移転して他者とコミュニケーションをとることは，精神的活動と人格形成にとって必須の前提である」とされ，「居住・移転の自由は，精神的自由権や人格権の基礎」「人間が生きる基盤そのもの」としても理解されている（杉原泰雄編『新版体系憲法辞典』５６７頁，佐藤幸治『日本国憲法論』２９６頁）。

このような考え方は，例えば，ハンセン病訴訟熊本地裁判決でも「居住・移転の自由は，経済的自由の一環をなすものであるとともに，奴隷的拘束等の禁止を定めた憲法１８条よりも広い意味での人身の自由としての側面を持つ。のみならず，自己の選択するところに従い社会の様々な事物に触れ，人と接しコミュニケートすることは，人が人として生存する上で決定的重要性を有することであって，居住･移転の自由は，これに不可欠の前提というべき」とし，その趣旨が反映されている。

②権利侵害の実態

本件原発事故によって，ある者は，自身の故郷又は愛着のある場所であって今後住み続けることを希望していた場所である福島県及びその周辺地域から離れ，本来であれば住むことも希望せず，必要もない場所である避難先での苦しい生活を強いられている。また，ある者は，家族と共に放射性物質に汚染された福島県及びその周辺を離れ，別の場所で生活することを希望するにもかかわらず，仕事や親族など様々な事情から，避難することができずに，地元に滞在せざるを得なかった。

このようにいずれにしても，「住みたい場所」に居住することができなくなったという意味において，居住・移転の自由を等しく侵害されているものである。

こうした被害実態からすれば，本件において，申立人らが侵害された「居住・移転の自由」の意義は，避難した者については，「放射能汚染といった影響から，自己の意に反して居住地を変更されないこと」を意味し，滞在者については，「放射能汚染のない地域に居住すること」である。そして，これらの自由の侵害は，精神的自由権や人格権の侵害の原因となる行為であり，特に重要視されなければならない。

(2) 人格権の意義及び重要性（放射能汚染のない環境下で生命・身体を脅かされず生活する権利，人格発達権，内心の静穏な感情を害されない利益を含む）

①放射能汚染のない環境下で生命・身体を脅かされず生活する権利の意義及び重要性

これまでの裁判例において，いわゆる「人格権」の一種として，平穏で安全な生活を営む権利（平穏生活権）が認められてきた。

例えば，騒音被害に関わる事例（横田基地騒音訴訟控訴審判決：東京高判昭和６２年７月１５日判時１２４５号３頁）においては「人は，人格権の一種として，平穏権とで安全な生活を営む権利（以下，仮に，平穏生活権又は単に生活権と呼ぶ。）を有して」おり，騒音・振動等はこの平穏生活権に対する民法７０９条所定の侵害であり，また，この権利は，「物上請求権と同質の権利として」差止の根拠となり得る「排他性」を有するとしている。

また，廃棄物処分場の差止事例（仙台地決平成４年２月２８日判時１４２９号１０９頁）においては「人は，生存していくのに飲用水の確保が不可欠であり，かつ，確保した水が健康を損なうようなものであれば，これも生命或いは身体の完全性を害するから，人格権としての身体権の一環として，質量共に共存・健康を損なうことのない水を確保する権利があると解される」とされている。

なお，こうした判決等で認められている「平穏生活権」は，申立人が主張する「包括的生活利益としての平穏生活権」の一部を構成する。また，同時に，一部を構成するものにすぎないことに留意される必要がある。

申立人らが主張する「放射能汚染のない環境下で生命・身体を脅かされず生活する権利」は，横田基地訴訟等が問題とする生命，身体を法的保護の対象とする身体権（騒音等による不快感や睡眠妨害）そのものにとどまるものではなく，生命，身体に対する侵害の危険から引き起こされる危険感，不安感によって精神的平穏や平穏な生活を侵害されない人格権（身体権に直結した精神的人格権）を包括したものであるからである。

②人格発達権の意義及び重要性

申立書で述べた通り，人間は，幼少期から青年期，壮年期を経て老年期に至るまで，人や環境との接触・交流を通じて変化し発達していくものである。子どもはコミュニティの中で大人や友達から学び，青年期にはそうした場を家庭や学校のみならず職場や趣味の場にもつことができる。さらに成長すれば社会的役割にも変化が生じ，様々な社会的貢献をするとともに，結婚・出産があれば新しい命を育み，家族と地域に新しい構成員が生まれる。そして壮年期・老年期になれば自らの家庭や地域での蓄積を次世代の者に引き継ぐ。そこには地域の恵みがあり，地域の職場があり，学びの場や遊びの場もある。これらの過程で人は心身の健康を得，時として葛藤もあるが，それ

自体が発達のための重要な過程でもある。こうした営みは，地域コミュニティの中で生きているからこそのものであり，何物にも替え難いものである。このように，人は生を受けてから死に至るまで，自己実現のために，あらゆる発達可能性を持ちながら生きていくものである。

このような人格発達権については，基本的人権の各則としては，居住・移転・職業選択の自由（憲法２２条１項），財産権（憲法２９条１項），生存権（憲法２５条１項），家族生活における個人の尊厳（憲法２４条），教育を受ける権利（憲法２６条１項），勤労の権利（憲法２７条），さらには子どもの権利条約６条２項，９条１項本文，２４条，２８条によって保障される各権利と位置づけることが可能であるが，これらの人権を多面的複合的に制約されることは，単に個別的な人権を侵害したにとどまらず，人格発達権を侵害したものと評価することができる。

この人格発達権の侵害の重要な要素又は態様として，「地域コミュニティの喪失ないしは変容」があげられる。そこでは，地域コミュニティが果たしていた法的利益の実態が考慮されるべきである。

申立人らが主張する人格発達権は，これまでの生活基盤，社会生活関係すべてから得られる利益そのものであって，かかる人格発達権が侵害された場合，人が個人として成長，発達している全ての局面，すなわちその者の人生において多大な困難を強いられることになるものであって，人格権の中でも重要な権利として把握されるべきものである。

③内心の静穏な感情を害されない利益の意義及び重要性

原発事故被害者らは，本件原発事故によって，単なる不安感や焦燥感が内心に生じたというにとどまらず，その生活基盤が根本から破壊されたため，様々な複合的な被害をうけ，それによって内心の静穏が害されている。すなわち，非常に多様かつ複雑な問題を現実に突き付けられ，平穏な日常生活を脅かされ，人生設計をも左右する状況と背中合わせに生じている不安や焦燥を抱いているのである。

本件における内心の静穏な感情を害されない利益に対する侵害は，広範囲にわたる放射性物質による環境汚染に特有のものであって，本件加害行為の特性に照らせば，特に重視されるべき利益である。

かかる内心の静穏な感情に対する侵害は，「包括的生活利益として平穏生活権」の一部分として理解することができる。すなわち，人格権については，上記のとおり，生命，身体，健康などの身体的側面を保護する人格権（身体的人格権あるいは身体権）と，精神や自由など精神的側面の保護を目的とする人格権（精神的人格権）があると解され，法的保護の程度（あるいはその確立の程度）には違いがみられるところ，本件における内心の静穏な感情に対する侵害は単なる「不安や焦燥」といった感情が生じたという程度のものではなく，「放射性物質の身体に対する影響がないとはいえないこと」か

らくるものであって，生命，身体，健康などの身体的側面を保護する人格権の侵害の結果としての内心の静穏な感情に対する侵害にほかならないことに留意されるべきである。

(3) 小括

このように，包括的生活利益としての平穏生活権とは，申立人らの居住，移転の自由及び人格権（放射能汚染のない環境下で生命・身体を脅かされず生活する権利，人格発達権，内心の静穏な感情を害されない利益を含む）を包摂するものであり，かかる平穏生活権が申立人らの被侵害利益として捉えられるべきである。

第３　相手方らの行為による具体的な被侵害利益の侵害

1　はじめに

申立人らは，「包括的生活利益としての平穏生活権」を侵害されたことによって，これまで放射性物質による影響を受けることのなかった日常生活及び社会生活関係そのものを失い，それによって日常的かつ恒久的に生活不穏ないしは健康不安を抱くといった被害に曝されて生きていかなければならなくなったものであり，その喪失感，不安感，危惧感といった精神的損害の程度は極めて甚大であり深刻でもある。

これらの精神的損害は，上記「包括的生活利益としての平穏生活権」を侵害されたことによって生じた損害であり，本件において申立人らが主張する「損害」は各申立人らの精神的損害である。

なお，以下，述べる侵害態様もその一部分を述べたものにしか過ぎない。今後，申立人らの報告書や各種調査・研究などを通じて，詳細に述べていく。

2　具体的な侵害態様

(1) 苛烈な避難生活

①飯舘村民の避難生活に至る状況

飯舘村民は，原発事故後の早期に栃木県鹿沼市への「集団自主避難」をしたり，親戚などの家に避難したりした者もいる。また，多くの村民は，放射能汚染に関して情報が伝わらなかった上に「専門家」たちの講演等の影響により，そのまま村内に留まってしまい，計画的避難区域に指定されて以降になって応急仮設住宅等に避難している。そして，現在もこうした状態が続いている。

②人間の尊厳を損なう避難所での生活

原発事故発生後，初期の段階で避難した１次避難所の多くは，公共の施設や催事場のフロアであった。

ほとんどの１次避難所では，広いフロアや部屋に複数の避難世帯が雑居を余儀なくされ，避難世帯相互を隔てる仕切りは十分に設置されず，プライバシーはないも同然であった。女性の着替える場所に事欠く避難所も少なくなく，衆人環視の中で下着姿にならざるをえないこともあった。

特に，本件原発事故発生直後は，物資不足と交通インフラのマヒのため，食料も十分に供給されない避難所が少なくなかった。

そして，避難者のなかには，１次避難所から，応急仮設住宅（みなし仮設住宅[註1]も含む）に速やかに入居することができず，１次避難所から抜け出せなかったり，ホテル・旅館などの２次避難所へ移動したりするケースも見られた。

２次避難所のホテル・旅館では，プライバシーはある程度保たれるようになり，概ね温かい食事が出るなどの改善がなされた。しかし，家族で避難している者にとっては居住スペースとしては狭すぎ，食事についてもメニューや時間に制限があって高齢者や乳幼児には十分に対応できなかったところが多く，避難先の都合で居室もしばしば移動させられることがあるなど，生活上の不自由や苦痛は大幅に改善されたとはいいがたい状況であった。

③不自由，不安な応急仮設住宅での生活

現在，申立人らの多くは，応急仮設住宅に入居している。しかし，入居するに際しても，日常生活を送るに必要な生活用品や家具，電化製品などが足りないケースなどが多数あった。

応急仮設住宅でも，避難者らは落ち着かない生活を余儀なくされている。広い敷地内の家屋に居住していた避難者らには，隣や上下階の騒音が気になったり，自らの生活で音を出さないように気をつけたりするという慣れない生活を強いられている。

また，応急仮設住宅においては，近隣の居住者が避難者とは限らない。そのため，避難者向けの支援の情報が届かず，孤立している状態の避難者もいる。特に，民間借上げ住宅に居住する避難者は，各地に分散していることから，避難前の集落，行政区等によるつながりを保つことも困難となっているケースも見られる。

④期限を定められた応急仮設住宅の供与期間

飯舘村民の多くが居住している「応急仮設住宅」は，災害救助法によって供給されている。しかし，同法による応急仮設住宅の供与期間は，現在単年度毎に更新されており，現在，その供与期間は「平成２８年３月末まで」と期限が設定されている。

このまま平成２８年に供与期間が終了となってしまえば，生活再建がままならない状況で，応急仮設住宅からの退去を余儀なくされかねないことになる。

註１　応急仮設住宅扱いの公営住宅，公務員宿舎または民間借上げ住宅（民間の賃貸住宅を都道府県が借り上げて災害救助法上の応急仮設住宅として避難者に提供する住宅。）などのこと

(2) 馴染みある風土や慣習の中での生活の喪失

飯舘村民は，申立書の申立の理由第２で述べたように，自然の恵みを享受し，家庭のみならず，組・班・行政区などといった地域，学校，職場などで，様々な人間関係を形成し，行事や祭りなどを通じて，仲良く助け合って生活をしてきた。本件原発事故により，こうした飯舘村の自然と一体化していた個人的あるいは社会的・文化的な諸活動（山菜・キノコ採りなどの日常的営為のほか，祭事などの非日常的営為なども含む。）も失ってしまった。

(3) 家族・親族の分断

申立人らの避難先である応急仮設住宅等は，飯舘村の自宅に比べれば，はるかに狭い。そのため，本件原発事故前には，親族が二世帯，三世帯，それ以上が同居して生活していたのが，別々の応急仮設住宅での生活を余儀なくされるようになってしまった。

こうした二重・三重生活は，申立人らの生活費を増加させる要因となっていることは，もちろん，例えば，別居により，従前同居して行っていた高齢親の介護の負担が大きくなるなど，様々な面で申立人らの負担を高めることになった。

また，仲むつまじく和気藹々と生活していた家族関係に対しても大きな打撃を及ぼしているケースも少なくない。

(4) 生活基盤の崩壊

申立人らは，避難に伴って，それまでの仕事を失い，その生活基盤を崩壊させられたケースも少なくない。

避難者にとって，仕事を失ったということは，収入を失うという財産的な損害にとどまるものではない。自らがやりがいや誇りを持って行っていた仕事を奪われたこと，それを再開することの難しさ，就労先における人間関係からの分断などによって避難者が受けている喪失感は計りしれない。

飯舘村民の多くは，本件原発事故以前には，農家か否にかかわらず，自家費用として米や野菜などの農作物を栽培したり，近所・親戚などで交換しあったりなどしていた。しかし，本件原発事故により，そうしたことが出来なくなり，あらゆる食品を購入せざる得なくなった。また，飯舘村内の自宅を維持するために定期的に一時帰宅している者も多く，その交通手段としての車のガソリン代も相当かかっている。こうした原発事故前には，通常支出する必要がなかった分についての生活費の増加があり，飯舘村民の家計を苦しめている。

(5) 放射線被ばくに対する生涯の不安

本件原発事故自体がおよそ収束したとは言えず，除染計画も進まない中，この放射能汚染を危惧して避難した飯舘村民にとって飯舘村が帰還で決める状態になる見通しはたたないままである。

健康被害への不安という面においては，既に受けた放射線被ばくによる健康影響への恐怖・不安は生涯にわたる永続的なものである。特に，子どもの甲状腺異常，甲状腺ガンなどの報告事例などもあり，こうした恐怖・不安は，日を追うごとに軽減されることなく，強くなっている。

このように飯舘村民は，生活面，健康面において先行きと見通しの持てない極めて長期間の継続した不安に晒されている。

(6) 子どもたちの受けた被害

本件原発事故は，子どもたちにも，特有の被害を与えている。

子どもたちは，避難に伴って，多感な時期に，学校の同級生や先輩，教職員らをはじめとする人間関係から突然別離させられた。また，環境の急激な変化などから心身不調を訴える子どもも少なくない。さらに，避難によって家族との別離を強いられた子ども多くは，家族間の交流機会までも奪われている。

(7) 帰還が困難となっていること

飯舘村民が飯舘村への帰還を望んだとしても，除染が完全に行われ，飯舘村におけるインフラ整備が整わない限り，安心して帰還することができる状況にはない。しかし，山林・農地の除染が困難なことは，既に申立書で述べたところである。また，若年層の村民の大半が帰還できる状況にはないと考えており，一部の村民のみで飯舘村に戻ることも困難である。

飯舘村での元の生活はもはや不可能なのである。

(8) 避難生活の長期化に伴う心身状態の悪化

こうした避難生活の長期化は，申立書第５で述べたように飯舘村民の心身の悪化を招いている。最悪なケースでは，自ら命を絶ったり，病気になり又は持病を悪化させて死に至ったりするケースもあるほどである。そこまで至らなくとも，申立人らの多くが体調を崩し，また，避難生活のストレスや荒廃した飯舘村の現状を目の当たりにして強い精神的打撃を受けている。

4　小括

以上に述べたとおり，申立人らは，本件原発事故によって，包括的生活利益としての平穏生活権（ここには居住・移転の自由，人格権（放射能汚染のない環境下で生命・身体を脅かされず生活する権利），人格発達権，内心の静穏な感情に対する侵害を含む）を侵害された。

その結果，飯舘村民は，滞在した者も，これまで誰も経験したことのない多大な精神的苦痛を被ったものである。この精神的苦痛という損害は，元の日常生活が一次的に阻害された精神的苦痛や，避難生活に伴う精神的苦痛なども含まれるものの，それのみによって評価し尽すことができないものである。

かかる精神的苦痛を金銭的評価する場合，従来の交通事故方式や，公害方式の判断要素のみならず，包括的生活利益を侵害された点を重視し，各別月額算定方式などの既存の考え方ではなく，損害をあるがままに把握した上で，加害行為の悪質性，被害の程度等を総合考慮するべきである。

そして，本件においては，相手方らの注意義務違反の程度及び申立人らの被侵害利益が回復不能なまでに侵害されていること，さらには，既に本件原発事故から４年以上経過していることが重視されるべきである。

第５　原発事故被害における精神的苦痛について

1　はじめに

本件申立における被害は，多岐にわたっている。とりわけ，原発被害に伴う様々な被害による精神的苦痛は，被害･損害を検討していく上で，極めて重要な要素である。そこで，本書面では，以下，精神的損害を基礎づける各種文献・調査結果に基づいて，その特徴，被害の深刻性について述べる。

2　災害被災者のストレスの特徴

これまで，自然災害を被った住民の精神的ストレスについて報告例がいくつもある。本件原発事故は，人的災害であるが，被災者としての精神的ストレスの程度・内容等については，自然災害と大きく変わらない。

例えば，雲仙普賢岳噴火災害を用いた報告例（甲共４０：太田保之（長崎大学医学部）ほか『災害ストレスと心のケア－雲仙普賢岳噴火災害を起点に－』医歯薬出版（１９９６））では，災害に直面した住民の精神状態について，

「同一系列の心的外傷が類似の反応を引き起こすわけではなく，精神的に不安定というレベルで留まる被災住民もおれば，神経症的症状や心身症的症状を呈する被災住民もおり，時には錯乱状態に陥る被災住民もいる。災害は生命や財産を突発的に脅か

す事態をもたらすため，人間の最も強靭な側面と最も脆弱な側面を同時にさらけ出させてしまう。その結果，露呈する心理・精神医学的状態は複雑な様相を帯びることになる。」と述べている（甲共４０：１５頁）。

また，避難者の精神状態は，時系列的に，「警戒期」，「衝撃期」，「ハネムーン期」，「幻滅期」，「再適応期」と分類されるが，最も深刻なのは，「幻滅期」である。そして，幻滅期の特徴について，同報告は，「（しかし，）家庭内の軋轢や家族離散に関係した精神的問題を呈した事例は次第に多くなり，被災前のほどよい距離感のあった人間関係が仮設住宅で破綻したことをうかがわせた。起こり得る問題は，家族内や隣人間の対人的緊張関係の増加に留まらない。避難生活に多少の落ち着きが見え始め，被災住民が壊滅的な現実と直面する頃になると，財力の有無や個人的ネットワークの強弱などによって，持てる者と持たざる者の差が現れ，それを歴然と実感させられるようになる。・・・（中略）・・・やがて，被災住民の声を反映しない復興計画や融通のきかない法律が被災住民の気持ちを，さらに幻滅へと追い込んでいく。このように，災害ストレスは時間経過と共に姿かたちを変えて現れることに気づく必要がある。アルメロの火山噴火被災住民を追跡調査したリマらによると，落胆，疑惑，憎悪などの陰性感落胆，疑惑，憎悪などの陰性感情を伴った幻滅期が６カ月後から始まり，約２４～３６カ月間継続したと報告している。パーカーは，被災初期の精神医学的問題は死や重度の受傷など生命に対する脅威に曝されたことからくるストレスに原因し，中期の精神医学的問題は避難生活などの環境の変化に対する再適応に関連したストレスへの反応としている。住み慣れた家や土地から離れて避難生活を送ることに伴うストレス要因には，次のようなものが含まれる。（１）人間の尊厳性の喪失と他者への依存，（２）不慣れで不便な臨時の住居，（３）馴染みのない近隣と住み場所，（４）近隣関係と社会的ネットワークの喪失，（５）公共サービスの欠如，（６）住居・住所の恒常性への不安，（７）復旧段階での行政・官僚との軋轢，（８）接死・臨死体験，生き残り，悲観など災害性心傷による持続的な精神ストレス，（９）被災・立ち退きによる仕事，余暇，教育，その他日常的な生活の多様な変化，（１０）上記のすべてに起因する持続的または新たな家庭内の緊張，などである。」と述べている（甲共４０：２０頁）。

さらに，同報告は，災害後の精神医学的問題（特にうつ状態）について，
「生きる心の支えは，家，仕事，財産，名誉，地域的役割，家族的役割，家族や友人，思い出などさまざまであるが，それらを失うことを喪失体験と呼び，うつ病発病の状況因として知られている。地域住民の多くにこの種の体験を強いる災害は当然，うつ病発病の母地となりうる。自験例をみても，ＰＴＳＤ，身体化障害，精神病性障害，アルコール依存，行為障害などの背景には災害による状況因性のうつ状態が絡んでいたように思われる。診断分類上の多彩さは，災害前の生い立ち，暮らしのあり方，家

族関係，性格，持病などの個人的要因や被害の種類，程度，避難生活の長さなど環境要因によって異なる症状や兆候の表出がみられているだけあって，その根幹はうつ状態と考えられる。」と述べている（甲共４０：１４６頁）。

このように，災害によって長期の避難生活を余儀なくされた住民は，「幻滅期」と称される過酷な精神状態におかれることになる。本件原発事故によって避難生活を余儀なくされた申立人らも，まさに同様な過酷な精神状態に置かれているのである。

3　原発事故による精神的ストレスの特異性

災害によって人々が受ける精神的ストレスの中でも，原子力災害によって人々が受ける精神的ストレスは特異的なものであり，本件原発事故による精神的ストレスは，より一層特異的なものである。これらについて，精神科医や心理学者は，次のように分析している。

（1）井上弘寿（自治医科大学精神医学）『福島原発事故を契機に強迫性障害を発症した自閉症スペクトラムの１症例』臨床精神医学 Vol.41，No.9，1217-1225（甲共４１）

「（原子力災害の一般的な６つの特徴）

①放射能は目に見えず，感知器なしに検知することはできない。したがって，被ばくの可能性のある状況では，被ばくしたかどうかは感覚的にはわからないため，疑心暗鬼を生むことになる。

②遺伝子への影響が懸念される。スリーマイル島原発事故やチェルノブイリ原発事故に関する研究において，遺伝子への影響に関する不安から，幼い子どもを持つ母親，妊婦，妊娠を考えている女性が災害後のメンタルヘルスにおけるハイリスク群とされる。・・・（中略）・・・

③健康被害があるかどうかは長い年月を経過しないとわからない。チェルノブイリ原発事故後７年以降に実施された一連の研究から，チェルノブイリ原発事故における公衆衛生上の最大の問題は，身体的な影響ではなく，メンタルヘルスに対する影響であることが明らかとなった。これは，原子力災害がいかに長期にわたってメンタルヘルスに影を落とすかということを物語っている。

④原爆や癌を関連づけられる。・・・（中略）・・・

⑤放射線災害では移動することによって危険を避けることができる。小西が指摘するように，移動することによって回避できるからこそ，放射線の問題は懊悩をもたらす。・・・（中略）・・・

⑥放射線災害は自然災害よりも感染症モデルに近い。これも小西が，放射線事故を自然災害やテロ，致死的な感染症の流行と対比して示している。この特徴は，福島県から避難者がホテルで宿泊を拒否されるというという不当な差別からもうかがわれ

る。・・・（中略）・・・」

「（今回の福島原発事故に特有の５つの特徴）

⑦政府の情報公開の遅れと不透明さ。例えば，「炉心溶融（メルトダウン）」は２０１１年３月１２日に起こっていたと推察され，同日午後に原子力安全・保安院の審議官が「炉心溶融」の可能性に言及したにもかかわらず，同日夜には一転して，「炉心溶融が進行しているとは考えられない」という説明に変わった。その後，「炉心溶融」という言葉は封印され，「燃料被覆管の損傷」という表現に変わった。「燃料ペレットの溶融」という表現で，政府がようやく炉心溶融を認めたのは，震災後１ヵ月を過ぎた４月１８日のことであった。

⑧専門家の意見の相違。例えば，低線量被ばくによる健康影響に関して，正反対の専門家の意見があった。

⑨国内外のメディアの報道内容の相違。日本のテレビ放送は，大きな原子力事故ではないこと，そしてただちに健康に影響はないことを強調した。一方，海外メディアは，厳しい状況になる可能性があることを説明し，日本から国外に脱出する人々や東日本から西日本に避難する人々の様子を伝えていた。そして，もし福島原発で「最終的事態」が起こった場合，放射性物質が日本の首都圏に約１０時間前後で到達すると説明し，しばしば当時の福島原発周辺の風向きを伝えていた。・・・（中略）・・・

⑩食品に関する風評。２０１１年３月１９日，福島県で生産された牛乳や茨城県内で収穫されたホウレンソウから，食品暫定基準値を超える放射線量が検出された。同年４月４日，茨城県沖で獲れたコウナゴから放射線が検出された。その結果，安全であるはずの被災地産の食品までも敬遠されるようになった。海外においても，日本の製品は放射能に汚染されているという風評が立ち，２０１２年３月現在，いまだに多くの国において輸入規制が設けられている。・・・（中略）・・・

⑪インターネットにおける流言飛語。福島原発の状況に関する圧倒的な情報不足を補う形で，インターネット上にさまざまな流言が氾濫していた。例えば，雨には放射能が含まれているから雨に当たると被ばくする，被ばくはヨウ素入りのうがい薬を飲むと予防できる，原発事故や放射線物質について政府は情報を隠しているという類の流言がインターネットの掲示板やチェーンメールなどで飛び交った。・・・（以下略）」

(2) 蓑下成子（川村学園女子大学文学部心理学科）『被曝災害時のケア』心身医学 Vol.52，No.5，381-387（甲共４２）

「４．放射線事故後の特徴

１）心理社会的影響の広範囲，長期性

放射線事故には，心理社会的影響が広範囲，長期にわたる特徴がある。化学物質など他の見えない災害の中でも最もすばやく広範囲に広がり得て，長い年月を経ないと

実際の被害がわからないという放射線自体の特徴から，被災者の不安を上昇させる。

２）ホルモンや遺伝子への影響不安

ホルモンや遺伝子への影響不安があるために，子どもをもつ母親，妊婦，受胎を考えている女性のメンタルヘルスにハイリスクである。

３）胎児や幼い子どもが放射能に弱い

幼い子どもをもつ母親や妊娠中の母親のストレスが遷延する。

４）原子力技術者たちの見解が一致していない

住民に不確実さと不安を与え，結果的に避難の規模が拡大した。

５）放射線の測定が困難であること

専門家にも放射線の測定は難しく，一方計測器の限界量まで測定する必要性（要望）があるため，技術者も懸命に測定する。そのことがかえってあだとなり，計測値の誤りが生じ，数か月後に訂正するなどの必要性が生じてしまう。ＮＨＫの放送で実際に食物の計測値が数カ月後に修正された出来事が発生した。計測値が修正されると，それが高くても低くても，不信感をもたらす。

６）風評被害

観光業はもちろん，農業，工業までも影響を受ける。県が公表している「いばらき統計情報ネットワーク」によると，茨城県の年間倒産件数が事故前年の１８３件と比較すると２０７件，２３５件と２年連続で増え，事故前年のレベルまで落ち着くのは，４年後の２００３年（１７６件）であった。倒産や解雇により経済状況が悪化し，家族を取り巻く状況も悪化していくことがわかる。

７）情報の錯綜（原子爆弾やがんの連想，感染症との関係）

さらに，放射線事故は，日本人特有の放射線との関係線が影響している。原子爆弾が２ヵ所に投下された経験がある日本では，特に放射線事故は原子爆弾と関連づけられ恐怖心を刺激される。小西は，今回の放射線被曝が感染症と混同されていることを指摘した。外部被曝，内部被曝などの専門知識の誤った理解のため，内部被曝している人と接触すると外部被曝するといったような偏見が意識されずに個人の中で処理された。意識されない偏見は，公的場面での政治家の失言や，乗車拒否，来場拒否，子どもの仲間はずれに出現した。養下は，事故現場周辺では，正確な情報が手厚くていねいに発言されるため，かえって遠方の区域で不安が上昇してしまう現象が起こることもあることを示した。

８）対処行動へのフィードバック認知の暴走

Hount らは，放射線の不確かな見えない性質により，放射線を回避する対処行動は，不安を低下せず，かえって高くしたと述べている。危険の原因を突き止める努力が失敗してフラストレーションが起こり，無力と感じてしまうからであるという。対処行

動をとった成果も同様に見えないということも関連していると考えられる。また，小西は，放射線は回避可能であるからこその不安であると指摘している。転居すれば，今後の被曝を避けることができるかもしれないが，現住所に住み続けることは低線量とはいえ，長年にわたって被曝し続けることになるかもしれない。それでも回避しないことが自己責任とされ，自責の理由が生じてしまうことになる。」

(3)中谷内一也(同志社大学心理学部) 福島県立医科大学付属病院被ばく医療班編『放射線災害と向き合って』ライフサイエンス出版（甲共４３：２１６頁）

「今回の原発事故に関して，私は，２つの側面があると思います。まず第１の恐ろしさ因子は，全電源喪失により核燃料の冷却ができず，その後原発の炉心溶融という深刻な事故発生となり被害を拡大させました（制御困難性)。原子炉の建屋の水素爆発や火災の様子が放映され，どうしたって恐ろしいという感情を抱きます（恐ろしさ)。今回は免れましたが，何千シーベルトという高線量被ばくは，そこにいる人を死に至らしめますし（帰結の致死性)，放射性物質が遠くにまで放出され汚染地域を広げました（世界的な惨事の可能性)。事故の収束には数十年単位の長い時間を要し（リスク削減の困難性)，特に子どもへの放射線の影響が懸念されています（将来世代への影響)。福島県民にとっては，あえて被ばく線量の高い地域での生活を選んだのではないですし(非自発性)，首都圏への電力供給のために被害を被った（不平等)。こんなふうに今回の事故は認識される。すなわち，原発事故の印象は，恐ろしさ因子にかなり適合します。

第２の未知性因子についても，事故後の低線量被ばくのリスクが当てはまります。放射線は実感として見たり聞いたりできないですし（観察が不可能)，リスクに曝されていても影響の有無を感じることはできません（曝されている人が理解困難)。発がんのような影響は直ちに現れるのではなく（影響が晩発性)，施設敷地外の一般市民が大気や食品，水道水中の放射性物質を気にしなければならない事態は初めてです（新しいリスク)。」「なるほど。すると，今，問題になっている低線量被ばくは，核戦争などより，恐ろしさ因子はやや低くても，未知性因子は非常に高くなるため，直観的な認識としては，かえってリスクが高いと認知されやすくなるわけですね。」

(4) 小西聖子（武蔵野大学人間科学部)『見通しを持てずさまよう被災者の心』臨床精神医学 Vol.40，No.11，1431-1437（甲共４４）

「自分が今決めたことが子どもの将来に大きな影響を及ぼすと思うと，家族が離れ離れになることも心配だが，放射線はもっと心配（あるいは，放射線は心配だが，家族がばらばらになるのがもっと心配）である。私は避難しないと決めたが，そのことが子どもにどう影響するかが心配である。逆説的にいえば，移動することによって危険を避けることができるからこそ，放射線の問題は人々を悩ませているともいえる。世界中どこにいても変わらない危険なのであれば，人はそれを甘んじて受け入れるし

かない。しかし，放射線の場合，場所によって安全に差があることは間違いない。自分で決定できることがある。ある程度の経済的な余力があれば，家を移すこともできる。仕事を変えられる人は変えられる。意図的な回避が，条件が整えば可能であるということが原発事故の放射線に対する人の態度を複雑にする。子どものいる人の自責感も増しそうである。」

「予測可能であること，制御可能であること，この二つが満たされる事象に対しては，人間は安心感を持てる。レイプから自然災害まで，トラウマティックな出来事はこの両方を満たしていないのが特徴である。恐怖，不安と無力感が，人の心を深く傷つける。原発事故もこの二つにピッタリと当てはまる。しかも予測不可能，制御不可能の状態が，他の災害ではみられないほど長期間続く。福島の被災者はずっと「見通し」を求めている。たとえ厳しいものでも見通しがあれば，人は対策を求めることができる。しかし見通しのないところで行動することはできない。不安を下げるために最も必要なものは事象の予測と制御であることは間違いない。」

4　本件原発事故避難者に対する聴き取り調査の結果

本件原発事故によって避難生活を余儀なくされた住民に対し，実際に精神科医等らが問診や聞き取り調査をした結果，次のように，多くの割合の住民は，精神疾患に罹患していたり，強度の精神的ストレスに曝され続けていたりすることが明らかとなっている。

（1）三浦至（福島県医大神経精神科）ほか『福島県における震災ストレスと不安・抑うつ』臨床精神医学 Vol.41，No.9，1137-1142（甲共４５）（平成２３年3月１２日から同年6月１５日の期間中，福島県精神医学会に入会している精神病院，クリニックを受診した新患患者の調査）

「本調査で急性ストレス反応／ＰＴＳＤ，適応障害，うつ病エピソード，その他の抑うつと診断された４１０名のうち，原発事故との関連が「あり」または「あるかもしれない」とされた患者は計１３３名（３２．４％）であった。このうち急性ストレス反応／ＰＴＳＤ群では５９名中２８名（４７．５％）が「関連あり」，１０名（１６．９％）が「関連あるかもしれない」と高い水準であった。」

（2）崔炯仁（京都府精神保健福祉総合センター）ほか『東日本大震災京都府心のケアチーム活動報告』臨床精神医学 Vol.41，No.9，1167-1174（甲共４６）
（２０１１年4月１２日～7月２６日の期間中，会津地方の避難所において，２５０名の被災者・職員を対象に診断・相談を行った結果）

「対象者の主たる暫定診断は反応性抑うつ状態が５５名（２２％）と疾患の中で最多であった。…外傷性ストレス障害は４名（１．６％），認知症９名（３．６％），統合

失調症圏７名（２．８％），気分障害圏１２名（４．８％），神経症圏３１名（１２．４％），身体疾患・医療健康問題の相談も３５件（１４％）であった。」

「原因・背景別（複数選択可）では「避難所生活や対人関係のストレス」が最多で１２６名（５０．４％），次に「震災や原発被害に関する喪失・ストレス」が９６名（３８．４％）であった。福島県は原子力発電所事故に基づく避難指示などによって避難している人の割合が特に高く，避難所は自宅から８０km以上と遠方で，避難期間も超長期間が予想されることなどから避難生活に起因するストレスは他県の被災者よりも重要な位置を占めていたものと考えられる。」

（3）辻内琢也（早稲田大学人間科学）ほか『原発事故避難者の心理・社会的健康～埼玉県における調査から～』Depression Frontier，2012，Vol.10，No.2，21-31（甲共４７）（埼玉県内の避難者（３３３名）に対する調査）

「抑うつ・不安・怒り・無気力，合計点すべての尺度において，平均点が男性・女性ともに「高い」レベルであり，図に示したとおり，ＳＲＳ－１８（注：心理的ストレス反応尺度）の合計点において，男性では７６．０％，女性では７７．１％の者が「高い」レベルにあることが明らかとなった。「高い」レベルに加え，「やや高い」レベルの割合も合わせると，男性では９２．９％，女性では９４．２％にのぼる。また，ストレス反応が「低い」レベルの者が男性・女性ともに０％であったという点も，本調査結果の特徴としてあげられる。」

辻内らの調査は，２０１２年の調査以降も，２０１３年，２０１４年にも調査が継続的に行われている。そして，２０１４年の調査によっても，「（有効回答５２２名の）うち３０１名（５７．７％）がＰＴＳＤの可能性があるとされるカットオフ値（２５点）以上。依然としてきわめて高い精神的ストレス状況にあることが判明した。」としている（甲共４８：埼玉・東京震災避難アンケート調査集計結果報告書（第２報【速報版】））。

（4）関礼子（立教大学社会学部）「警戒区域見直しにともなう楢葉町住民調査」調査報告書（速報・暫定版，２０１２年１１月）（甲共４９）

（1593名からの回答）「現在の精神的な状態は「不安定である」が45.3%，「どちらともいえない」が38.4%，「安定している」が15.8%となっている（表33）。自由回答記述には「死にたい」（№0279，0412，0498）という深刻な声もあり，避難生活がメンタルヘルスに与える影響の大きさが懸念される。年代別でみると（図23），健康状態と同様，年齢層が高いほど「不安定である」と回答する割合が高く，70代以上は60.9%である。避難生活は，特に高齢者にとって心身ともに辛いものになっていることがわかる。また，20代で「不安定である」とする人が35.9%と，30代の28.2%より多い。就職，結婚，出産など，今後の人生設計を描く時期であることが関係しているかもしれない。」

（5）山崎信幸（京大医学部精神医学教室）ほか『東日本大震災における中長期的な外部支援活動の役割』臨床精神医学 Vol.41，No.9，1175-1181（甲共５０）

（平成２３年１１月から平成２４年３月までの期間，会津地方の避難所において１２１名と面談した結果）「震災後，被災地の状況は刻一刻と変化している。被災者の抱える不安・ストレスは，震災直後は，一次・二次避難所での避難生活，集団生活の中での人間関係ストレスの割合が５０．４％と高かったが，中長期になり仮設住宅・借上げ住宅への転居が進むにつれて，避難生活のストレスは２８．７％にまで減少した。他方，福島県では原子力発電所の事故の影響で仕事を失った被災者が多く，また避難生活が長期化することが予想されるため，将来への不安・生活への不安が２５．２％から４２．６％と有意に増加している。」

第５　損害について

1　はじめに

原子力損害賠償紛争審査会の「東京電力株式会社福島第一，第二原子力発電所事故による原子力損害の範囲の判定等に関する中間指針」（以下，追補を含め，「中間指針」という。）は，避難区域内の慰謝料（避難費用のうち通常の範囲の生活費の増加費用を含む。）について，概ね「１人月額１０万円を目安とする」（ただし，帰還困難区域については，一括賠償をするものとされている。）としている。

しかし，この慰謝料額は，個々の飯舘村民の被害の実情に鑑みて，少額に過ぎる。申立人ら飯舘村民は，豊かな自然と居住環境に恵まれた村を追われ，自宅に帰るメドすらつかず，劣悪な環境下で苦しく先の見えない避難生活を長期間余儀なくされている。こうした飯舘村民の塗炭の苦しみに鑑みれば，申立人らによって，「１人月額１０万円」の慰謝料はその精神的苦痛を慰謝するには過少であり，申立人らが主張する避難慰謝料（１人月額３５万円）への大幅な増額を認めるべきである。

また，中間指針の慰謝料は，専ら避難生活に関する精神的苦痛の慰謝料（その内容は「避難慰謝料」と言うべきものである。）であり（後記６参照），これとは別個の利益が侵害されたことに対する精神的苦痛を慰謝するものではない。したがって，申立人ら飯舘村民としての生活が破壊されたことについての慰謝料（生活破壊慰謝料）については，中間指針の慰謝料とは別個の損害項目として，別途賠償がなされるべきである。

以下，中間指針の問題点を指摘し，申立人らについて，避難慰謝料の額を増額し，生活破壊慰謝料を認めるべき理由について述べる。

2　避難慰謝料について

（1）中間指針等の内容

中間指針は，「精神的損害」の項目について，本件事故発生から６ヶ月間を第１期として，「第１期については，一人月額１０万円を目安とする。但し，この間，避難所・体育館・公民館等（以下「避難所等」という。）における避難生活等を余儀なくされた者については，避難所等において避難生活をした期間は，一人月額１２万円を目安とする。」との賠償基準を提示した（中間指針１８頁）。

この第１期の月額１０万円の根拠について，中間指針は，「本期間の損害額の算定に当たっては，本件は負傷を伴う精神的損害ではないことを勘案しつつ，自動車損害賠償責任保険における慰謝料（日額4，２００円。月額換算１２万6，０００円）を参考にした上，上記のように大きな精神的苦痛を被ったことや生活費の増加分も考慮し，一人当たり月額１０万円を目安とするのが合理的であると判断した。」と述べている（中間指針２１頁）。

この結論を導く審議の過程で，審査会の能見会長から「交通事故などで入院した場合の慰謝料についての自賠責などの基準がございますので，そんなものを参考にしながら議論するというのはどうかと私などは個人的には思っております。」（審査会ＨＰ：原子力損害賠償紛争審査会（第７回）議事録参照）という発言がなされ，自賠責を基準とする理由につき特段議論もなく，第８回で自賠責に基づいて算定することが決まった。

(2) 問題点

①交通事故方式採用の不合理さ

審査会が交通事故方式（ここで「交通事故方式」とは，個別積算により損害の全てが捕捉されているという考え方をいう。）を採用したことについて，「交通事故があくまで個別の事故であること，加害者と被害者の立場の交代可能性があること，保険が普及していることといった，本件事故とはおよそ異なる特質を有する」「個別の損害項目ごとに算定された損害額を積み上げるという算定法がとられているが，このような方式で，本件における広範かつ多様な，しかも長期にわたって継続する被害の全体像を的確にとらえることができるのか」（甲共５１：吉村良一「原子力損害賠償紛争審査会「中間指針」の性格」法律時報８６巻5号１３６頁）と疑問視されている。

同様に，「原発事故の特殊性が個別損害項目の中で十分に汲みつくされているかどうか，自動車事故の場合には表れない特殊の損害項目がないかどうかの検証は，今後も不断に行っていく必要がある（個別積算方式の限界が公害賠償方式を生み出したことを忘れてはいけない）」（甲共５２：潮見佳男「中島肇「原発賠償中間指針の考え方」を読んで」ＮＢＬ１００９号４１頁）として交通事故方式の限界の指摘がなされている。

従前の典型的被害類型を想定して立てられた個別損害の積算では，今回の原発事故のような非典型の被害において，被害の全体を捕捉することは困難であり，交通事故

方式を採用したことは不合理である。

②自賠責を基準とすることの不合理さ

自賠責基準については，そもそも，「自賠責の傷害慰謝料は自賠法制定当時には決められておらず，１９６４年２月の自賠責支払基準改定の際に１日７００円と定められ，その後保険金額と物価指数の変動の中で４２００円に至ったものである。当初の７００円という金額の根拠は判明せず，したがって，４２００円の根拠も明確ではない」として，「自賠責の傷害慰謝料自体に明確な根拠がない」（甲共５３：浦川道太郎「原発事故により避難生活を余儀なくされている者の慰謝料に関する問題点」環境と公害４３巻２号１５頁）という批判も出されている。

このように，自賠責基準自体，根拠が乏しいものであり，これを基準として用いることは本来不合理である。

③自賠責基準からさらに減額することの不合理

第８回審査会では，自賠責保険における慰謝料月額１２万６千円の参考額が示され，能見会長から月額１０万円という額が提起され，同額が決定されている（審査会ＨＰ：原子力損害賠償紛争審査会（第８回）議事録参照）。これは，第７回審査会で「自賠責で総体している慰謝料は，けがをして，自由に動けないという状態で入院している，身体的な障害を伴う場合の慰謝料ですので，それと比べると，たとえ不自由な生活で避難しているとはいえ，行動自体は一応は自由であるという場合の精神的苦痛とは同じではないので，おそらく自賠責よりは少ない額になるのではないか」という提起を受けて決定されたものである。

避難生活においては行動の制約を伴わないという前提に立つこと自体，避難生活の実態を把握していないことの現れであるが，そもそも，「避難生活が行動の制約を受けない状態かとの根本的な問題は別にして，そもそも自賠責の傷害慰謝料は入院に限られず，行動の自由に制約のない通院の場合にも適用される」（甲共５３：浦川道太郎「原発事故により避難生活を余儀なくされている者の慰謝料に関する問題点」環境と公害４３巻２号１５頁）のである。

したがって，減額する根拠が全くないにもかかわらず，自賠責の傷害慰謝料月額１２万６０００円から減額しており，かかる減額は極めて不合理である。

④生活費増加分を含めることの不合理

中間指針は，慰謝料の中に避難費用のうち通常の範囲の生活費の増加費用を含むものとしている。

しかし，生活費の増加費用は財産的損害であって，精神的損害である慰謝料に吸収されるようなものではない。

申立人ら飯舘村民の多くは，飯舘村の自宅の保守等のため，日常的に飯舘村内に帰

宅しており，家族が離ればなれになっている者も多く，生活費が相当かさんでいる。これらは，純然たる財産的損害であり，本来は慰謝料とは別個に賠償がなされるべきものである。

中間指針の慰謝料額から生活費増加分を差し引くと，避難慰謝料は月額１０万円よりも更に少額になり，低額である自賠責の傷害慰謝料から更に大幅に減額されることになる。申立人ら飯舘村民が現に受け続けている精神的苦痛の大きさに鑑みれば，このような減額は決して許されるべきものではない。

したがって，原紛センターにおいて，慰謝料に生活費増加分を含めるのであれば，本件においては，慰謝料額を相当に増額させなければ，著しく正義に反するというべきである。

⑤避難慰謝料の「打切り」の不合理

中間指針第４次追補は，飯舘村の緊急時避難準備区域と居住制限区域にてついて，慰謝料の額を引き続き月１０万円としたうえで，避難が長期化した場合には，一括賠償の対象となる被害者の損害額の合計額までを概ねの目安とするとしており，避難慰謝料の「打切り」を示唆している。

これは，一定の時期以降は，現実に被害（避難）が生じたとしても，これを無視しようとするものであって，その根拠も明確でない。「打切りありき」の不合理な慰謝料算定基準というほかない。

⑥逓減方式の「撤回」―中間指針は絶対でないこと

ア　中間指針は，上記第１期終了から６ヶ月間を第２期として，「一人月額５万円を目安とする。但し，警戒区域等が見直される等の場合には，必要に応じて見直す。」との賠償基準を提示した（中間指針１８頁）。

しかし，将来の見通しが立たない状況下での生活は，長期化する程精神的苦痛が増大するのであるから，かかる精神的苦痛が交通事故による傷害の場合と同じように時間の経過によって逓減すること等ありえない。

イ　第２期の月額５万円につき，各方面から強い批判を受け，相手方東電の判断やＡＤＲセンターによる総括基準によって，第２期以降も月額１０万円とされ，審査会もかかる上乗せを追認している（甲共５４：除本理史「原子力損害賠償紛争審査会の指針で取り残された被害は何か」経営研究６５巻１号３頁）。同様に，第２次追補では，避難指示区域見直しの時点以降の第３期の避難慰謝料は「月額１０万円」を基礎に組み立てられている。このように，いったん定められた中間指針も絶対のものではなく，避難の実情や社会の批判に対応して事実上修正されてきた。

ウ　前述のとおり，申立人ら飯舘村民が受け続けている苦しみに鑑みれば，「月額１０万円」の慰謝料はその精神的損害を慰謝するには過少であり，第２期の避難慰謝

料額を見直したのと同様に，中間指針を事実上修正して，大幅な避難慰謝料の増額を認めるべきである。

(3) あるべき避難慰謝料

あるべき避難慰謝料の金額は，もし，加害行為がなかったとしたならばあるべき利益状態と，加害がなされた現在の利益状態の差に着目し，本件事故による避難前と同じ利益状態を回復するために必要となる慰謝料額がいくらかという観点から確定されなければならない。

申立人らは，本件事故により，突然の避難生活を強いられ，将来も見据えられないという長期かつ過酷な避難生活を強いられており，申立人らから幸せな日常生活を送る権利を一瞬にして奪い去った相手方の加害行為の悪質性や重大性も極めて大きなものである。

このような被害実態や加害行為の悪質性や重大性にかんがみれば，一人月額１０万円の避難慰謝料で，申立人らが本件事故による避難前と同じ利益状態を回復することができるとは到底考えられない。

具体的な避難慰謝料の額としては，例えば，不法行為（交通事故）により傷害を被り，入院を余儀なくされた場合には，一般的に１月あたり５３万円（通院の場合２８万円），むち打ち等他覚症状のない場合でも１月あたり３５万円（同様に通院の場合で１９万円）程度の慰謝料が認められている。そして，避難生活を余儀なくされた者は，事故以前の居住場所からの隔離を受けているという点で，入院に比肩すべき身体の拘束を受けているというべきであり，交通事故の入院慰謝料と同等の基準を採用すべきである。少なくとも，避難者には必ずしも交通事故の重症患者のような傷害がないことから，赤い本別表Ⅱ（月35万円）を出発点とすべきである。

3　生活破壊慰謝料について

(1) 審査会が想定する要素

もともと，中間指針が定めた慰謝料を基礎付ける要素は，①正常な日常生活の維持・継続を長期間にわたり著しく阻害されたために生じた精神的苦痛（「日常生活阻害慰謝料」），②今後の生活の見通しに対する不安が増大したことにより生じた精神的苦痛（「見通し不安に関する慰謝料」）であった（甲共５４：除本理史「原子力損害賠償紛争審査会の指針で取り残された被害は何か」経営研究６５巻１号３頁）。

「日常生活の阻害」も「見通しの不安」も，不便で先の見えない避難生活に起因する精神的苦痛であり，中間指針の慰謝料は，避難（生活）慰謝料というべきものである。

しかしながら，申立人らの被害実態に照らすと，上記の避難慰謝料では足りず，い

くつかの重要な要素が欠落している。欠落している要素に対応する被害（損害）は，避難慰謝料とは別個に賠償の対象になる。

中間指針第３の備考が「その他の本件事故による精神的苦痛についても，個別の事情によっては賠償の対象と認められ得る。」としているのは，この理を表したものである。

(2) 生活破壊慰謝料の意義・必要性

そして，本件では，上記の避難慰謝料とは異なる慰謝料として，生活破壊慰謝料が認められなくてはならない。

すなわち，避難慰謝料は，避難生活を余儀なくされたことによって生じた精神的苦痛に対する慰謝料であるが，本件事故では，単に避難生活での不便や不安だけにとどまらず，放射能汚染，産業への影響及びコミュニティの喪失といった被害が生じている。こうした被害による精神的苦痛は，中間指針の慰謝料（避難慰謝料）には含まれていないものである。これらの被害に基づく精神的損害についても，当然，別途賠償されなければならない。

申立人らは，生まれ育ったふるさと・コミュニティを喪失し，飯舘村での生活をささえていた自然環境や社会環境をはじめとする諸々の生活基盤が破壊され，飯舘村の自然と一体化していた個人的あるいは社会的・文化的な諸活動（山菜・キノコ採りなどの日常的営為のほか，祭事などの非日常的営為なども含む。）も失ってしまった。申立人らは，自らのアイデンティティー（自我同一性）の死ともいうべき苦痛を味わい，精神は落ち着くべき場所を奪われた状態になっている。これらの被害は，避難の終期を迎えても，終期とは無関係に回復されないままなので，避難生活に由来する精神的苦痛とは異なる被害である。しかも，これらの被害は，個々人の人間としての実存の本質・根幹にかかわるもので，極めて重大な被害であり，その性格は避難慰謝料とは全く異なる。

こうした申立人らの飯舘村の村民生活の総体が破壊されたことによる精神的苦痛についての慰謝料は，生活破壊慰謝料というべきものであり，避難慰謝料とは別個の精神的損害である。

(3) 中間指針の内容と問題点

ところが，中間指針第２次追補では，備考において，帰還困難区域に限定する形で「長年住み慣れた住居及び地域における生活の断念を余儀なくされたために生じた精神的苦痛」が賠償の対象となることを認め，これに基づく形で，第４次追補においては，帰還困難区域のみを対象に，一括払いで従前の慰謝料額に１０００万円を上乗せする

（ただし，１０００万円の加算にあたって，第２次追補で示された６００万円のうちの将来分（平成２６年３月以降に相当する部分）を控除する）としている。

しかし，飯舘村の生活破壊は，上記のように，単なる住居・地域の生活の断念にとどまらない深刻な被害であって，その被害は中間指針の想定を超えている。また，こうした生活破壊の現況は，避難区域の線引きによって定まるものではなく，地域の実情に即して判断されなければならない。飯舘村では，帰還困難区域だけでなく，居住制限区域も避難指示解除準備区域も同じように，村民生活の全般的破壊がみられる。したがって，申立人らには，再編された避難区域の種別にかかわらず，ひとしく生活破壊慰謝料が認められるできものである。

また，この上乗せされた慰謝料の実質をみると，従前の避難慰謝料と基本的に同質のものであって，単に，避難慰謝料の将来分をまとめ払いする期間を延伸しただけのものに過ぎず，コミュニティの喪失等に対応する新たな慰謝料を認めたものと評価することはできない。

すなわち，中間指針第四次追補は，１０００万円の加算にあたって，第二次追補で示された６００万円のうちの将来分（平成２６年３月以降に相当する部分）を控除するとされており，両者は，足し引き可能な同質のものであることが前提とされている。また，帰還困難区域以外につき，慰謝料額を引き続き月１０万円としたうえで，それが積み重なった結果，上乗せされた額とほぼ同額になった場合，同慰謝料は頭打ちになるとされており，この点においても，両者は同質であることが前提とされている。さらに，中間指針は，そもそも，慰謝料の対象となる精神的損害の範囲を，徐々に拡大させ，その中身の読み替え，すり替えを行ってきた。

このような経緯からしても，コミュニティの喪失に基づく精神的損害を賠償するものと評価することはできない。生活破壊慰謝料は，上記に掲げた性質上，避難慰謝料を一括先払いするようなものであってはならないのである。

(4) あるべき生活破壊慰謝料

このように中間指針において，新たに慰謝料額を上乗せしようとも，これは，従前の避難慰謝料の将来分をまとめ払いする期間を延伸しただけのものに過ぎず，避難慰謝料では賠償できない精神的損害に対する慰謝料として，いくらかでも認めたものと評価することはできない。

また，仮に，新たに上乗せされた慰謝料をコミュニティの喪失等に対する慰謝料と考えたとしても，上乗せされた金額では，本件事故における精神的損害の程度を正しく評価したと考えることはできない。

すなわち，例えば，生活破壊慰謝料が対応すべき代表的な精神的損害は，人格発展

に不可欠な利益の侵害に結びついている。そして，この侵害は将来にわたって回復不能な損害であるため，申立人ら各人は，本件事故までに形成してきた人間関係の喪失，自己の人格を育んできた自然環境・文化環境の喪失といったあらゆる生活全体の喪失感を抱き続けなければならない。このような申立人らの抱える喪失感は，あえて他と比較するならば，交通事故によって大事な家族を失ったことに匹敵するものである。

また，申立人らの喪失感をこのように評価することは，慰謝料の算定にあたっては，加害者の非難性を含めた主観的・個別的事情が斟酌されなければならないところ，本件では相手方の加害行為の悪質性や重大性が極めて大きいこと，あるいは，本件における加害者と被害者は非互換的で，加害行為には利潤性があることなどの諸事情が認められることからしても，妥当なものである。

以上のことからすれば，申立人らにおいて，避難慰謝料では賠償されない精神的損害が存在するというべきであり，そして，その損害額をあえて評価すれば，２０００万円を下らないというべきである。

以上

全村避難を生きる
■生存権・生活圏を破壊した福島原発「過酷」事故
菅野 哲著

2020年2月10日 第一刷発行
発行者 言叢社同人
発行所 有限会社 言叢社
〒101-0065 東京都千代田区西神田2-4-1 東方学会本館
Tel.03-3262-4827／Fax.03-3288-3640
郵便振替・00160-0-51824
印刷・製本 株式会社シナノ書籍

ISBN978-4-86209-075-1 C0036

装丁 小林しおり

●戦後史・自伝的文学

わたしが生きてきた世の中

■身辺からみつめた戦後韓国、激動の歴史

本体二六〇〇円＋税

羅 英均著　堀千穂子訳

四六判上製二五八頁

●「私が韓国人でありながら16歳まで日本人だったという、二重性」、「韓国語を聞き取ることはできても、うまく話すことができない」、「ハングル文字もわからなかった」。日本語を強いられた世代の戦争直後の内面的分裂、独立をめぐる政治の混乱、身辺で起こった多くの人の死、夫とともに、北朝鮮との過酷な戦争に巻きこまれながら、戦後を教育者として生きぬいた著者の自伝的エッセイ。前・韓国英文学会会長。**【主な目次】**一、植民地から解放されて(1945-1948)／二、大韓民国政府樹立(1948-1953)／三、休戦協定締結(1953-1959)／四、政変(1960-1965)／五、朴正熙の時代(1963-1979)／六、全斗煥の時代(1979-1988)／七、ソウルオリンピック(1988)／八、子どもたち／九、金泳三の時代(1992-1997)／一〇、停年退任して(1995-2003)／一一、盧武鉉の時代(2003-2008)／一二、李明博から朴槿惠の時代へ(2008-2015)／後記／訳者あとがき

●現代思想・社会・制度

小さな革命・東ドイツ市民の体験

統一のプロセスと戦後の二つの和解

本体一九八〇円＋税

ふくもと まさお著

四六判三五二頁

●国家崩壊から西ドイツによる吸収までの《劇＝ドラマ》。●「ベルリンの壁」が崩壊して25年。40年間続いた社会主義の国、東ドイツは消えた。その時、西ドイツはどう動いたか、東ドイツ市民は何を考え、運命にむきあったか。統一後、その経験は市民に何をもたらしたか。●ドイツ帝国がおこなったスペインのゲルニカやイギリス都市への「無差別爆撃」と、連合国がおこなったドレスデンへの「無差別爆撃」。民族絶滅思想と戦争が惹き起こした人間相互の不信と怒りを超える「市民による和解」の試み。●ベルリン滞在30年の著者が、東ドイツ市民に、時代をかさねて聴きつづけた、渾身の報告。

★1無血革命／2民主主義への道／3計画経済から資本主義経済へ／4極右化と市民の勇気、そして戦後問題／5小さな革命／資料・東ドイツの新しい憲法草案／東ドイツの政党と市民グループの変遷／年表